Journey with Liberty, on the Crossroad of Prosperity and Atrophy

자유와 함께하는 여정

장 대 홍

한림대학교 출판부
Hallym University Press

목 차

서문

이 책의 주제는 자유와 자유주의가 실천되는 문제이다. 자유의 이념은 인류가 보편적으로 추구해온 가치이자, 자유민주주의 체제의 이론적 토대를 이룬다. 우리가 건국 당시에 선택한 자유민주주의 체제는, 숱한 우여곡절에도 불구하고, 불과 70년이라는 짧은 기간 중에 우리의 삶을 획기적으로 변모시켰다. 대한민국은 인구 2000만, 일인당 국내소득 70달러의 세계 최빈국의 하나이었지만, 이제 2.5배로 늘어난 인구에 1인당 국내소득은 350배로 늘었고, 세계 10위권에 드는 경제대국으로 성장하였다. 그 기간 중 우리 사회는 높은 문맹률에 갇혀있던 사회, 낙후된 정치체제를 가진 사회, 자유주의의 개념조차 잘 몰랐던, 정체된 사회에서 선진화된 자유민주주의 사회로 발전하였다.

우리가 거둔 이런 위대한 성공은 자유민주주의가 성취한 업적의 하나의 사례에 지나지 않는다. 오늘날 명실상부하게 번영을 누리고 있는 국가들은 모두 자유민주주의를, 적어도 부분적으로나마 채택하였거나 자유주의 정신을 존중하는 나라들이다. 그렇지만 자유주의는, 지역적으로나 역사적으로, 늘 일방적인 진로에 따라 발전해오지 않았고, 끊임없는 도전과 시련을 겪어야만 했다. 극단적인 반자유 이념으로 20세기 전반에 등장한 파시즘, 공산주의와 같은 전체주의는 한 때나마 자유주의의 존립 자체를 위협하였고, 사회민주주의 이념도 수시로 도전해왔다.

오늘날 자유주의의 진로를 방해하는 최대의 위협은 국가역할의 확대이다. 국가영역의 확대는 반자유주의적 사회주의 이념을 반영한다. 사회주의 이념은, 지난 세기부터 거듭된 실패를 해왔음에도 불구하고, 여전히 영향력을 잃지 않고 있다. 사실 자유주의가 정치사회 체제에서 압도적인 지위를 차지했던 경우는 드물었다. 역사적으로 보면 자유주의 성향이 큰 국가에서도 정부와 정치의 간섭이 존재하는 부분적 자유주의 또는 반(半)자유주의적 체제가 유지되었고, 그 부작용으로 커다란 사회적 혼란이 온 경우도 많았다. 그럴 때마다 문제가 자유주의의 탓이었다는 잘못된 인식으로 이어지기 일쑤였고, 정부의 역할을 증대시키는 명분으로 이용되어 왔다.

한국의 경우도 예외가 아니다. 한국사회에서 자유주의는 역사적, 문화적 영향으로 정착되기 어려웠던 것이 사실이다. 또한 지정학적 영향으로 전체주의, 사회주의의 위협에 늘 시달려 왔다. 이런 사정으로 우리사회가, 지난 수십 년간 자유민주주의가 거둔 성공에도 불구하고, 지속적인 번영을 이룰 수 있을지는 낙관하기 어려운 것이 사실이다.

이 책은 지난 십여 년간 필자가 그런 위험들을 살펴보고, 필요한 처방을 찾아보려고 애쓴 걱정들을 담고 있다. 책 내용은 주로 한국경제연구원, 자유경제원, 하이에크 소사이어티와 같은 싱크탱크나 언론에 기고한 칼럼들 위주로 되어 있다. 글을 쓸 당시의 사회적 이슈를 다루고 있는 까닭에 현재의 시각으로 보면 다소 진부한 내용도 있다. 하지만 사회적동향의 흐름을 엿볼 수 있는 장점도 있기에, 원문과 함께 발표한 날짜를 표기하였다. 각 장의 서론 부문은 별도로 쓴 내용이지만, 부분적으로 이전에 발표된 내용이 들어 있고, 읽기에 편하도록 각주, 수치 제시 또는 도표를 되도록 억제하였다. 이전 발표 원고의 사용에 대해서는, 반드시 필요한 경우를 제외하고는 일일이 사전 양해를 구하지는 않았지만, 이 자리를 빌려 관련 연구기관이나 언론사에 감사드린다.

2015년 봄,
시카고의 서재에서,
장 대 홍

1. 자유와 반(反)자유

자유를 싫어하는 사람은 별로 없다. 종교적 이유나 심리적 장애가 있는 경우가 아니라면, 누구나 자신을 억매인 상태에 가두어 두기를 원하지 않기 때문이다. 그러나 보편적 가치로서 자유를 정의하기는 쉽지 않다. 개인이 누릴 수 있는 자유는 자신의 타고난 처지나 자질에 의해 제약될 수밖에 없고, 타인의 자유도 존중해주어야 한다는 사실, 또한 자유를 침해하는 힘에 어떻게 대처할 것인가란 물음에 대해서 공감할 수 있어야하기 때문이다. 자유의 개념이 제대로 이해되지 못하는 경우가 많다는 사실은 그 만큼 공감대를 이루기 어렵다는 사정을 보여준다. 그럼에도 자유의 정신은 인류가 궁극적으로 추구해야할 이상이라는 점은 부인하기 어려울 것이다.

자유는 가치의 개념이다. 사람들이, 비록 흐릿하게나마 '자연적 권리(natural right)'로 여기던 자유가 도덕적 가치의 개념으로 받아들여진 것은 17, 18세기 계몽주의 사상가들의 덕분이었다. 근대적 자유주의 사상은 17세기 영국의 존 록크가 생명, 자유, 그리고 재산에 대한 권리는 어떤 정치적 체제도 침범할 수 없는 보편적 권리임을 천명한 이래, 미국의 독립선언서에서 행복을 추구할 권리가 추가되면서 인간의 기본권이라는 인식으로 자리 잡게 되었다. 자유는 이런 기본권은 누구도 침범할 수 없고, 존중되어야 한다는 정신을 뜻한다.

자유의 개념은 18세기 들어 계몽주의 사상가들에 의해 정치적, 사상적, 경제적 자유로 구체화되었고, 이를 억압해온 전제군주 체제에 저항하는 과정에서 자유주의 이념의 모습으로 자리 잡게 되었다. 그 과정을 이끈 정치적 사건이 바로 미국 혁명과 프랑스 혁명이었고, 소수의 세습적 특권층만 누리는 자유를 시민의 힘으로 되찾는 계기가 되었다. 오늘날 우리가 당연하게 여기는 사상과 표현의 자유, 언론과 결사의 자유, 인신보호, 종교적 선택의 자유, 자유롭고 공정한 선거, 법의지배, 시장경제는 모두가 자유주의 이념의 산물이다. 이후 19, 20세기를 거치면서 유럽과 북미의 사상가들은 자유주의 이념을 더욱 정교하게 다듬어 왔고, 자유민주주의라는 정치체제가 전 세계적으로 확산되어 갔다.

오늘날 자유주의는 거의 모든 서구 국가와 다수의 비서구권 국가에서 표방하는 정치이념이며, 자유주의를 수용하지 않는 나라들조차도, 적어도 부분적으로라도, 자유주의 이념에서 나온 제도들을 채택하거나 실천하고 싶어한다. 자유주의를 채택한 미국과 19세기의 일부 유럽국가들은 커다란 번영을 성취하였고, 20세기 후반에 들어 일본과 한국도 같은 방식으로 눈부신 성공을 거두었다. 반면에 18세기 이후부터 등장한 반(反)자유 이념인 사회주의, 공산주의, 파시즘은 모두 실패하였고, 이를 표방한 국가들은 거의 모두 파산하였거나 체제전환을 서둘러야할 절박한 상황에 처해 있다.

자유주의는 궁극적으로 오직 개인만이 가치판단과 선택을 할 수 있고, 태생적으로 자유에 대한 욕구를 가진다는 사실을 존중하는 이념이다. 이런 자유를 부정하는 집단주의, 전체주의나 사회주의와 같은 반자유(反自由) 이념이 늘 실패하는 이유도 거기에 있다. 그러므로 자유(自由, liberty or freedom)는 타인이나 집단이 개인의 가치판단이나 선택의 공간을 제한하는 강제(coercion)를 거부함을 의미한다. 그러나 진정한 자유주의는 개인의 판단이나 선택이 타인이나 집단에 해를 끼칠 자유를 인정하지 않기에, 제한된 범위의 자유, 책임성을 부과하는 의미에서의 자유, 즉 절제된 또는 소극적 자유(negative liberty)를 천명한다. 복거일이 '자유주의는 *"사회적 강제를 되도록 줄여서 개인들의 자유를 한껏 보장하는 것이 옳다"는 이념으로 정의*'[1]한 것도 바로 그런 맥락이다. 그러나 그런 자유를 어떻게 사용하는가에 따라 긍정적(positive)인 결과가 얻어지며, 그 사실은 단순한 우연이 아니다. 사회

---

1) 복거일, 한국의 자유주의: 과거, 현재 그리고 미래, 자유경제원, 2014.

적 지식과 문명의 선진화를 이끈 원동력은 예외 없이 자유로운 개인의 창의성이었다.[2]

그러므로 자유의 경계를 어떻게 설정하고 자유를 침해하는 강제를 어떤 방식으로 막을 것인가는 자유주의를 실천하는 데 결정적으로 중요하다. 현실적으로 그런 역할을 담당하는 유일한 기구는 국가(정부)이다. 국가(정부)는 제도화한 강제력 또는 폭력수단이다. 자유주의 이념은 개인의 자유를 침해하는 강제를 막는 강제력으로서 국가(정부)의 존재를 인정한다. 그러나 그런 강제력은 소극적 자유를 보장하는 장치이어야 하므로, 억제된 강제력이어야만 한다. 바로 자유주의가 국가의 역할이 최소화되어야 한다고 요구하는 이론적 근거다.

그럼에도 자유의 한계나 국가역할의 경계는 종종 무시되고, 반자유적 자유를 옹호하는 경우도 흔하다. 불행히도 이런 경향은 자유민주주의 체제를 가진 국가에서도 드물지 않게 발견된다. 이들 국가에서 반자유적 이념은 사상과 표현의 자유, 언론과 결사의 자유라는 명분으로 전체주의 국가의 대두와 자유민주주의의 파괴라는 경험이 강요되기도 하였다. 전체주의가 몰락한 지금에도 도처에서 반자유적 국가개입이 복지국가, 경제민주화의 명분으로 이루어지고 있다. 이런 반자유적 성향이나 오해를 극복하는 일은 여전히 자유주의의 과제이자 우리의 번영을 기약하기 위해서 이루어야만 하는 전제조건으로 남아있다.

---

2) 전반부는 하이에크(Hayek, F.A., The Constitution of Liberty, The University of Chicago Press, 1959)에서 인용. 같은 생각은 프리드먼의 다음과 같은 지적(Milton Friedman, Capitalism and Freedom, The University of Chicago Press, 1962. 괄호안은 필자의 보충)에서도 나타난다.

(국가)정부의 힘을 제한하고 분산시켜야 하는 필요는 (개인의) 자유를 지키려는 보호적인 이유이다. 그러나 거기에는 적극적인 이유도 있다. 위대한 문명의 진전은, 건축이나 예술, 과학이나 문학, 산업이나 농업이든, 결코 중앙집권적인 정부로부터 나온 적이 없고, (자유로운 개인의 창의에서 나왔다.)…

1.1 자유 개념에 대한 혼란과 교훈: 2014년 12월

자유주의는 개인의 영역과 자유는 보호해야 할 또는 보호되어야 할 가치라는 믿음에서 나왔고, 개인이나 사회의 힘이 개인적 자유를 침해하는 경우를 막아야 함을 전제로 한다. 그러므로 자유주의는 본질적으로 개인적, 방어적이며 '소극적인 자유의 개념(liberty or freedom in negative sense)'에 바탕을 둔다.[3] 이런 근대적 자유주의 사상은, 17, 18세기 이후부터 유럽 일부에서 발달한 이래, 자유민주주의, 사상과 표현의 자유, 언론과 결사의 자유, 인신보호, 종교적 선택의 자유, 자유롭고 공정한 선거, 법의지배, 시장경제와 같은 파생 개념이나 제도들을 낳았고, 이를 적어도 부분적으로라도 수용한 사회에게 커다란 번영을 가져다주었음은 역사적 사실로 입증되었다.

그러나 자유주의는 순탄한 길로 확산되지 않았고, 반자유 이념들의 위협과 도전에 시달려 온 것도 사실이다. 극단적 반자유주의 이념인 전체주의, 공산주의가 패퇴하였지만, 반자유 체제나 반자유주의 성향은 세계도처에 남아있고, 여전히 만만치 않은 힘을 과시하고 있다. 자유민주주의 국가에서조차도 정부 역할의 확대 추세는 개인의 영역이나 자유를 위축시키고, 자유주의의 확산을 어렵게 하고 있음이 사실이다. 한국의 경우도 예외가 아니다.

자유주의가 개인의 생명, 자유, 재산에 대한 고유한 권리를 존중해야 한다는 도덕적 정당성을 가지고 있고, 또한 개인의 다양성과 창의력을 자극하여 사회를 풍요롭게 만드는 원동력임을 생각해보면, 반자

3) 하이에크는 진정한 자유주의는 '소극적 자유'를 의미함을 분명히 하였고(Hayek, F.A., 'The constitution of liberty', University of Chicago Press, 1959, 베를린(Isaiah Berlin)의 정의와도 일치한다(Berlin, I., 'Two concepts of liberty in Four Essays on liberty', Oxford University Press, 1970). 이 개념의 성격은 베를린이 대비되는 개념으로 정의하였고, 아래에서 논의하는 '적극적 자유' 대비해보면 보다 분명해 진다.

유 성향의 지속적인 영향력은 이해하기 어렵기까지 하다. 반자유주의 성향의 원천은 무엇이며, 또 그것이 수그러들지 않는 원인은 무엇일까? 그것은 소극적 자유에 대한 오해 또는 개념적 혼란에서 나온다. 소극적 자유는 본질적으로 '…의 강제로 부터의 자유(freedom from coercion of …)'를 의미하지만, 강제의 범위나 성격, 예를 들어 누가 어떤 강제력을 행사함을 뜻하는지, 또는 그것이 직접적인지, 숨은 방식으로 행사되는지를, 또한 강제에 대해 어떤 방식으로 대응해야 할지를 명시하지 않는다. 예를 들자면, 학교나 교회 앞에서 음란물을 판매하려는 행위를 허용해야 할 지, 자유민주주의 체제를 전복시키려는 의도를 감추고 사회혼란을 부추기는 단체의 선동을 언론과 결사의 자유로 보호해야 할지, 어떤 방식으로 제재해야 할지와 같은 문제들이다.

이런 문제들에 대해 자유주의는 속 시원하게 획일적인 정답을 제시하는 대신 개인의 자유영역을 한껏 보호해야하며, 자유침해 행위는 강제력을 사용해서라도 막아야 한다는 원칙론을 제시할 뿐이다. 구체적인 방안은 고도의 윤리적, 도덕적, 정치적 판단을 통한, 공간적이나 시간적으로 진화해 나갈 수도 있는 사회적 합의로 찾아야 한다. 그것은 자유주의가 오직 개인만이 가치판단에 따른 선택을 할 수 있다는 믿음에 기초를 두고 있기 때문이다. 언뜻 보면 애매모호하고 혼란스럽기도 한 이런 소극주의 원칙이 자유주의 장점임을 이해하는 일은 매우 중요하다. 그것이 개인의 자유를 최대한으로 보호하고, 개인의 다양성과 창의력이 가져오는 사회적 과실을 거둘 수 있는 최선의 방법이기 때문이다. 자유주의가 성공하려면 사회의 문명수준이 성숙해야 한다는 견해는 이런 인식에서 나왔다.

자유의 의미를 수동적이 아닌 주관적으로 보는 또 다른 해석은 자유주의에 대한 개념적 혼란과 도전의 근원이다. 그것은 자유를 행사하는 주체의 입장에서 보아야 한다는 견해, 즉 '…에 대한 자유(liberty to…)'를 중시해야 한다는 입장이다. 만일 개인의 자유 또는 개인적 영역이 보호되어야 할 보편적 가치라면, 그것은 적어도 극단적으로 개인적 차이를 낼 수 없다. 부유한 재벌가의 딸이 갖는 자유가 극빈 가정의 아들이 갖는 자유의 차이를 두고 보편적 자유를 말할 수 있는가? 진정한 자유는 현실적으로 제한된 개인 영역 또는 자유에서 독립되어 보편적인 개념으로 정의되어야 할 것이다. 이런 사고방식에서 정의되는 '적극적 자유(freedom in positive sense)'[4]는 인간의 이성으로 인식되는 자유의 개념이다. 적극적 자유의 이념은 주체적(master of myself)이며 우월적인 이성(superior rationality)에 기초해야 할 것임을 주문하지만, 흔히 특정집단, 교회, 사회, 민족 또는 국가의 이상으로 포장되며, 평등지향적, 사회주의적 성향을 띄게 되는 것을 이해하기는 어렵지 않다.

원래 자유주의의 이념인 소극적 자유주의는 오늘날 우리가 당연시하는 사상과 표현의 자유, 언론과 결사의 자유, 인신보호, 종교적 선택의 자유, 자유롭고 공정한 선거, 법의지배, 시장 경제와 같은 개념이나 제도들을 낳았다. 반자유 성향은 이들 개념들에 대해, 적어도 부분적으로, 도전하거나 회의를 갖는다. 그것은 주로 시민사회에 대한 국가의 영역이나 역할에 대한 인식의 혼란 때문이고, 그 근원은 위에서 살펴본 두 자유의 개념에 대한 인식의 차이에서 나온다. 두 자유주의 개념의 성격과 공과를 논증하는 일은 쉽지 않고, 이 글의 범위를 넘는다. 그렇지만 이 과제를 위해 그들 개념이 발전해온 궤적을 역사적 경험을 통해 간략히 살펴보는 일은 도움이 될 터이다.

두 자유개념이 최초로 정치사회 체제에, 대조되는 방식으로, 구현된 역사적 사건은 18세기 후반에 연이어 일어난 미국혁명과 프랑스혁명이었다. 미국 건국의 주역들은 영어를 사용하는 영국 혈통의 시민들이었고, 록크, 몽테스큐의 자유주의 정신, 스콧트랜드 계몽주의 사상에 정통한 엘리트들이었으며[5], 무엇보다도 자유의 이상과 책임, 힘을 사용

---

4) 이 개념은 베를린의 정의에서 나왔다(Berlin, I., 'Two concepts of liberty in Four Essays on liberty', Oxford University Press, 1970).

5) 존 아담스, 토마스 제퍼슨, 알렉산더 해밀턴, 제임스 메디슨은 모두 자유주의 정치철학과 계몽주의 사상에 정통한 지식인들이었고, 이들을 포함한 건국의 주역들은 대부분이, 제퍼슨의 이상주의를 제외하면, 현실주의적 성향을 가진 자유주의자들이자 기독교 신자들이었다.

하되 억제할 필요성을 잘 이해한 자유주의자들이 대다수를 이루고 있었다. 그럼에도 그들은 무력에 의존해야만 반자유적 영국의 지배에서 벗어날 수 있음을 깨닫고, 영국정부와 대화와 협상을 주장한 일부 여론에도 불구하고, 당시 세계 최강의 영국 군대와 싸우는 길을 선택하였다. 그들은 자유주의적 애국자들이었고, 결국 힘겨운 투쟁 끝에 미국이라는 최초의 자유주의 민주공화국을 탄생시켰다.

건국 후에도 미국은 삼권분립과 자유선거에 기초한 민주주의 정치체제, 자유주의 정신을 존중한 헌법 제정, 시민의 권리를 명시한 권리장전을 차례로 발전시켰다. 무엇보다도 국가가 시민에게 독선적 이념을 강요하거나 시민적 자유를 제한할 가능성을 극도로 경계하는 전통을 확립해 나갔다.

뒤이어 발생한 프랑스 혁명은, 미국의 경우와 대조적으로, 반자유적 절대왕조체제를 청산하고, 자유, 평등, 박애라는 적극적 자유주의 정신을 사회적으로 실현하려는 정치사회 개혁운동의 성격을 가졌다. 구체제에 대한 반감과 이성주의적 성향이 강한 지식층[6]이 주도한 혁명은 무모한 정치실험, 무절제하고 반(反)자유적인 폭력으로 엄청난 인명과 자산을 파괴하는 후유증을 남기고 끝났다. 이후의 정치상황도 공화정, 제정, 왕정복귀, 공화정 체제가 반복되는 혼란을 겪다가, 백여 년이 지나서야 오늘날의 공화국 체제를 확립할 수 있었다.

프랑스혁명 정신의 바탕이 된 적극적 자유의 개념은 오늘날의 복지국가나 사회민주주의 이념의 이론적 기초가 되었지만, 역설적이게도 반자유적, 사회주의적 이념들이라는 변종을 만들어 내었다. 파시즘, 국가사회주의, 공산주의, 민족사회주의, 민중주의들이 이 부류에 속한다.[7]

6) 이들도 계몽주의 사상을 수용하지만, 반종교적이며 이성주의적 성향을 강하게 지녔다. 베를린에 따르면, 계몽주의와 이성주의 융합은 플라톤, 아리스토텔레스, 룻소, 헤겔의 영향을 크게 받았고, 특히 룻소의 영향력은 프랑스 혁명이 적극적 자유의 정신을 반영하는 데 결정적인 기여를 하였다.

7) 하이에크가 이들 이념들이 같은 뿌리를 가진다고 본 것(Hayek, F.A., 'The road to serfdom', University of Chicago Press, 1944)도 같은 맥락이다.

이들 이념의 공통점은 소극적, 개인주의적 자유보다는 적극적, 사회적 자유를 강조하고, 같은 어원인 라틴어의 'libre'에서 나왔지만, '자유(free or liberal)'와는 다른 개념인 '해방(liberate)'을 즐겨 사용한다. 현대 보수주의 이념의 원조로 인정받는 에드먼드 버크는 진정한 자유주의자이었으며, 이들 두 자유 개념의 차이를 잘 이해했던 까닭에 미국혁명을 열렬히 지지한 반면, 프랑스혁명에 대해서는 신랄히 비난한 걸로 유명하다.

적극적 자유의 이념은 (원래의) 자유주의적 특질을 가장 많이 유지하고 있는 미국에서도 다른 경로를 밟아 도입되었다. 잦은 경기불황과 빈부격차의 확대는 19세기 후반에 들어서 정부의 힘을 적극적으로 사용하여 극복되어야 한다는 주장들을 대두시켰고, '뉴딜', '위대한 사회'와 같은 반자유적 정책들이 도입되었다. 정부의 적극적 역할을 옹호하는 그들의 입장은 (미국식) 자유주의 정신(American liberalism) 또는 '리버럴'이라고 불리게 되면서, 원래의 (소극적) 자유주의와는 반대의 뜻을 가지게 되었다. 이를 구별짓기 위해 원래의 자유주의는 고전적 자유주의(Classical liberalism) 또는 리버타리아니즘(libertarianism)[8]으로 불리우고 있다.

우리는 자유주의 이념의 산물인 자유민주주의 체제의 혜택을 누리고 있다. 지금으로부터 70년 전, 자유의 개념조차 생소했던 우리 사회에 대한민국의 수립이라는 행운이 가져다 준 결과다. 그러나 우리의 자유민주주의는 심한 몸살을 앓고 있다. 십수년전 좌파정권이 등장한 이후, 일부 정치세력이 극단적인 반자유체제이며, 우리의 자유민주주의를 위협하는 북한 정권을 비호함으로써 심각한 사회적 갈등을 불러왔다. 그들은 사상과 표현의 자유, 언론과 결사의 자유, 사회의 다양성 보호라는 명분으로 반자유 이념의 확산하는 정치활동이 허용되어야 한다고 주장한다. 일부 성직자, 학자, 예술가와 그 동조자들은 최근 북한

8) 이를 자유지상주의로 표현하기도 하지만, 자유맹신 또는 극단적 자유지상주의(libertine)의 의미에 가까우므로 적절하지 않은 것으로 여겨진다.

을 추종하는 반체제 정당에 대해, 자유민주주의 헌법에 위배한다는 근거로, 헌법재판소가 내린 정당해산과 의원직 박탈이라는 판정을 민주주의 파괴행위라며 규탄하고 있다. 또한 카터 전 미국대통령은, 그들의 요청을 받아, 우리 법원에게 통합진보당의 활동의 보호를 촉구하는 취지의 성명서를 보내기에 이르렀다. 이는 모두 진정한 자유주의 정신을 오해하거나 왜곡시키려 한 데서 나왔다.

그들이 말하는 민주주의는 민족주의나 민중주의를 뜻하며, 그들이 내세우는 언론과 결사의 자유는 자유주의의 산물이지만 자유를 위협하는 가장된 무기로 사용될 수 있다. 그들은 자유주의의 소극성이 자유를 위협하는 자유를 용인할 거라고 오해하지만, 자유주의는 미국의 독립전쟁, 20세기의 전체주의에 대한 전쟁, 독일의 공산당 해산결정의 사례들[9]이 보여주듯이, 그런 위협을 힘으로 제거할 수도 있다는 사실은 자명하다.

지난 수년간 한국사회의 최대 화두였던 양극화 논쟁, 동반성장론, 반기업이나 반시장 정서, 그리고 이를 반영한 보편복지와 경제민주화 정책들 역시 반자유적 성향을 드러낸다. 최근에 한국사회를 들끓게 만든 샌들의 정의론, 피켓티의 신자본주의 열풍도 또한 그 연장선상에 있다. 그런 주장을 하는 사람들은 늘 자신들이 자유주의자들이며, 정부의 적극적인 개입은 자본주의의 실패를 보정하기 위해서 필요하다고 말하는 경향을 나타낸다. 하지만 그들은 사회민주주의 (미국식) 리버럴리즘과 같은 이념성향을 나타내고 있을 뿐 아니라, 이는 적극적 자유주의의 또 다른 파생품이다. 주목할 사실은 한국의 이런 경향이, 미국의 경우에서와 마찬가지로 경제불황의 여파로 대두되었고, 자본주의에 대한 비판과 분배정의 실현이라는 성격으로 나타나는 점이다. 경제불황이 정부의 불필요한 시장간섭 때문에 악화된 경우가 많았음에도, 주로 자본주의의 탓으로 돌린 때문이다.

9) 독일 연방재판소는 사회주의제국당(1952), 독일공산당(1956)의 당 해산 결정을 내렸다. 비슷한 최근의 사례로 터키(1998)와 스페인(2004)에서도 당 해산 결정을 내린 바 있다.

자유주의의 경제적 형태, 즉 경제적 자유주의는 시장경제, 자본주의와 거의 같은 개념이다. 자본주의는 인류에게 번영과 민주주의를 가져다주었지만, 역설적으로 사회주의 성향과 분배정의에 대한 요구를 강화시키는 데도 기여하였다. 주된 이유는, 논의의 확대를 피하기 위해 주제를 한정한다면, 자본주의와 불평등의 뗄 수 없는 관계 때문이다. 자본주의는 불균등하게 분포된 개인의 처지와 창의력을 경제성장의 원동력으로 하기에, 불평등한 결과는 불가피하다. 이 문제에 대한 대처 방안은 두 가지다. 하나는 기회균등의 보장과 자발적 협조를 통해 불평등의 문제를 완화시키는 것이고, 다른 하나는 사회적 강제력을 동원하여 결과의 평등을 얻는 것이다.

전자가 소극적 자유의 정신에 따른 방안이라면, 후자는 적극적 자유를 추구하는 데서 나온다. 전자는 개인적 자유와 영역의 훼손을 억제하고 경제성장을 통해 불평등을 완화시키는 절제된 방안이다. 후자는 평등이라는 최우선 가치를 실현하기 위해 정부라는 현실적 강제수단에 의존한다. 전자는 균등한 분배가 사회적 화합의 필수조건이 아니며, 자유의 보호가 불평등의 완화로 이어진다고 주장한다. 후자는 사회적 갈등은 분배정의에 의해서만 해소되며, 이를 위해 개인적 자유의 희생은 불가피하다고 주장한다. 두 방안의 상대적 우월성을 논증하기는 가능하지도 필요하지도 않다. 역사적 경험은 자유의 보호가 번영과 화합에 기여한 반면, 정부실패가 자유를 훼손하고 문제를 악화시킨다는 사실을 확인시켜 주었다. 밀턴 프리드먼은 이를 *'자유보다 평등을 앞세우는 사회는 두 가지 모두를 얻지 못한다. 평등보다는 자유를 우선시 하는 사회는 두 가지 모두를 높은 수준으로 얻는다'*[10]라고 명쾌하게 지적하였다.

진정한 자유주의는 소극적 자유의 정신에서 나온다. 그러나 그것은 사회적 번영과 화합을 가져온다는 의미에서, 그리고 필요할 경우에 한해서 힘을 사용해서라도 그런 자유를 보편적 가치로 보호해야 한다

10) Milton Friedman (각주 2).

는 의미에서 적극적인 개념임에 유의해야 한다. 그러므로 자유주의의 힘은 긍정적이고 절제된 힘이다. 자유주의가 도입된 역사가 짧은 한국 사회는 자유의 정신에 대한 이해가 깊지 않고, 민족사회주의, 정부개입주의와 같은 적극적 자유의 개념에 보다 친근한 경향을 드러낸다. 현재 우리가 겪고 있는 사회적 혼란과 정체는 이처럼 자유에 대한 이해가 부족한데서 나온다. 그런 의미에서, 지나친 단순화라는 위험이 허용된다면, 우리의 입장에서 자유를 올바로 이해하는 한국적 계몽주의(Korean enlightenment)가 필요한 때라고 생각된다.

1.2 자유수호의 의지를 다질 때다: 2010년 7월

한국전쟁이 발발한 지 60년이 지난 시점에 천안함 피침사건의 여파가 우리나라의 안보에 큰 변화를 일으키고 있다. 노무현 정권이 밀어붙였던 전시작전권 환수가 2015년으로 연기되고, 국회가 뒤늦게나마 "북한의 천안함에 대한 군사도발 규탄 및 대응조치 촉구 결의안"을 통과시켰다. 국민의 안보에 대한 경각심도 더 커진 것으로 보인다. 행정안전부의 여론조사에 의하면 청소년과 성인 모두 73~75%의 비율로 "북한이 천안함 사건의 배후이며, 다시 도발할 것"이라고 답변했다고 한다.[11] 그러나 북한을 경계 및 적대 대상으로 본다는 응답비율이 61%로 작년에 비해 22%포인트 높아졌지만, 청소년들은 41.5%만 같은 답변을 보여 큰 차이를 보였다. 주로 청소년과 장년층에서 북한을 안보위협으로 생각하지만 그렇다고 적대세력으로 보기도 꺼려하는 경향이 있음을 나타내는 것이다. 조선일보와 한국정당학회의 여론조사 결과에 따르면 응답자의 90%가 "한국전쟁이 남침"이라고 답했지만, 47%만 "전쟁 책임이 김일성 정권에 있다"고 하였다. 또 "전쟁 책임이

11) 행정안전부, 2010년 6월 23일자 보도자료.

남북한 모두에게 있다"고 보는 응답비율이 60대는 2.5%, 40대는 21%, 20대는 28%라고 한다.

다른 여론조사의 결과도 우리의 대북 인식은 대체로 혼란스럽고 안보의식은 여전히 낮은 수준에 머물러 있음을 확인시켜 주고 있다.[12] 한국전쟁은 3년간 300여만 명의 희생자를 낸 참혹한 전쟁이었고, 정전상태로 남아 있는 실체적 안보위협이다. 천안함 피침은 전후 57년간 북한정권이 끊임없이 저질러 온 무력도발의 연장선상에 있다. 그러나 우리는 전쟁에서 지키려 했던 가치가 무엇이었는지, 드러난 안보위협에서 무엇을 지키려 하는지에 대해 별로 생각하려 하지 않는다.

수년 전 6월 25일 자동차로 미국 미시간주 서부를 여행하던 중 어느 시골마을 휴게소에 들른 적이 있다. 그곳은 미시간호수를 내려다볼 수 있는 자그마한 공원으로 조성되어 있었고, 묘지는 아니지만 한 귀퉁이에 5피트 남짓한 크기의 검은 비석이 서 있었다. 공원에는 어린 아이들을 데리고 온 몇몇 가족이 있을 뿐인 한적한 분위기였다. 가까이 다가가 보았더니 이제 막 헌화한 듯 작은 화환들이 몇 개 놓여 있었다. 기념비에는 한국전쟁에 참전했던 그 마을 출신의 전사자 5명의 이름과 어설프게 그려진 한국지도, 그리고 "한국에서 자유를 수호하기 위해 싸우다 산화한 우리 마을의 젊은이를 기리며"라는 문구가 새겨져 있었다. 기념비 주변은 별다른 조형물도 없고 개인 정원처럼 깨끗이 정돈되어 있었다.

그때의 감동이 잊히지 않는 것은 낯선 이국땅에서 전사한 할아버지 세대의 희생과 그 정신을 아직도 소중히 여기고 있음을 발견했기 때문이다. 그들은 분명 나라의 부름을 받아 참전했지만 자유민주주의 체제에서 살아가는 "우리 식 삶의 방식(our way of life)"을 지키기 위한 전쟁으로 인식했을 터이다. 그렇기에 참전에 대한 자부심과 그 희

12) 국방연구원의 여론 조사 결과는 우리 국민의 61%가 스스로 안보의식이 낮다고 인정했으며, 자유민주주주의 체제를 지키기 위해 희생할 생각이 없다고 하는 응답이 38%에 이르고, 20대의 27%는 전쟁이 나도 참여하지 않겠다고 답했다고 한다(조선일보, 양상훈 칼럼, 2010.6.27의 국방연구원 여론 조사 결과 재인용).

생에 대한 추모를, 세간의 주목을 받지 않으면서도 대를 이어 기리고 있는 것이리라. 그들은 자유가 자신들의 생명과 재산 그리고 행복을 추구할 수 있게 해준다고 믿고, 그런 믿음으로 과거를 기억하려는 듯 보였다. 새삼스럽게 이 기억을 되살린 것은 현재 우리의 안보의식과 대비되었기 때문이다.

우리는 한국전쟁이 지켜준 자유의 가치를 소중히 평가해야 할 보다 직접적인 경험을 가지고 있다. 우리나라는 반세기 전 외국인들이 가망이 없다고 진단했음에도 불구하고 이제 세계가 부러워하는 수준의 민주적 정치체제와 경제적 번영을 이룩하였다. 한국전쟁 당시 기아·영양결핍·문맹이 만연했던 세계 최빈국이 이를 퇴치하고 세계 15위의 중견 경제국으로 도약하였고, GDP 대비 연구개발비를 영국·미국·독일보다 더 많이 쓰는 미래형 국가로 성장하였다.[13] 정치·경제·사회의 주요지표를 종합적으로 평가하는 '레가툼 번영지수(Legatum Prosperity Index)'로 보면 한국은 세계 상위 4분위 수준에 올라와 있다.

우리나라가 이룬 이런 문명사적인 성취는 개개인이 자유롭게 자신의 처지를 향상시키려는 노력을 허용한 환경이 있었기에 가능했다. 프리드먼(Milton Friedman, 1912~2006) 교수가 갈파한 대로 풍요로운 문명사회는 어떤 전체주의적 이념이나 정부 지시에 의해서 달성된 적도 없고 오직 자유로운 사회 분위기에서만 이루어질 수 있다.[14] 한국전쟁 이후 반세기 동안 우리는 험난한 과정을 거치면서도 자유민주주의 체제를 발전시켜 왔다. 오늘날 우리가 누리는 자유로운 사회와 경제적 번영은 전적으로 그러한 노력의 산물이다. 민족통일의 목표에 집착한 전체주의 북한정권이 주민을 얼마나 비참한 처지에 내몰고 있는지, 북한을 지원한 러시아와 중국이 어떻게 변화했는지를 보면 우리의

13) McKinsey Quarterly, "*South Korea: Finding its place on the world stage,*" April, 2010.

14) '*문명의 중대한 진척은 그것이 어떤 분야이던 중앙집권적 지령에 의해 달성된 적은 결코 없다. 그것은 모두 (특권적 지위에 있지 않는) 개인의 독창성, 확신에 찬 소수의 견해, 그리고 변화와 다양성을 허용하는 사회 분위기의 산물이다*' (*Milton Friedman, Capitalism and Freedom,* 1962).

선택이 옳았다는 사실을 알 수 있다.

우리의 미래에 개개인의 행복과 번영이 함께 하려면 자유를 억압하는 어떤 정치세력이나 사회 분위기도 용납되어서는 안 된다. 북한정권은 바로 그런 정치세력이고 북한정권의 안보위협을 외면하는 경향은 그런 사회 분위기이다. 그들이 제시하는 미래는 자유가 없는 암울한 세상이다. 한국전쟁이 정전되고 나서도 반세기가 지나기까지 북한정권은 우리의 생명과 재산, 자유로운 삶의 영위를 끊임없이 위협하고 도발을 일삼더니 급기야 천안함을 폭침하고 46명 장병의 고귀한 생명을 빼앗아갔다. 지난 좌파정권이 주도했던 10여 년간의 햇볕정책의 결과가 폭력정권의 핵무장에 이어 이런 군사적 도발까지 이른 것이다.

북한주민을 억압해 온 김일성•김정일이 포악한 전제군주나 다름없고 북한정권의 실체가 민족주의의 탈을 쓴 독재정권임을 모르는 사람은 없다. 친북인사나 종북 세력이 동족이라는 이름으로 사실을 호도한다 하더라도 그들이 세계에서 유례를 찾기 어려운 전체주의 정권이며 주민을 노예화하는 사악한 집단이라는 사실은 변함이 없다. 우리는 그들의 이념을 역사적으로 공유한 적도 없고 그들이 제시하는 미래에 살아야 할 어떤 명분도 갖고 있지 않다.

그러나 천안함 사태가 북한의 소행임이 아주 분명한데도 시민들은 그들을 규탄하기보다는 정부의 경위조사 발표에 대한 의혹을 제기하거나 우리 군 당국의 잘못을 질책하는 데 더 관심을 기울였다. 북한의 소행임이 명백한 구체적 증거가 나왔는데도 그 흔한 규탄대회 한 번 벌이지 않았다. 오히려 일부 시민들은 운 나쁘게 일어난 안보사고의 하나 정도로 여기고 싶어 한 것 같았다. 드러난 실체적 안보위험에 맞서기보다 내 자식이 전장에 나갈 것을 두려워하고, 주식가격이 떨어질까를 더 걱정하는 듯 보이기도 하였다. 이런 분위기가 외국인들의 눈에는 이상하게 여겨지고, 이를 집단적 외면(collective shrug)이라고 냉소적으로 표현하기에 이른 것이다.[15]

15) New York Times, "*South Korea's Collective Shrug By B. R. MYERS,*" May 27, 2010.

이런 사정들은 자유가 우리에게 더없이 소중한 경험적 가치이고 지켜야 할 가치이지만 동시에 다른 어떤 나라보다도 심각한 도전에 직면하고 있는 가치임을 의미한다. 본질적인 문제는 우리가 자유수호의 가치를 얼마나 피부로 느끼는가 하는 점이다. 북한정권은 자유라는 가치를 우리와 공유할 수 없고 자유민주주의 체제에서 살아남을 수 없으므로 우리를 위협하고 지배하는 방법 외에는 대안을 가질 수 없다. 북한정권과의 관계에서 타협은 자유의 희생을, 굴복은 자유의 포기를 의미할 수밖에 없다. 자유수호의 전열을 정비해야 하는 이유는 분명하다.

우리의 혼란스러운 안보의식은 청장년층의 다수가 우리의 자유민주주의 체제가 발전해 온 경로와 그 가치에 대해 믿음이 없는 데서 나온다. 그들은 한국전쟁을 직접 경험하지 않은 세대이고, 친북좌파 세력의 집요한 선동의 영향으로 우리 현대사를 부정적으로 보는데 익숙해진 세대이다. 그렇기에 편향된 이념으로 쓰인 교과서와 왜곡된 역사인식을 방치하고, 그들의 거짓 선전과 위선을 폭로하고 자유의 소중함을 알리는 데 소홀했던 기성세대는 그 책임을 무겁게 느껴야 한다. 우리는 젊은 세대들을 그릇된 역사관에서 해방시켜 그들의 열정을 미래지향적으로 사용할 수 있게 해야 할 책무를 가지고 있다. 그것은 오직 자유롭고 변화를 허용하는 다양한 사회 분위기 속에서만 이루어진다.

다수의 우리 국민은 언제부터인가 북한정권을 애써 동포의 일원이라는 막연한 기대감으로 이해하고 싶어 하고 기회만 되면 우리를 침략하고 우리의 삶을 파괴할 위험으로 보기를 꺼려하게 되었다. 그런 오류는 북한정권의 실체에 대한 혼동이거나 평화에 대한 희망적 기대에서 나온다. 우리 사회에는 자유민주주의의 그늘에 숨어서 북한정권의 안보위협을 과소평가하거나 대북 유화정책을 지지하는 세력이 엄연히 존재한다. 일부 정치권, 종교단체, 시민단체에서는 여전히 북한정권과 북한주민을 구분하지 않고 민족 화해와 평화를 위해서 북한정권과의 타협을 주장하고 있다.

그들이 진정으로 북한동포를 아낀다면, 북한주민만을 돕고 주민 탄압을 일삼는 북한정권을 규탄하는 데 힘써야 하지 않는가? 지난 정권과 친북세력이 지지해 온 대북 유화정책은 북한정권에게 핵무기를 주고 안보위협을 크게 증대시켰지만 북한주민의 처지를 더욱 곤궁하게 만들지 않았는가? 그럼에도 그들은 "북한인민도 동족"이라는 논리로 사실을 은폐하거나 "그러면 전쟁을 하자는 말이냐"라는 위협, 또는 "어떤 평화도 전쟁보다 낫다"라는 궤변으로 여론을 현혹시키려 한다.

그러나 북한정권과 같이 야만적인 폭력세력과 타협하는 것은 정의롭지도 현명하지도 않다. 야만적 폭력세력에 의한 살육과 파괴가 종종 동족 간에 발생해 왔음은 역사적으로나 현실적으로 입증되어 왔다. 북한정권의 안보위협을 과소평가하고 이를 외면하려는 자세는 우리의 존엄과 자유를 포기하는 타락한 마음가짐에 지나지 않는다. 밀턴은 "타락한 국민은 자유보다는 굴종을, 힘든 자유보다는 편한 예속을 더 좋아한다"라고 지적하였다.[16] 야만세력에 대한 유화정책은 현명하지 못한 정책일 뿐만 아니라 의도한 안전도 지켜주지 못한다. 로마제국의 쇠망과 몰락, 임진왜란, 제2차 세계대전에 이르기까지 역사적인 경험은 폭력세력에 대한 무마정책이나 돈으로 평화를 사려는 시도는 결코 평화를 유지시켜주지 못하고 생명, 재산, 그리고 자유의 파괴로 연결된다는 사실을 되풀이해서 보여주었다.

로마제국은 오현제시대(五賢帝時代)를 지나면서 최고의 전성기를 이루었다. 제국의 수도 로마는 인구가 100만을 넘었고 전 세계에서 물자와 사람이 모여드는 번성한 도시였다. 그러나 로마의 지도층과 시민은 사치와 향락에 몰입하고, 스스로 안보 위험에 맞서기를 꺼려하기 시작하였다. 안보를 위협하는 야만족을 돈으로 매수하여 회유하거나 용병을 고용하는 정책에 의존하였다. 급기야 반달족의 침략이 가시화되자 당시 교황인 레오 1세는 반달족에게 살육과 파괴를 극소화하는 조건으로 반달족의 약탈과 로마 입성을 받아들인다는 제안을 하기에

16) John Milton, *Samson Agonistes,* 1671.

이른다. 무저항으로 로마에 입성한 반달족은 노략질과 방화로 로마를 철저히 파괴하였고, 수많은 로마시민이 살해되거나 노예로 먼 이국땅에 팔려나갔다. 수많은 시민들이 로마를 버리고 도망갔으며 로마는 인구 수만 명에 불과한 황폐한 도시로 쇠락하고 결국 서로마제국의 붕괴로 이어지게 된다. 이후 로마의 인구는 1000년이 훨씬 지나서야 전성기 수준으로 회복되었다. 오늘날 무분별한 훼손 또는 야만적인 파괴행위를 뜻하는 '반달리즘(vandalism)'이라는 용어는 여기서 유래되었다.

우리는 이러한 역사적 교훈을 남의 일로 여겨서는 안 된다.

2. 시장과 정부의 역할

시장은 소비자이거나 생산자인 개인들을 불러들여 각자가 경제적 목적을 추구할 수 있도록 해주는 자생적 기구다. 시장이 개인적 성취의 수단일 뿐 아니라, 정부와 같은 명령기구의 간섭이 없어도, 효율적인 자원배분과 사회적 번영을 가져오는 유효한 수단임을 논증한 것은 인류의 가장 위대한 지적 업적 중 하나이다. 시장의 이런 힘은 이디서 오는가? 그것은 바로 개인의 자발적인 성취동기와 이들을 조정해주는 가격이다. 이를 근거로 개인들은 경쟁적 경제활동, 즉 경쟁을 하고, 그것이 개인과 사회의 경제적 성취를 이끌어 낸다.

경쟁이 만들어 내는 성취가 공간적, 시간적으로 확장해나가는 경향은 더욱 중요한 특질이다. 시장은 경쟁을 통해 지속적으로 커나갈 뿐 아니라, 새로운 시장을 만들어서 개인과 사회의 경제적 기회를 확장시켜 나간다. 그러므로 시장의 이런 역할에 대한 간섭, 특히 정부라는 강제력의 시장개입은 시장의 기능을 위축시키고, 경제의 활력을 떨어뜨리기 마련이라는 점은 이해하기 어렵지 않다. 실제로 정부의 시장

개입이 부작용과 비효율성을 초래한다는 것은 엄연한 사실이다.

시장을 정부로 대체하려는 사회주의의 실험은 실패로 끝났고, 남아있는 명령경제 체제도 시장의 도입 없이는 생존할 수 없음이 드러나고 있다.[17] 그럼에도 정부가 시장을 부분적으로라도 대체 또는 통제해야 한다는 시각은 여전히 세계 도처에서 큰 영향력을 행사하고 있다. 왜 이런 역설적 현상이 계속될까? 역사적 관점에서 시장과 정부의 관계를 살펴보면 이를 보다 이해하기 쉬울 터이다.

시장의 발달은 근대적 정부의 성립보다 훨씬 앞선다. 시장의 구체적 형태인 자본주의 (체제)가 발달하기 이전에는 경제활동에서 정부의 존재는 중요하지 않았고, 초기 자본주의 시기에도 정부의 역할은 미미한 수준에 그쳤다. 사실 정부가 시장에 개입할 능력을 갖춘 것도 자본주의의 발달로 정부가 조세권, 화폐공급권을 독점하고 재정능력을 가지게 된 이후부터이다.

정부의 경제적 역할이 실질적으로 커진 것은 20세기 이후, 특히 1930년대 이후의 일이다. 이 시기는 자본주의가 큰 성공을 거두면서, 그 이전에도 있었지만 큰 관심을 끌지 않았던 빈곤과 (경제적) 불평등의 문제가 사회적 이슈로 부각되기 시작한 시기였다. 적극적 자유주의의 이념으로 무장한 지식인들이 분배정의를 촉구하면서, 사회민주주의, 사회복지 정책, 시장사회주의(market socialism)와 같은 파생이념들이 등장하였고, 이들이 정부역할 확대의 이념적 바탕이 되었다. 특히, 1930년의 대공황시기 이후, 정부간섭을 옹호하는 케인즈 학파의 영향으로 정부가 주도하는 거시경제정책, 시장개입, 사회보장제도, 보편복지의 확대가 도입되었다. 소위 (미국식) 리버럴리즘이라는 정부개입주의를 당연히 여기는 인식이 확산되었다.

한국의 경우는 적어도 경제성장의 초기에는 정부가 경제개발을 주도하고 시장에 깊숙이 개입해 왔다. 정부수립과 이어진 전쟁으로 인한 혼란기에 시장의 존재는 빈약하였고, 시장의 기반이 취약했던 탓도 컸

17) 전형적인 경우가 바로 북한과 쿠바이다.

다. 그러나 정부주도의 경제개발 시기에도, 많은 논란이 있지만 자본주의의 근간인 사유재산권의 보호는 유지되었을 뿐 아니라, 세계시장에 편입하여 경쟁을 해왔다는 점이, 경제성장과 시장의 성장을 동시에 이끌었다는 것이 정설이다. 한국경제는 1980년대 이후의 경제개방과 자유화에 힘입어 본격적으로 자본주의 경제의 특질을 갖추면서 오늘날의 경제적 번영을 이루게 되었다.

이런 성과에도 불구하고, 정부가 경제정책을 주도하고 시장을 규제해야 한다는 사고방식, 그리고 이를 당연하게 여기는 성향은 여전히 강하다. 정부의 시장간섭은 각종 가격규제, 기업활동 규제에서부터 노사정위원회 운용과 같은 다양한 형태로 이루어지고 있다. 특히 지난 십수년간 불평등 해소, 사회복지의 확대를 위해 정부의 역할이 커져야 한다는 주장이 득세하면서, 근년에 들어 경제민주화라는 정부의 시장간섭내지 재분배 정책이 도입되는 단계에 이르렀다. 이는 모두 자본주의를 불편하게 여기고 정부의 역할을 과신하는 인식에서 나온다.

시장은 가장 효율적으로 자원을 배분하고, 개인적, 사회적 번영을 약속하지만, 그 결과를 모든 사람들이 좋아하지는 않는다. 그러나 넓게 보면, 시장주의는 우리에게 (사회적으로) 바람직하지 못한 결과를 드러내더라도 이를 자발적인 협조의 방식으로 풀어나갈 것을 요구한다. 시장주의는 국가, 즉 정부라는 힘을 사용하는 방식을 거부한다. 그런 방식이 문제를 해결하지도 못할 뿐더러 오히려 문제를 악화시킨다는 것을 경험으로, 또한 이론적으로도 알기 때문이다.

지난 반세기 중에 발달한 경제학 이론과 정치학 이론들은 정부가 문제의 해결방식이 되지 못하는 이유를 속속 밝혀주었다. 정부는 (우리가 부여해준) 강제적인 힘을 사용하는 기구이며, 그 힘은 도전이 허용되지 않고 독점적인 힘이다. 그 힘은 법령과 규제로 정해지고, 행정명령이나 행정지도, 제재나 처벌이라는 방식으로 집행된다. 하지만 실제로 이를 행사하는 주체는 기계가 아닌 공무원 또는 관료라는 개인들이다. 그들은 공적업무를 수행할 임무를 위임받은 대리인이지만, 그들은 자신의 이익을 추구할 동기도 동시에 가진 개인이기도 하다.

즉, 그들은 공적임무의 충실한 수행이라는 정신에 위배되고 사적 이익에 보다 부합하는 활동을 하려는 유인과 기회를 가지고 있다.[18] 또한 그들은 거대 관료조직이라는 권력기관의 일부이고, (공무를 수행한다는 이유로) 신분상의 보호를 받으며, 시장의 규율을 받기보다는 오히려 시장 위에 군림하는 위치에 있다. 이는 그들이 사익추구 활동(예를 들어, 특정이익 단체 봐주기, 뇌물수수, 정실인사, 자신의 영향력 확대, 개혁에 대한 저항 등)에 치중할 가능성을 크게 만든다. 따라서 이를 감시하거나 징계하는 데 드는 비용, 즉 감시비용 (monitoring cost)은 민간기업의 경우에 비교할 수 없는 정도로 크다. 관료조직이 비대화하고, 정치권이나 이익단체와 유착하거나 부정부패 사건에 연루되는 경향을 나타내며, 관료조직의 축소나 개혁이 어렵다는 사정은 이런 관료기구의 특성에서 나온다.

정부의 시장개입을 옹호하는 사람들은 종종 이런 관료조직의 특성을 이해하지 못하거나 외면하려 든다. 더구나 그들은 관료조직이 세금으로 유지되는 매우 비싼 기구이며 고정비용으로 경제에 큰 부담을 준다는 사실, 이익단체의 로비라는 불필요한 사회적 낭비, 민간활동을 위축시키거나 몰아내는 효과(crowding out effect)를 불러온다는 점을 잊곤 한다. 정부개입의 가장 흔한 형태인 정부규제가 흔히 규제포획[19]으로 실패하는 경우는 전형적이다.

시장은 전능하지도 완전하지도 않다. 그러나 시장은 필요한 정보를 스스로 찾아내고, 자체를 규제하거나 교정할 수 있는 여지를 늘 지니고 있다. 그러나 정부는 다르다. 정부는 필요한 정보를 모으고 발견해내는 능력, 관료들의 이해상충 문제를 해결하는 능력에 한계를 가질 수밖에 없고, 비경합적, 독점적, 강제적 권력기관이며 고비용 구조라는 문제점을 가진 기구이다. 정부는 지속가능한 일자리를 만들지도, 창의

18) 공공선택이론(public choice theory)과 대리인이론(agency theory)이 이런 문제를 규명해 주었다.

19) 규제가 효과적 감시방식이 되지 못하는 주요 원인 중 하나인 규제포획(regulatory capture)은 규제기관과 규제대상기관의 유착관계로 규제가 실패하는 경우를 가리킨다.

력을 발휘하지도 못한다. 정부는 결코 시장보다 우월할 수 없다. 그러므로 정부가 시장을 대체하려는 활동이나 간섭은 현명하지도 않고, 정부실패의 가능성도 클 수밖에 없다.

정부의 시장간섭은 물론 공공의 이익을 증진시키려는 명분에서 출발한다. 그러나 명분은 의도한 결과를 보장하지도 않고, 그 도덕적 정당성이 분명하지 않는 경우도 흔하다. 명분이란 실은 특정 이익집단의 이해를 반영하기 쉽다는 사실[20], 관료조직을 동원하는 방식은 지극히 비효율적이며 명분의 정신을 살리기도 어렵다는 점이 간과되어서는 안 된다. 그러므로 정부의 시장개입은 불가피한 경우로 제한되어야 하고, 허용되더라도 관료조직에 전적으로 의존하기보다는 다양한 대체적 방안을 찾는 것이 마땅하다.

2.1 반부패투명사회로 가는 길: 2005년 3월

최근 반부패 투명사회 협약(이하 협약)이 대통령, 정당 대표, 재계 총수, 시민단체 대표를 포함한 각계 대표들에 의해 언론의 집중 조명을 받으며 체결되었다. 그 내용은 불법 정치자금의 국고환수, 비위로 면직된 공무원의 유관기관 취업제한과 같은 구체적인 방안뿐만 아니라, 일부 개혁과제의 입법화를 추진하고, 매년 실적에 대한 대국민 종합보고대회를 연다는 등의 실천계획도 포함하고 있다. 협약은 우리 사회의 반부패 의제를 거의 모두 나열하고 있지만, 그 중 일부는 대결적

20) 집단행동의 이론은 자기 잇속을 챙기는 소수의 집단(예를 들어 노조, 생산자 조합, 기업집단 등과 같은 특수이익집단)이, 사회전체의 이익을 생각하는 다수의 집단보다 늘 유리하며, 그들의 이해에 따라 정책이 결정된다는 점을 보여주었다(Mancur Olson, The Logic of Collective Action, Harvard University Press, 1965). 한국의 경우, 철도, 방송, 교육, 금융의 공공성이라는 명분으로 결정되는 정책들이 흔히 집단이기주의를 반영한다는 비난을 받는다는 것은 이런 사정을 잘 보여준다.

정치 문화의 개선, 기업의 윤리경영이나 사회적 책임을 강조하는 조항들, 시민 단체의 투명성 교육 참여와 같이 그 취지나 효과가 모호한 사항까지 담고 있다. 가장 아쉬운 점은 협약 내용에 노동부문에 대한 언급이 없고, 반부패 활동에서 정치적 중립성의 문제가 부각되지 않았다는 점이다.

이번 협약이 우리사회의 고질병인 부패문제를 감소시키는 계기가 될 거라는 긍정적 평가를 내릴 수도 있다. 그 근거로 현 정권의 등장 이후 선거법, 정치자금법이 강화되었고, 지난 수년간 기업 회계와 지배구조가 개선되었으며, 시민단체의 감시 활동이 확대되는 등, 반부패 활동과 이에 대한 사회적 관심이 증폭된 점을 들 수 있을 것이다. 또한 이런 현상이 전 세계적으로 확산되고 있는 추세이며, 최근 유엔, 세계은행과 같은 국제기구가 주도하는 다양한 반부패활동을 전개하고 있는 점도 긍정적으로 작용할 것이다.

그러나 이번 협약을 별로 기대할 것 없는 하나의 전시성 행사로 보는 냉소적 시각도 있다. 부패추방은 정권이 바뀔 때마다 최우선 과제로 대두되어 왔고, 역대 정권들은 예외 없이 각종 사정, 부패방지 기구를 운영해왔다. 그럼에도 불구하고, 우리사회의 부패수준이 뚜렷이 개선되었다는 징후는 보이지 않는다. 크고 작은 비리, 부패 사건은 계속 터지고 있고, 최근에는 기아, 항만 노조간부들의 수뢰사건과 같은 신종 부패까지 등장해서 물의를 빚고 있다.

우리나라의 상대적 부패수준은 어느 정도일까? 부패수준을 객관적으로 측정하기는 어렵지만, 국제투명성기구(Transparency International)가 매년 발표하고 있는 국가별 부패수준 인식 지수(이하 TI 지수)를 하나의 비교 근거로 삼을 수 있다. 최근 발표된 TI 지수를 보면, 우리나라의 점수는, 제로 부패 수준 10점, 최악의 부패수준 0점으로 할 때, 4.5점으로서 낙제 수준이고, 평가대상인 145개국 국가 중 47위로서 주요 비교대상국에 비해 현저히 낮고, 지난 수년간 별반 나아지지 않은 것으로 평가되고 있다.

부패의 본질적 특성은 무엇일까? 동서고금을 막론하고 부패의 원천은 권력이다. 액턴 경(Lord Acton)의 경구처럼 *권력은 부패하는 경향을 가지고 있고, 절대 권력은 절대로 부패한다.* 정치인, 공무원에서부터 기업체, 노조, 비영리기관, 시민운동단체의 간부에 이르기까지, 누구든 견제 받지 않고 인사권, 예산배분권, 사정권, 인허가권, 규제감독권을 행사하거나 영향력을 행사할 수 있다면, 그는 부정한 거래의 당사자가 될 수 있다. 권력과 견제의 결여는 부패의 필요조건이고, 투명성은 견제의 필요조건이다. 따라서 어떤 종류의 견제 받지 않는 권력도 허용하지 않는 한, 완전한 반부패투명사회를 이룰 수는 없다. 그러나 어떤 종류의 권력도 필요 없고, 정부가 필요 없는 세상에서 살지 않는 한, 완벽한 견제장치를 구축할 수 없는 한, 부패의 완전 근절은 불가능하다. 우리가 도달할 수 있는 최선의 상황은 부패를 최소화할 수 있는 사회구조를 구축하는 일일 것이다.

그렇다면 어떤 방식으로 반부패투명사회를 만들어야 할까? 이 문제에 대한 정답을 찾기는 매우 어렵다. 가장 쉽게 생각할 수 있는 대안은 부패추방 캠페인을 벌이고, 정부주도하에 부패추방에 관련된 법과 기구를 강화하는 방법일 것이다. 실제로 부패문제가 심각한 국가에서 흔히 이런 방법을 쓰고 있고, 우리나라도 예외가 아니다. 현 정부는 의욕적으로 반부패캠페인을 지원하고 있고, 부패방지위원회의 설치 운용에 이어 공직자윤리법의 강화와 고위공직자 비리조사처의 설치를 추진하고 있다. 이와 같이 정부가 주도하는 반부패활동의 실효성을 속단할 수는 없지만, 한 가지 분명한 사실은 그것이 또 다른 권력구조를 만들어 낼 수 있다는 점이다. 그 증거는 오랜 반부패 투쟁의 역사를 가지고 있는 동남아시아 국가들 특히 인도네시아(PI 지수 2.0, 145개국 중 133위), 필리핀(PI 지수 2.6, 102위), 미얀마(PI 지수 1.7, 140위)의 경험에서 발견할 수 있다. 이들 국가는 모두 강력한 반부패 관련법과 정부기구를 가지고 있지만, 최악의 부패수준에서 벗어나지 못하고 있다. 예를 들어 필리핀의 경우, 지난 50년 동안 7개의 반부패관련법을 도입하고, 13개의 반부패 정부기구를 가지고 있는 것으로 알려져 있다. 이들 국가의 공통점은 사법부의 역할이나 반부패 기구의 정치적 중립성이 취약하다는 점이다.

이런 관찰과 사실들은 다음과 같은 시사점을 확인시켜준다. 반부패투명사회로 가는 첩경은 민간 부문의 활동에 대한 정부의 영향력을 최소한 줄이는 일이다. 현실적으로 보면, 민간 경제활동에 대한 규제나 간섭이 적을수록, 반부패 관련기관의 정치적 중립성이 커질수록, 사법기관의 독립성이 클수록, 정보흐름이 보다 투명할수록 반부패투명성의 수준은 올라갈 것이다. 국제투명성기구의 투명성 지수와 국가순위는 이 점을 잘 보여준다. 핀란드, 덴마크, 싱가폴, 홍콩, 미국 등과 같은 상위 국가들은 모두 정부의 규제, 간섭이 적으며, 잘 발달된 시장경제체제, 전문화되고 독립적인 사법제도, 자유로운 언론 부문을 가지고 있다. 반면에 권위적 정부, 독재국가, 관치금융이 심한 국가, 언론에 제약을 가하는 국가의 부패수준은 예외 없이 하위권에 머물러 있다.

2.2 금융위기와 정부개입: 2008년 10월

우려하던 대로 금융위기가 신용경색에 이어 실물경제의 위축으로 확산되고 있고, 우리나라를 포함한 거의 모든 나라에서 비슷한 경제위기를 겪고 있다. 이들 모든 국가에서 위기 진압 작전에 정부와 중앙은행이 나서고 있을 뿐 아니라, 국제적 공조가 필요하다는 주장도 수긍할 수 있다. 현 금융위기를 극복하기 위해서는 금융시스템에 대한 신뢰회복이 필수적이고, 이를 위한 마땅한 대안이 없기 때문이다.

경계해야할 점은 정부개입의 범위와 지속성에 대해 성급한 판단을 하거나 지나친 기대로 앞으로의 경제정책을 잘못 택하는 일이다. 그렇기에 이번 금융위기를 1930년대의 대공황과 동격으로 본다든가 사태의 본질을 시장경제 체제의 근원적 문제로 해석하는 견해들은 주의 깊게 살펴볼 필요가 있다. 대선을 코앞에 둔 미국에서 일부 정치인들의 주장이나, 민영화와 자본시장 개편 일정을 추진하는 우리나라에서 일부 학자, 전문가들의 주장에서 그런 경향을 어렵지 않게 발견할 수 있다.

많은 사람들이 공감하는 대로 현 금융위기가 대공황의 경우와 근본적으로 다른 것은 우리가 금융경색의 원인과 진행과정, 그리고 대처방안에 대한 지식을 많이 가지고 있다는 점이다. 시장의 안정은, 비록 대처방식에 따라 그 속도가 달라질 수 있겠지만, 조만간 이루어져 세계 경제가 정상적 성장궤도에 진입할 수 있을 것이다.

유감스럽게도 현 금융위기가 대공황이후에도 반복되어온 금융위기들과 닮은꼴인 측면도 있다. 경기후퇴를 용인하려들지 않는 정치권의 압력과 경기변동을 조절할 수 있다는 중앙은행의 자만심이 합작품으로 만들어낸 자의적이고 방만한 통화신용정책이 원흉이라는 점에서 그러하다. 그런 정책이 시장위축이라는 자율조절 기능으로 막을 수 있는 작은 일을, 경기과열과 과다 투기행위를 조장함으로써 현 사태와 같은 큰 화를 불러온 것이다. 지금 위기를 겪고 있는 어느 나라도 과열시장은 방치하고 시장위축에는 개입해온 비대칭적 통화신용정책이 금융시장의 불안과 금융위기의 근본 원인이라는 진단에서 벗어나기 어렵다.

많은 사람들이 금융위기의 직접적인 단초로서 미국의 비우량주택모기지 문제, 그리고 이를 확대재생산하게 만든 파생금융상품을 지목한다. 그런 맥락에서 현 금융위기가 미국 발 위기이고, 미국식 금융자본주의는 이제 파산선고를 받았으므로 금융규제는 대폭 강화되어야 한다는 주장을 편다. 언뜻 일리가 있어 보일지 모르지만, 성급하고 부정확한 견해이다.

비우량주택모기지나 파생금융상품의 문제는, 엄밀히 말하자면 금융산업에 대한 금융규제의 부재라기보다는 부실한 금융감독의 문제이다. 시장경제는 금융거래를 포함한 모든 시장거래에서 우리가 부여하는 규칙과 규칙의 집행방식을 그대로 반영하며, 어느 시장경제도 완전한 자유방임을 전제로 성립할 수 없다. 금융시장에서 준수해야하는 게임의 규칙(rule of game)에서 가장 중요한 부분은 금융거래에서 비대칭적정보라고 부르는 정보의 편차를 최소화해야한다는 규칙이고, 그런 규칙의 제정과 집행의 일차적 책임은 정부나 중앙은행이 가질 수밖에 없다. 그렇지 못한 상황에서 이루어지는 금융거래는 역선택, 도덕적 해이와 같은 해악을 초래하고, 시장질서를 파괴하게 된다.

비우량주택모기지 문제에서 드러나는 바와 같이 상환능력 없이 과도한 차입을 할 수 있게 하고, 또 이를 조장한 금융기관의 경우나 많은 순기능을 가진 파생금융상품을 투기수단이나 위험전가수단으로 남용한 경우가 바로 이에 해당한다. 이를 두고 금융시장이나 금융상품을 탓하는 것은 목수가 연장을 나무라는 격이다. 현 금융위기에서 게임규칙으로서 이런 행위들을 감시, 감독할 책임을 소홀히 한 정부나 중앙은행에게 책임을 물어야 한다. 이런 맥락에서 현 사태는 시장실패가 아니라 방만한 통화신용정책의 연장선상에 있다고 봐야한다. 우리는 최근 미국의회 청문회에서 그린스펀 전의장이 뒤늦게나마 이를 인정한 사실을 주목할 필요가 있다.

현재의 위기 수습 과정에서 정부개입을 어떻게 봐야할 지는 자명하다. 정부주도하에 금융시장에 유동성을 공급하고, 은행의 일부 국유화가 진행되고 있음을 들어, 시장에 대한 정부의 역할이 지속적으로 확대되어야 한다는 주장은 성급할 뿐 아니라 위험하다. 정부의 역할은 잘못된 정책으로 무너진 시장에 대한 신뢰를 회복하는 임시조처이어야지, 시장을 대체하는 일이 되어서는 아니 된다. 불끄기 작전은 가능한 빨리 끝내고, 정상적인 시장질서를 회복시키는 일에 지혜를 모아야 한다. 시장질서의 회복은 방만한 통화신용정책을 지양하고, 마땅히 해야할 금융감독을 철저히 하는 일이다.

2.3 정부역할의 확대를 경계한다: 2012년 2월

고 로널드 레이건 미국 대통령은 취임연설에서 언급한 '현재 당면한 위기에서 정부는 문제에 대한 해결책이 아니라, 정부가 바로 문제'라는 명언을 남긴 걸로 유명하다. 정부 역할의 확대를 경계하는 이런 인식은 전통적 자립정신과 맞물려, 이후 미국 정치성향의 커다란 축의 하나로서 굳어졌다. 오바마-민주당 정권이 집권 이후 사회경제 전반에서 리버럴한 정책으로 회귀하는데 대한 만만찮은 반감이 일고 있음은 이를 잘 나타낸다. 최근 라스무센 여론조사는 큰 정부에 반대 여론이 여전히 우세하다는 사실을 뚜렷이 보여주고 있다.[21] 유권자의 58퍼센트가 정부가 보다 적은 힘과 돈을 가지기를 바란다고 응답한 반면, 22퍼센트만이 큰 정부를 원한다고 응답하였다.

우리나라 사람들의 생각은 어떨까? 상응하는 조사 결과가 없어 단정하기 어렵지만, 그 반대일 거로 보인다. 여론조사 결과를 보면, 시장경제에 대한 정부개입의 확대를 원한다는 응답이 59퍼센트에 이르고[22], 차기 대통령의 최우선 국정과제는 일자리 창출과 실업해소, 국민과의 소통과 통합, 수출확대와 경제성장, 양극화 해소와 복지실현의 순서로 응답의 상위 87퍼센트를 차지하고 있다.[23] 많은 사람들은 일자리 창출, 물가관리, 지역개발에서 부터 친서민정책에 이르기까지, 정부나 대통령이 나서서 문제를 해결해야 한다는 주장을 너무 쉽게 내놓는다.

현 시점에서 정부의 역할확대에 대한 기대가 커진 배경은 무엇일까? 특히 양극화해소나 동반성장 정책과 같이 재분배정책에서 큰 정

21) 2010년 6월 10일자 자료.

22) 한겨레신문 조사결과(2010년 5월 13일자).

23) 한국경제신문 조사결과(2011년 2월 12일자).

부를 바라는 이유를 어떻게 설명할 것인가? 일부에서 주장하는 것처럼 국민소득이 증가하면서 보편적 복지에 대한 욕구가 증가했을 수도 있고, 자유시장 질서에 대한 피로감이 누적된 결과로 설명할 수도 있을 것이다. 그러나 좀 더 깊이 들여다보면, 관련된 정부정책들이 개인 차원에서 도덕적으로 정당한 행위를 사회적으로 확대하려 하며, 공권력에 의해서만 그것이 실현된다는 믿음에서 나온 것임을 알 수 있다. 정부개입을 옹호하는 장하준 교수의 저서와 마이클 샌들 교수의 저서 '정의란 무엇인가'가 특히 우리나라에서 커다란 인기를 끌고 있음은 이를 잘 보여준다.

우리나라 사람들의 온정적 성향이 유난히 강하다는 진단은 어느 정도 사실일 수 있다. 최근 논란을 일으키고 있는 보편적복지의 확대나 동반성장 정책에 호응이 적지 않고, 도덕성이 자유선택에 우선할 수 있음을 강조하는 샌들의 주장에 많은 사람들이 공감을 느낀다는 사실은 그런 성향에서 나오는 것 같다. 그렇기에 무상복지나 초과이윤공유와 같은 무모한 아이디어도 정면으로 반박하기가 껄끄럽게 느껴지기도 한다. 이들 정책에 깔려있는 약자나 불행한 이웃에 대한 동정심과 그들을 돕고자 하는 마음은 사회적 동물인 인간의 천성에 내재되어 있고, 정책의 실행은 개인적 미덕을 사회적으로 확대하는 도덕적이며, 정의로운 일로 여겨지기 때문이다.

개인적 선행이나 자선이 확대된 사회는 분명 아름다운 결과이지만 제도나 정책으로 만들어질 수는 없다. 선행 또는 덕행은 기본적으로 자선행위이며 개인의 자유의지가 전제되어야만 성립될 수 있다. 그것은 자선이 자발적인 선택의 결과이며, 그 선택이 가져올 희생과 위험, 결과를 개인의 몫으로 받아들일 수 있어야하기 때문이다. 비록 자선이 무조건적으로 주어지는 행위라 하더라도 자유선택의 결과라는 보상이 없다면 미덕으로 인식되지 않는다. 자유는 선행의 충분조건이 아니지만 필요조건이다. 사회정책으로 강요되거나 공권력으로 실행되는 자선은 덕행이라는 가치를 파괴하고, 복종으로 대체시킨다.

사회정책으로 도입된 사회복지제도는 개인적 자선행위를 제도적으로 설계해서 확대한 사회적 자선이며, 자발적인 자선 행위들이 모인 결과와는 다르다. 사회적 자선은 수혜자에게 일시적인 편안함을 줄 수 있지만, 장기적으로는 해로운 결과를 가져다 줄 수 있다. 사회적 자선이 지속되면, 덕행이라기보다는 제도로 보장된 권리로 인식되기 때문이다. 그것은 사회보장이지 자유선택의 결과가 아니다. 수혜에 대한 감사나 책임감, 자립의욕은 감소하고, 수혜를 늘리고 지속시키려는 부정적 유인이 증가하게 된다.

사회적 자선은 필연적으로 정책의 입안자나 실행자라는 제 3자를 개입시킨다. 그들은 학자나 성직자, 정치인과 관료들이며, 자선의 제공자도 수혜자도 아닌 중개자이다. 그들은 사회적 자선의 수요와 공급을 확대, 지속시키는 데 관심을 둘 뿐, 그에 따른 책임과 비용에 주목하지 않는다. 사실 사회적 자선의 최대 수혜자는 바로 그들이다. 흔히 그들은 사회적 자선을 사회정의로 정당화시키려 한다. 그러나 아담 스미스가 지적한대로 정의(Justice)와 덕행(Beneficence)은 다르다.

정부가 자임한 사회적 자선은 덕행의 제공자-수혜자의 관계를 단절시키고, 덕행이라는 본질적 가치를 파괴하는 데 그치지 않는다. 문제는 사회적 자선 서비스의 실질적 집행자인 정부가 독점적이며 영구적 기구(Monopolistic, going concern)라는 데 있다. 그러므로 서비스의 품질을 지속적으로 감시할 유인이 떨어지고, 실패를 책임지게 할 효과적인 방법이 사실상 없다. 정치인과 관료를 경질하더라도 서비스 자체를 없애기는 어렵고, 본업이 아닌 학자들의 주장에 제재를 가할 수도 없다.

정부는 독자적인 수입원이 없으므로 사회적 서비스는 어차피 납세자가 부담할 수밖에 없고, 상대적으로 가장 큰 부담을 지는 계층은 중산층이다. 이럴 경우 단골로 등장하는 대안인 부유세는 투자인센티브를 줄여 경제성장과 소득증대를 저해함으로써 중산층의 실질 세금부담을 오히려 늘리는 역작용을 일으킨다. 정부정책으로 도입된 사회적 자선은 일단 정착되면 기득권이 되어 되돌리기가 매우 어렵기 때문에 사정은 더욱 나빠질 수 있다. 사회보장 정책을 확대한 선진국들이 공통적으로 겪고 있는 문제점이다.

이런 사정들이 맞물려서 정부의 역할과 사회적 자선에 대한 수요는 더욱 확대되지만, 수혜자들의 사정은 별반 나아지지 않는다. 미국의 경우, 위대한 정부의 기치를 걸고 도입된 존슨정부의 시회복지 확대가 커다란 후유증만 남긴 채 실패하였음은 이를 뚜렷이 보여준다. 거의 모든 사회복지 프로그램의 성과가 도입 초기 일시적 상승하다가 이후 이전 수준으로 후퇴하였다.[24] 미덕이 넘치는 활기찬 사회 대신 정치적 갈등이 증가한 피곤한 사회가 되고 있다. 많은 미국인들이 오바마 정부의 정부역할 확대 정책에 우려하는 것은 바로 이런 이유이다. 같은 이유로 우리나라에서 정부역할의 확대, 사회적 자선에 대한 기대가 커지는 현상을 경계해야 한다.

현재 여론의 집중 조명을 받고 있는 두 가지 사안인 보편적 복지와 동반성장 정책에 대해 특히 주목해야 할 필요가 있다. 이들 모두 선행의 사회적 확대나 사회정의의 실현으로 포장되고 있지만, 의도한 결과를 얻지 못함은 물론 커다란 부작용만 남기고 미래세대에 부담만 넘겨줄 공산이 크다. 보편적 복지는 최소한의 사회안전망 확대로, 그나마도 정부보다는 민간단체의 역할이 확대되도록 유도하는 것이 바람직하다. 정부가 주도하는 동반성장 정책은 중소기업이 경쟁력을 자생적으로 획득할 수 있게 하는 환경조성정책으로 대체되어야 한다. 정부의 정책은 규제완화로 기업 간 경쟁을 유도하고, 불공정거래를 엄중히 제재하는 데 집중되어야 한다. 그것이 사회정의가 실현되고, 미덕이 넘치는, 활기 있고, 풍요로운 사회로 발전하는 지름길이다.

24) Charles Murray, *What It Means a Libertarian*, 1997 참조.

3. 사회정의와 사회통합

한국은 동질성이 비교적 높은 사회다. 동북아의 변방에 있는 반도이며, 바다와 험준한 산악으로 둘러 싸여 있다는 지리적 특성, 오랜 기간 지속된 단일 왕조 지배체제, 기본적으로 단일 민족으로 구성되어 있다는 인구 특성들은 동질적, 보수적이며 정체성이 강한 사회체제를 유지시키는 주요한 요인이었다. 근년에 외국과의 교류가 급증하고, 외국인들의 유입이 커졌지만, 그것은 한 세대를 넘지 않는 짧은 기간에 지나지 않는다.

그럼에도 한국 사회의 갈등은 자타가 공인하는 높은 수준이다. 다른 사회에서 가장 큰 갈등 문제인 부족 간, 종교적, 인종적 갈등의 요인이 없음에도 불구하고, 우리는 지역 갈등, 계층 간 갈등, 이념 갈등이 심각한 수준이라고 느낀다.

찬찬히 생각해보면, 우리 사회의 갈등은 모두 정치적 갈등의 한 형태이고, 그것은 우리의 가족주의적, 소규모 공동체적 의식구조에서 나왔음을 알 수 있다. 아마도 그것은 산악으로 쪼개진 지역특성, 가부장적 가족구조, 유교적 질서에 길들여진 우리의 문화유전자, 즉 밈(meme)일 수도 있다. 우리는 첫 대면에서 먼저 고향, 성씨, 출신학교를 묻는다. 이름을 먼저 묻는 서양인들과는 전혀 다른 태도다. 우리의 이런 성향은 기업이나 공공기관의 인사관리, 정당의 조직과 인적구성, 정치적 선택에 막대한 영향력을 행사한다. 이 문제는 정치적 인사에서 특히 심해서, 지역편중 인사, 출신학교 따지기는 언론의 단골 메뉴로 자리 잡았고, 소위 이념 갈등의 문제도 지역적 편가르기 성향과 겹치는 경우가 많다. 이런 정치적 갈등은 편가르기와 사실상 동의어(同義語)이다.

근년에 들어 부쩍 부각된 갈등은 경제적(계층 간의)갈등이다. 노사

갈등, 양극화 논쟁, 경제민주화 정책, 동반성장 논쟁, 부자증세의 문제는 모두 경제적 불평등이 만들어낸 갈등의 문제라고 본다. 이런 시각은 우리 사회가 정의롭지 못하다는 인식으로까지 이어진다. 그러므로 경제적 갈등은 사회적 힘, 정치적 과정으로 풀어야 한다고 주장한다. 즉, 경제적 격차를 인정하지 않고, 정치적 갈등의 문제로 변환시키려 한다. 정부와 정치권이 사회통합, 국민대통합론을 내세우고, 여론의 호응을 받는다는 사실은 이를 잘 드러낸다.

그러나 이런 방식으로 불평등을 해소하거나 완화하는 것이 바람직한 것인지, 정의를 실현하는 것인지, 행복한 사회를 만드는 것인지, 그것이 가능한 것인지, 어떤 대가를 치러야 하는지는 어느 하나도 분명하지 않다. 불평등은 그 자체가 갈등은 아니며, 정치적 갈등이 되어야 할 필요도 없다. 또한 사회의 평등함과 정의는 전혀 다른 개념이다. 평등을 정치적으로 실현하려한 사회가 정의롭지도 않았고, 가난하고 불행한 사회로 전락하지 않았던가?

우리는 대체로 불평등이 적은 사회가 보다 아름답고, 행복할 거라고 믿는다. 그런 믿음은 아름다움이나 행복감 같은 주관적 가치가 비슷해서 서로 합치거나 평균을 낼 수 있을 거라는 착각에 지나지 않는다. 아마도 우리가 원하는 사회는 평등한 사회, 통합된 사회라기보다는 보다 자유롭고, 다양하면서도 화합이 잘되는 사회일 터이다.

사실 정치적 갈등해결의 방식은 정부라는 힘을 사용하는 방식이므로, 독선적이며 과잉대응으로 귀결되기 쉽고, 개인적 자유를 훼손이라는 커다란 부작용을 초래하기 마련이다. 절대빈곤의 퇴치나 사회적 안전망을 늘리는 데 그쳐야 할 정부정책이 경제적 불평등의 해소와 보편적 복지 정책으로, 비정규직 보호가 비정규직의 정규직 전환정책으로, 대학학자금 지원이 반값등록금 정책으로, 가계부채감축 지원이 부채탕감 정책으로 발전하는 일이 그런 사례들이다.

3.1 샌들의 정의가 불러오는 문제들: 2012년 4월

근년에 마이클 샌들(Michael J. Sandel) 만큼 독자들의 뜨거운 반응을 불러온 경우는 드물다. 경이적인 판매부수를 기록한 '정의: 올바르게 해야 할 일이란 무엇인가'는 그가 하버드 대학에서 최고의 인기를 누리는 강의에서 교재로 사용한다. 시장의 가치결정 과정에 회의적인 시각을 보여주는 그의 최신작 '돈으로 살 수 없는 것들: 무엇이 가치를 결정하는가?'는 역시 이에 못지않은 관심을 불러일으키고 있다. 그의 저서들은 미국보다 일본이나 한국에서 인기가 높다. 특히 한국에서 '정의'는 일본의 두 배가 넘는 120만부 이상이 팔렸다고 한다.

이들 저작에서 샌들은 어려운 철학적 개념을 쉬운 문체로 설명한다. 또한 절묘하게 고안한 예제나 현실적 사례를 이용해서 공리주의, 시장과 도덕심, 칸트와 롤스, 자유주의에 내재하는 취약점들을 가차없이 발려내는 탁월한 재능을 발휘한다. 그렇기에 그의 주장에 선뜻 동조하지 않는 사람이라도 샌들의 설득력이 크다는 사실을 부인하기 어렵다. 그는 비록 본인이 그렇게 인정되는 것을 달가워하지 않는 듯하지만, 공동체주의자이며, 신(新) 아리스토텔레스적(neo-Aristotelian) 가치 개념을 신봉한다. 바로 그런 점이 한국 사람들의 심성에 와 닫는 것 같다.

샌들은 어떤 공동선, 사회적 또는 정치적 도덕심이 개인적인 자유보다 우선할 수 있거나 적어도 우선되어야 하는 영역이 있다고 주장한다. 그는 여러 가지 사례를 들어 이를 정당화하려 한다. 가령 폭풍으로 부서진 보금자리를 급히 복구해야만 하는 가난한 사람들을 생각해보자. 이런 딱한 처지에 몰린 약자에게 평소 가격의 몇 곱절에 달하는 수리비를 요구하는 수리업자의 입장을 어떻게 정당화할 수 있겠는가? 수리업자의 자유로운 선택 즉 사적 이윤보다는 공동체의 이익, 즉 친절이나 화합이 우선적 가치가 아니겠는가? 태아도 인간이라는 사실을 부인하지 않고서 어떻게 낙태라는 개인적 선택을 옹호할 수 있는가? 또는 자신의 생명과 재산을 지키는 일을 용병을 고용하는 경제적 선택으로 대체하는 것이 정당한 일인가? 이런 일련의 문제들을 그는 구체적인 사례를 이용해서 의문을 제기하는 방법으로 독자들을 설득한다. 그가 만일 한국에서 사례들을 찾았다면, 아마도 재벌 기업들의 골목상권 침해, 해외 원정출산을 사례목록에 추가했을 것 같다.

샌들이 자유주의가 가치중립적이라거나 공동선을 외면한다고 비판하는데 이들 사례를 이용한 방식은 바로 그 점 때문에 취약하다. 먼저 사례들이 극단적 또는 비일상적임을 들 수 있다. 가령 난파선 생존자들이 식인(cannibalism)이라는 악마적 선택을 해야 하는 사례는 일상적 개인선택과는 너무 동떨어진 과장된 사례이고, 이를 어떤 정의 개념과 연결시키기에는 무리가 있어 보인다. 자유주의적 개인은 이기적 선택만을 고집하지도 않고, 공동체의 도덕심(그것이 선험적이든 진화된 협조정신에서 나왔든)과 배치되는 선택에 집착하지도 않는다.

샌들이 제기했던 카트리나 허리케인의 경우를 보자.[25] 허리케인 피해 지역에도 이웃의 온정과 협조가 드물지 않았고, 수리비 시장가격이 폭등한 점도 오히려 피해 복구가 신속히 이루어지게 만든 원동력이었다는 점도 간과할 수 없다. 만일 플로리다의 바가지 씌우기 금지법(Anti-price gouging laws)이 철저히 적용되었더라면, 자유로운 선택은 억압된 상황에서 이웃의 선행도 줄어들었을 가능성도 크고, 플로리다가 제대로 복구되기도 어려웠을 것이다.

자유주의자가 옹호하는 개인의 선택공간은 밀(J. S. Mill)의 무해악 원칙(No Harm principle)에 의해서만 제약될 뿐, 이기적 사익 추구(selfish profit-taking)에만 국한되어 있지 않으며, 이타적 행위도 포용한다. 실제로 자유주의 사회, 자유 시장경제에서 선행과 협조가 더욱

25) 이 논의는 2008년 여름 미국 남부해안을 강타한 Hurricane Katharina의 사후 수습에서 플로리다주의 Anti-price gouging laws에 대해 벌어졌던 논쟁의 주요 부분을 요약한 것이다.

많이 관찰되는 경험적 사실과도 부합한다. 그러므로 자유주의(libertarianism)를 자유지상주의로 해석하는 것은 정확하다고 볼 수 없다.

그럼에도 샌들식 정의(Sandelian justice)에 대한 호감이 큰 것은 바로 공익과 사익이 주로 상충관계일거라는 막연한 생각, 또는 공적 도덕심(public morality)이 사적 도덕심(private morality)보다 우월할거라는 믿음에서 나온다. 공동체자유주의론에서 자유주의가 사익과다, 공익과소의 문제점을 가지므로 이를 교정해야 한다는 주장도 여기에 근거한다.[26] 그러나 라인홀드 니버(Reinhold Niebuhr)가 지적한대로 실은 공적 도덕심이 사적 도덕심보다 열등할 가능성이 크다.[27] 그것은 개인들의 이기적 충동은 결코 사라질 수 없고, 이런 이기적 충동은 개별적으로 나타날 때 보다 하나의 공통된 충동으로 결합될 때 더욱 강렬하게 표출되기 때문이다.

이 점은 공동선 또는 공익이란 실은 특정 개인이나 소집단의 견해나 이해관계를 반영하기 쉽다는 사실 때문에 더욱 악화될 위험을 지닌다. 공동체주의가 소집단의 독선과 오만, 목표지상주의, 전체주의적 성향을 띄거나 집단이기주의의 함정에 빠져 공동선과 멀어지는 역설을 만들어 낼 수 있다. 통합진보당이라는 당명을 가진 정당이 과격한 이념성향을 가진 집단에 휘둘리고, 이들이 비민주적, 비도덕적, 퇴행적인 행태를 일삼는 현실은 이런 성향을 여실히 보여준다.

자유주의적 선택이 공동선을 보장하지는 않는다. 개인적 선택의 자유는 약탈적 사익추구(predatory profit-taking)의 유인을 없앨 수 없기 때문이다. 바로 자유주의자들이 법치의 공간을 허용하는 이유이다. 그러나 자유주의자들은 자유로운 선택이 이타적 행위, 협조적 선택을 포용하고 있고, 공동선으로 연결될 가능성이 크다는 사실, 반대로 공동체주의가 가져올 수 있는 위험이 실로 크다는 사실을 잘 이해하고 있다. 자유주의자들은 이런 사실을 대중에게 설득해야 할 책무를 진다

26) 박세일, 공동체 자유주의: 이념과 정책, 나남, 2008.

27) Reinhold Niebuhr, Moral Man, Immoral Society, John Knox Press, 1932.

고 해야 할 것이다.

이 과업은 만만치 않다. 샌들식 사회정의에 대한 정서적 공감을 극복하기 쉽지 않기 때문이다. 만일 우리가 자유주의적 공동선을 추구하기 위해 신앙의 힘을 빌려야 한다면, 다음과 같은 니버의 기도문을 상기해야할 것이다.

> *'신이여, 우리가 바꿀 수 없는 것들을 겸허하게 받아들일 수 있는 용기를 주소서. 그리고 우리에게 바꿀 수 있는 것과 그렇지 못한 것들을 분간할 수 있는 힘과 지혜를 주소서.'*

3.2 정리(情理)와 정리(正理): 2011년 6월

오랜만에 18회 서울공대 출신 동창생들이 모이는 일사회에서 친구들과 어울렸다. 여느 때처럼 소박한 안주에 막걸리로 수다를 떨다가, 부산저축은행 사태가 화제에 오르게 되었다. 영업정지 조치가 내려지기 직전에 대주주가 지인과 친인척들에게 거액의 예금을 인출해준 데 대해 집단성토가 이어졌다. 어느 신문사설의 표현대로 침몰하는 타이타닉호의 구명보트에 친한 사람들을 먼저 태워주는 격이기 때문이다. 한 친구가 반농담조로 그런 입장이 되면 친척이나 동창생들에게 먼저 귀띔해주는 게 도리가 아니겠는가라는 주장을 들고 나왔다. 모두들 그럴 순 없다는데 의견일치를 보고 끝냈지만, 씁쓸한 뒷맛이 남아 있다.

이 사건은 대주주와 임직원, 그리고 주요 감독관에 이르기까지 특정고교 출신의 선후배들과 그들의 지인들이 차지하여 벌인 희대의 금융부정사건이고, 우리 금융시스템에 엄청난 해악을 끼쳤다. 사건 초기에 '부산저축은행을 장악한 지역명문고 출신들'이라는 언론의 애매한 표현 때문에 부산고 동문들까지 의심을 받기도 했었지만, 이제는 다 밝혀졌다. 출신교교를 떠나서 부정의 주역이 고교동문들과 그들의 친인척 또는 지인들이라는 점에서 우리사회의 자화상이라는 느낌을 지울 수 없다. 그들 중엔 적극적인 가담자들도 있지만 부정과 불법을 알면서도 모른 채 하거나 동조한 사람들도 적지 않을 것이기 때문이다.

나는 평소에 동창들과 더 폭넓게 교류하지 못함을 안타깝게 생각한다. 그러면서도 동기나 동창생의 소식에 귀 기울이고, 함께 울거나 웃고 싶어한다. 내가 특별히 정리(情理)에 약해서도 아닐 터이고, 이런 정서적 공감은 어느 사회나 어느 나라 사람들도 마찬가지일 게다. 그래서인지 만일 내 친한 친구가, 내 동창생이 어떤 부정한 청탁을 해온다면 어떤 태도를 보여야할 지에 대해 솔직히 자신이 없다.

사실 정리(情理)와 정리(正理)를 분간하기는 쉽지 않고, 이를 실천하는 일은 더더욱 어려운 것 같다. 아마도 우리가 인적 관계를 중시하는 유교적 문화권에서 자라온 것이 주요 원인의 하나일 수도 있을 것 같다. 공자가 섭공에게 아들이 아비의 도둑질을 덮어주는 것이 도리임을 주장하는 데 대해 우리는 정서적으로 공감한다. 사실 그는 섭공의 방식대로 자식이 부모의 범행을 고발하는 살벌한 사회가 결코 아름다운 사회가 될 수 없음을 지적한 것이지만, 이런 인식이 우리가 가까운 이들에게 온정적인을 심성을 갖게 한 걸로 보인다. 우리는 친인척, 동기공창, 동향출신들에 대해 쉽게 친근감을 드러내지만, 타향출신, 이방인, 외국인에 대해서는 종종 배타적 성향을 드러내곤 한다.

우리나라 사람들의 유난히 강한 공동체 의식의 바탕은 이런 착한 심성이고, 우리사회를 아름답게 만드는 데 없어서는 안된다고 여겨진다. 우리는 딱한 처지의 친인척이나 친구에게, 불행한 이웃에게 선뜻 동정심을 나타내고, 이를 정의로 여긴다. 그들은 우리와 가장 가까운 이웃이라는 생각이 있기 때문일 것이다. 그런 면에서 우리나라 사람들의 친서민의식은 배타적 가족주의의 한 형태로 보인다. 최근 마이클 샌델 교수의 '정의란 무엇인가(Justice: What is right thing to do?)'라는 저서가 우리나라에서 가장 큰 인기를 누리는 이유가 바로 여기에 있다.

그러나 과유불급(過猶不及)이라는 말대로, 이런 배타적 공동체의식은 오히려 역효과를 불러올 수 있는 법이다. '우리가 남이가'라는 정서는 곧잘 다른 편에 대해 적대적이거나 불공정한 태도로 나타나고, 사회적 갈등의 원인으로 발전하기 십상이다. 우리사회에서 부정부패가 심각한 문제임은 어제 오늘의 일이 아니며, 그 대부분이 혈연, 학연, 지연과 관련되어 있다. 부산저축은행 사태는 전형적인 경우의 하나일 따름이다. 우리를 더욱 화나게 만든 것은 이번 사태에 같은 연고관계를 가진 공직자들의 봐주기가 큰 역할을 했다는 점이다. 공직자들의 가장 중요한 덕목은 불편부당하게 정의를 실천함에 있고, 공정사회가 우리사회의 최우선 과제라는 인식에도 불구하고 말이다.

우리 편에 대한 정리(情理)는 정리(正理)가 될 수 없고, 정의(正義)와는 거리가 멀다. 이웃에 대한 정리가 사회를 아름답게 하지만, 사회를 유지시켜주는 정의가 되기는 어렵다. 정의란 우리 편이 다른 편에 해를 끼치지 못하도록 하는 최소한의 요건이며, 정의 없이 사회는 유지될 수 없다. 경제학자이기 전에 도덕철학자였던 아담 스미스의 말이다.

3.3 진정한 사회통합은 자생적 질서다: 2013년 4월

국민대통합은 새 정부가 내세우는 주요 정책목표이다. 용어상으로는 사회통합 또는 응집(social cohesion)이, 대상과 목표가 모호하기는 크게 다르지 않지만, 보다 적절한 개념일 것 같다. 어쨌든 통합론은 일반대중이 좋게 생각하고, 정치인들은 쓸모있는 득표전략으로 여기는 반면에, 사려깊은 사람들은 허점이 많고 위험스럽기도 하다고 본다.

통합론에 대한 호감의 부분적인 이유는 경쟁과 갈등에 대한 편견 때문이다. 사람들은 경쟁과 갈등이 관용, 양보, 소통, 협조, 나눔과 같은 미덕과 배치되지 않으며, 오히려 개인의 성취의욕을 실현시켜 사회화합에 기여한다는 사실을 과소평가하려 한다. 통합을 선호하는 보다 실질적인 이유는 계층 간 갈등의 원인을 불평등에 있다고 보고, 정부가 나서서 이를 시정해야한다고 믿기 때문이다. 우리사회에서 정치적, 성적, 종교적 차별과 같은 불평등은 거의 남아 있지 않다. 하지만 경제적 불평등에 대한 불만과 재분배정책에 대한 대중적 지지가 커져가고 있음은 심각한 문제다. 자칫 집단이기주의의 증폭, 자유민주주의와 시장경제의 위축으로 발전될 수 있기 때문이다.

역대 정권들은 이런 대중적 편견과 불만을 근거로 예외 없이 국민통합을 이루겠다고 공언해왔다. 그렇지만 어느 정권도 국민통합을 잘했다는 평가를 받지 못했다. 가까이 보면, 지난 좌파 정권과 이명박 정권에서 우리사회의 갈등과 분열은 오히려 악화되었다는 평가를 받았다. 이명박은 정권은 대통령 직속으로 사회통합위원회를 설치하고, 공정사회, 친서민 정책, 동반성장 정책과 같이 역대 어느 정권 못지않게 열심히 사회통합정책을 추진하였지만 좋은 점수를 못 받았다. 왜 그런가? 통합에 대한 인식의 오류와 통합정책의 한계 때문이다.

먼저 통합이 선이라는 인식, 또는 통합지상주의에는 문제가 없는지 살펴보자. 통합이 상정하는 미덕은 개인선택의 공간에서만 존재하고, 계층이나 집단의 선택이 아니다. 정치적 결단이나 제도에 의해 강요될 경우, 미덕은 복종과 의무로 대체되고, 그것을 계층 간 화합으로 볼 수는 없다. 미덕과 화합은 자유와 기본적 인권의 보장이 없으면 얻을 수 없는 가치이다. 자유민주주의와 시장경제 체제는 그런 사회를 만들 수 있는 충분조건은 아니지만 필요조건이다. 그것이 전제로 하는 경쟁과 갈등은 개인적 성취나 사회발전의 원동력으로 사용되고, 분열이 아니라 높은 수준의 협조와 화합을 가져다주는 데 가장 효과적이다.

자유주의자들은 이를 끊임없이 논증해 왔고, 경험적으로도 입증되었다. 획일적 통합에 집착하는 전체주의 체제는 자유와 인권의 억압으로 일관하다가 붕괴되었고, 평등주의를 지향하는 사회주의 체제는 경제파탄을 면치 못했을 뿐 아니라 엄청난 사회갈등을 초래하였다. 지난 세기 중 인류에 큰 재앙을 불러온 후에 몰락한 전체주의 국가들의 행적이나, 현재 남부유럽 국가들이 겪고 있는 사회혼란상을 상기해 보라.

정부정책으로서의 사회통합정책은 어떤 한계를 가지는가? 사회통합론에는 정치적, 경제적 함정이 내재한다. 정치적 함정은 자유민주주의를 부정하고 전체주의나 사회주의체제를 동경하게 만드는 경향이다. 극단적 전체주의 체제인 북한의 위협을 받고 있는 우리의 현실에서 이 문제는 심각하다. 오늘날 우리사회에는 헌법으로 명시된 자유민주주의 체제를 부정하고 전복하려는 정치세력이 엄연히 존재한다. 지난 좌파 정권을 거치면서 국민화합의 명분으로 종북세력, 급진좌파세력으로 비호해준 덕이다. 지금 우리사회에 만연한 갈등은 대부분이 그들의 분열적 책동과 선동에 뿌리를 두고 있다. 우리가 자유와 번영, 사회화합의 기회를 포기하지 않으려면, 우리의 체제수호를 타협이나 양보의 대상으로 삼아서는 안된다.

그러나 체제수호의 의지는 정치적 결단이나 정부의 강제력으로만으로 얻어지기는 어렵다. 사상과 이념, 역사에 대한 교육과 지식보급, 경험의 전달로 국민 개개인의 의식에 자리잡을 수 있도록 해야만 가능하다. 우리사회는 그동안 이런 노력을 등한시했기에 전교조와 좌경 시민단체들은 우리 청소년들에게 그릇된 역사관과 이념성향을 심어 놓았다. 지금부터라도 자유민주주의의 이념인프라를 구축하는 데 노력과 투자를 아끼지 않아야 하고, 무엇보다도 지식인들이 이를 선도해야 한다.

사회통합정책의 경제적 함정은 재분배정책의 위험이다. 평등주의에 입각한 재분배정책은 경제적 자유의 상실과 경제 후퇴로 이어져 지속가능하지 않으며, 사회혼란을 불러오고, 기대했던 평등도 이루지 못한다. 밀턴 프리드만의 경구대로 '평등을 앞세우면 자유와 평등을 모두 잃는' 상황에 이른다. 이미 잘 알려진 내용이므로 자세한 설명을 피하고 간단히 요약하면 이렇다. 재분배정책은 세금으로 취약계층(부문)에 보조금을 주는 것이므로, 자원을 생산성(효율)이 높은 부문에서 낮은 부문으로 이동시키고, 이윤동기와 근로의욕을 감퇴시킨다. 따라서 생산은 줄고, 물가가 상승의 압력이 커지는 반면에 보조금 인상, 제몫 챙기기 경쟁의 악순환이 이어진다. 재분배정책과 연관된 (비생산적)관료조직과 전문가집단의 증대로 경제의 고정비 부담이 가중되고, 부패의 기회가 커진다. 결국 재정위기와 지속불능 사태에 이르고, 수혜계층의 반발과 저항, 계층 간 갈등과 사회혼란이 심화된다.

그렇다면 사회통합의 염원은 잘못된 것인가? 아니다. 목표설정과 방법에 문제가 있을 뿐이다. 백퍼센트 국민통합은 가능하지도 필요하지도 않으며, 사회통합이라는 표현도 애매모호하고 공허한 개념이다. 이상적 사회의 보다 정교한 모습은 개개인의 선택공간이 충분히 확대되면서도 타인에게 해를 끼치지 않는 사회, 동시에 화합이 극대화되는 사회일 것이다. 도덕철학자였던 아담스미스에게 전자는 사회를 유지시켜주는 필요조건인 사회정의인 반면에, 후자는 사회를 아름답게 만드는 충분조건이다.

우리가 사회통합에서 바라는 사회의 공통분모는 화합의 크기가 큰 사회라고 정의할 수 있을 것 같다. 사회의 화합은 그 자체가 정의하기 어려운 개념이다. 건강한 사회를 나타내는 객관적 지표의 하나로서 OECD가 발표하는 사회통합(또는 응집력)지수(SCI, social cohesion index)를 들 수 있겠다. 이 지수는 국가별로 타인에 대한 신뢰(trust), 소수계층에 대한 관용성(tolerance), 사회제도에 대한 신뢰(confidence in social institution), (자선과 같은) 사회적 행위의 정도(level of social behavior), 투표율(voting)의 5개 항목에 대한 점수를 지수화한 값이다. 전체적으로 보면, 북미국가나 영미계통의 국가의 지수는 높은 반면에, 전체주의체제를 가졌던 나라나 사회주의 전통이 깊은 나라의 지표는 낮게 나타나고 있다. 한국의 지수는 모든 항목에서 OECD 평균치보다 훨씬 처져서, 우리 사회가 상대적으로 건강하지 않다는 인식을 확인해준다.

이런 객관적 평가가 주는 함의를 생각해보기로 하자. 먼저 주목할 부분은 자유주의적 성향이 강한 나라의 지수가 대체로 높고, 경제적 불평등의 항목이 빠져 있다는 점이다. 다음은 이들 항목이 모두 국가 정책으로 단기에 실현되기 어렵다는 점을 들 수 있겠다. 예외로 볼 수 있는 항목은 사회제도에 대한 신뢰인데, 그것은 부패나 불공정이 만연한 사회에서는 기대할 수 없기 때문이다. 작은 정부, 법치주의의 확립이 사회제도에 대한 신뢰의 필수 요건임은 잘 검증된 사실이다.

SCI를 사회의 결속력(또는 응집력)이나 화합의 수준으로 해석하면, 자유민주주의체제가 결속력 있는 사회를 만드는 요건이며, 사회의 화합수준이 국가정책 보다는 전통과 학습을 통해 형성될 가능성이 크다는 것을 시사한다. 이들 지수항목이 모두 자발적인 협조정신과 깊이 연관되어 있고, 반복적으로 확인되어야 하는 특성이기 때문이다. 그런 의미에서 이들은 시장질서와 마찬가지로 자생적 질서(spontaneous order)에 속한다. 결론적으로 화합수준이 높은 사회, 진정한 사회통합에 가까운 사회는 법치주의가 확립된 사회, 자생적 질서가 형성되는 사회이다. 자유민주주주주의와 법치주의의 확립은 그런 사회의 필수요건인 반면, 시장질서를 포함하는 자생적 질서는 점진적인 방식으로 사회의 결속력을 높여줄 것이다.

새로 출범한 박근혜 정부가 사회통합에 보이는 열정이나 정치적인 필요성은 충분히 이해할 만하다. 그러나 사회통합의 진정한 의미와 한계에 대해 보다 깊이 성찰하고, 성급한 정책추진을 자제해주기를 기대한다.

4. 갈등과 복지의 정치경제학

지난 수년간 우리사회에서 가장 주목을 받아온 이슈는 양극화와 사회복지의 문제일 것이다. 양극화(polarization)라는 용어는 원래 정치적, 이념적 갈등의 차이를 드러내는 말이었지만, 지금은 극단적인 차이를 드러내는 사회현상을 지칭하는 용어로 사용되고 있다. 빈부 양극화, 중소기업-대기업 양극화, 기술 양극화, 교육 양극화, 주거 양극화, 서울과 지방 양극화 등이다.

사회현상은 종종 갈등의 형태로 나타난다. 인종갈등, 종교갈등, 이념갈등, 지역갈등, 노사갈등, (경제적) 계층 간 갈등 등이다. 편의상 이들을 사회갈등이라고 부르기로 하자. 우리 사회에서는 외국에서 큰 사회문제인, 인종이나 종교적 갈등이 없지만, 지역갈등, 이념적 갈등이나 경제계층간 갈등이 심한 편이다. 특히 근년에 경제적 불평등에 대한 관심이 커지면서, 이를 경제계층간 갈등으로 해석하는 경향이 늘고 있다. 우리 사회의 중요한 의제가 된 양극화와 경제민주화 논쟁, 보편적 복지확대 정책들이 이를 잘 드러낸다.

많은 사람들은 이런 문제들이 사회적 갈등이므로 사회정책의 차원에서 해결되어야 한다는 생각을 가지고 있다. 사회정책이란 결국 정치적 과정에 의해 결정되고, 정부의 명령으로 집행되는 조처를 말한다. 따라서 사회정책이란 사회갈등의 정치화를 의미한다고 볼 수 있다. 물론 사회갈등의 해소를 위해 정치적 결단이나 일정한 정치의 역할이 필요할 수 있다. 인종적, 성적, 또는 지역적 차별에 따른 갈등, 종교적 갈등, 이념갈등이 여기에 속한다고 볼 수 있다. 이런 차별은 비도덕적이며 기회균등의 정신에 위배된다. 차별은 대개 스스로 교정되기 어려운 고정관념이나 선입견에서 나오므로 사회정책으로 금지시키는 것이 바람직하다. 개인적 믿음의 자유를 존중하고, 사회적 평화를 유지한다는 정신에서 종교나 이념의 자유를 보장하는 일도 중요한 정치적 사안이다.

그러나 사회갈등, 특히 경제계층간 갈등의 정치화는 항상 커다란 위험과 비용이 따른다. 또한, 일단 정치의 영역에 놓이게 되면, 자체교정이나 절제가 지극히 어려워진다. 민주정치 체제에서 정치화된 사회정책은 소위 '민중의 의지(people's will)'와 결합되기 쉽고, 반자유적 정책, 대중인기영합적 정책을 양산하여 사회적 혼란과 다른 형태의 갈등으로 번지기도 한다.

지금 뜨거운 논쟁거리인 보편적 복지의 확대 문제가 대표적인 경우다. 복지론은 경제적 번영이 사회전반에 고르게 확산되어야한다는 명분에서 나왔을 터이다. 바로 그 점 때문에 복지론은 정치이슈가 되었고, 사회안전망 확충, 보육지원의 차원을 넘어 교육복지, 노동복지, 문화복지, 심지어 권리로서의 생활복지를 옹호하기도 한다. 정치권은 이들 보편적 복지론을 받아들여, 현실적인 재정확충 방안도, 예상되는 부작용도 제대로 평가하지 않은 채, 시혜적 차원의 사회복지 정책들을 졸속하게 도입하였다. 무상급식, 무상보육, 노령연금과 같은 정책들이 당장 차질을 빚고 있고, 복지재원을 확보하려면 재정적자를 감수하든지 세금을 올릴 수밖에 없는 형편이다. 어느 경우나 침체된 경기를 더욱 회복되기 어렵게 만들 것이다.

4.1 양극화 해소라는 정치적 구호: 2006년 3월

대부분의 사람들이 우리 사회의 양극화, 특히 빈부격차의 문제에 대해 걱정을 하고 있다. 최근 노무현 대통령이 양극화 해소를 우선 국정 과제라고 천명하였고, 청와대에서는 '양극화 시한폭탄'이라는 자극적인 용어로 이 문제를 부각시키려 하고 있다. 이런 정부 당국의 홍보

공세에는 다수의 불만계층의 표를 의식한 정치적 의도가 숨어 있는 것으로 보인다. 이 문제는 그렇기에 더욱 차분히 살펴 볼 필요가 있다.

가장 큰 관심거리인 빈부 양극화는 흔히 소득이나 자산 기준으로 상위 20퍼센트 가구의 평균을 하위 20퍼센트 가구의 평균으로 나눈 값인 5분위 배율로 측정한다. 소득 5분위 배율은 우리나라가 2005년도의 5.4배이며, 미국, 중국의 경우, 그 배율은 각각 15배, 11배에 달한다. 우리의 빈부격차는 상대적으로 그리 높은 편은 아니다. 자산 5분위 배율은 우리나라가 거의 20배로 비교적 높은데, 이는 우리의 높은 부동산 가격 때문이다.

지표상으로 다른 나라들에 비해 더 나쁘다고 보기 힘든 빈부 격차가 심각한 문제로 인식되는 이유는 무엇인가? 정부, 여당이나 시민단체의 일각에서 주장하는 대로 빈부 격차, 또는 상대적 빈곤이 사회적 위화감을 조성하는가? 사실 이 질문은 그 자체가 별로 정확하지 않으며 별개인 몇 가지 의문이 복합된 문제이다. 먼저 개인의 경제적 상황과 행복과의 관계는 많은 사람들이 피상적으로 느끼는 것 보다 훨씬 복잡하며, 소득 분포를 사회적 복지로 연결시키기 어렵다는 사실은 잘 알려져 있다.

일부 경제학자들이 개인 간의 소득이나 소비의 차이가 개인 효용, 나아가서는 사회복지를 감소시킨다는, 즉, 소비가 부정적 외부성을 가진다는 논리를 펴고 있지만, 이는 입증되지 않는다. 또한 우리보다 소득 불균형이 훨씬 큰 선진국에서의 여론조사 결과들을 보면, 절대적 빈곤의 감소와 기회의 균등이 상대적 빈곤의 해소보다도 중요하게 생각되고 있음을 잘 보여주고 있다. 따라서 우리나라의 문제는 빈부 격차의 문제이기 보다는 '우리의 살림살이가 나아지고 있는가, 또 그럴 희망이 보이는가?'라는 데서 찾는 것이 보다 적절할 것이다.

실제로 현 정권 출범 이후 수년 간 경제성장이 둔화되었고, 전반적인 평균 소득, 특히 하위 계층의 평균 소득 증가 속도가 떨어지고 있으며, 이에 따라 빈부 격차도 확대되었다. 성장 둔화에 따라 일자리가 줄고, 그 피해는 하위 계층에게 가장 먼저 돌아가므로, 이는 당연한 결과이다. 굳이 정책 우선순위를 매겨야 한다면, 절대적 빈곤의 개선에 역점을 두어야 마땅하다.

경쟁적 시장경제에서 임금격차, 소득 격차의 발생은 불가피하다. 기술 진보에 따라 생산성과 전문성의 상관관계가 보다 커질 것이기 때문에 그러한 격차는 아마도 어떤 한계 내에서 계속 커질 것이다. 다행스럽게도 늘어나는 생산성과 소득은 새로운 수요와 투자 기회, 새로운 일자리를 창출해 낸다. 이런 선순환 구조에서 지니계수는 올라가겠지만, 전반적인 생활수준은 향상되고, 절대 빈곤은 줄어들게 될 것이다. 어떤 명분으로든지 이런 사회적 역동성을 억제할 경우, 정반대의 악순환이 일어난다. 평등과 획일성을 강조해온 사회주의 경제의 몰락은 이를 여실히 증명한다.

다시 외국의 경우와 대비해 보기로 하자. 미국의 경우, 빈부 격차는 지난 수년 간 크게 확대되어 우리의 3배에 달하고 있다. 민주당 일부에서 이를 정치 쟁점화하기 위해서 애쓰고 있지만, 크게 주목을 받지 못하고 있다. 사회안전망이 비교적 충실하고, 최근 수년간 절대 빈곤수준이 개선되어 가고 있다는 사실이 이런 현상으로 나타나는 걸로 보인다. 급속한 경제성장을 하고 있는 중국의 빈부 격차는 우리의 두 배가 넘는 수준이지만, 미래를 낙관하는 분위기이다. 사회주의 정치체제답게 양극화 해소 문제가 최근 주요 정치 현안으로 떠오르고 있는데, 실제로는 지역적으로 극심한 절대빈곤의 해소가 관건이 될 것으로 보인다.

이런 사정들을 종합해보면, 양극화 해소는 정치적 구호일 뿐, 현실적으로 바람직한 정책 목표가 될 수 없음이 자명해진다. 정치권이 해야 할 일은 우리 경제에 맞게 사회적 안전망을 구축하고, 경제를 성장시켜 다양한 일자리가 많이 만들어질 수 있는 여건을 마련하는 데 중지를 모으는 일이다. 그리하여 모든 사람들의 살림살이가 지금 보다 나아짐을 확인하고, 희망과 용기를 갖도록 만드는 일이 국정의 최우선 과제가 되어야 한다.

4.2 양극화의 정치경제학: 2006년 6월

| 머리 말 |

양극화 해소 정책은 그 상황설정이 과장, 왜곡되어 있고, 정책대안으로서 무모함이 수많은 논의에서 잘 드러난 바 있다. 그럼에도 불구하고 현 정부와 여당은 이를 계속 밀어붙이려 한다. 유감스럽게도 이들은 양극화 문제를 더욱 크게 정치쟁점화 함으로써 정치적 열세 상황에서 탈출하려는 조짐도 보이고 있다. 사실 이런 정책기조는 집권세력의 이념성향을 그대로 표출하고 있기에 쉽게 거두어들이기도 어려울 것이다.

정부당국이 앞장서서 홍보하고 있는 양극화 문제는 이렇다. 우리 사회는 수도권과 지방, 강남과 강북, 영남과 호남, 우수 대학과 열등 대학, 대기업과 중소기업, 소수의 부유층과 다수의 빈곤층으로 양분화되어 있고, 이들 간의 장벽은 점차 커지고 있다. 또한 이들 양극화는 교육과 기회의 격차, 경제적 격차를 확대하고, 이는 다시 사회재생력의 양극화, 문화적 양극화로 이어지는 악순환에 빠져들어, 그대로 두면 나라가 산산 조각이 날 수 있다. 국정홍보처는 이런 주장을 펴는 좌파 지식인들의 글과 함께 양극화의 희생자의 사례라고 하는 불행한 케이스들을 실은 책자를 발행, 배포하고 있다.

사실 양극화(polarization)라는 용어 자체가 그리 정확한 표현이 아니며, 사회에 존재하기 마련인 격차들을 모두 나쁜 것으로 몰아 부치려는 정치적인 의도를 내포하고 있다. 보다 정확하게는 격차 또는 불균등(inequality)이고, 그것이 사회 구성원들에게 어떤 영향을 주는지, 어떻게 인식되는지, 또한 어떻게 진전되고 있는지는 냉철히 따져보아야 될 일이다. 그러나 정치적으로 악용될 경우, 이는 커다란 사회적 갈등으로 발전할 수 있고, 향후 우리 사회의 진로에 깊고 큰 상처를 줄 수 있으므로, 옳고 그름에 대한 논쟁의 차원을 넘어서 그 대처방안이 신중히 논의되어야 할 것으로 생각된다.

| 양극화 문제의 현주소 |

대부분의 사람들은 우리 사회에 불균등 현상이 있으며, 이를 걱정스럽게 생각하고 있다. 사람은 자질과 심성이 다르게 태어나고, 다른 환경에서 자라, 다른 선호체계를 가지고 선택을 하게 되므로, 개방적 사회에서 여러 유형의 불균등 현상이 발생하는 것은 자연스러운 일이다. 이런 격차는 사회를 다양성과 역동성을 갖게 하고, 풍요롭게 만드는 원동력이 되기도 한다. 그러나 다른 한편으로 이런 격차가 과도하거나, 그대로 굳어 버린다면, 즐겁게 생각할 사람은 아무도 없을 것이기 때문이다. 문제는 이를 정치적인 이득으로 연결시킬 목적으로 과장, 왜곡하는 일이다.

대통령, 국무총리, 여당 지도자들은 기회가 있을 때마다 양극화 해소가 최우선 국정 과제라고 말하고 있을 뿐 아니라, 최근 청와대의 특별기획팀이 제작, 홍보하고 있는 "양극화 시한폭탄 시리즈"에서 나타나듯이 자극적인 용어로 이 문제를 부각시키려 하고 있다. 이런 정부 당국의 홍보 공세에는 다수의 불만계층의 표를 결집하려는 정치적 의도가 숨어 있는 것으로 보이기에 차분히 살펴보아야 한다.

가장 큰 관심거리인 빈부 격차를 중심으로 양극화 문제를 살펴보기로 하자. 빈부격차는 흔히 소득이나 자산 기준으로 상위 20퍼센트 가구의 평균을 하위 20퍼센트 가구의 평균으로 나눈 값인 5분위 배율로 측정한다. 소득 5분위 배율은 우리나라가 2005년도에 5.4배이며, 미국, 중국의 경우, 그 배율은 각각 15배, 11배에 달한다. 우리의 빈부격차는 상대적으로 그리 높은 편은 아니다. 자산 5분위 배율은 우리나라가 거의 20배로 비교적 높은데, 이는 우리의 높은 부동산 가격 때문이다.

지표상으로 다른 나라들에 비해 더 나쁘다고 보기 힘든 빈부 격차가 심각한 문제로 인식되는 이유는 무엇인가? 정부, 여당이나 시민단체의 일각에서 주장하는 대로 빈부 격차, 또는 상대적 빈곤이 하위 계층으로 하여금 박탈감, 무력감, 상실감을 갖게 하고, 사회 공동체에 갈등과 불행을 증폭시키게 될 것인가? 이런 주장은 언뜻 그럴듯하게 들릴지 모르지만, 사실상 매우 부정확한 진단과 잘못된 믿음에 근거하고 있다.

먼저 경제적 격차가 과연 지나치게 양극으로 벌어져 있고, 대부분의 사람들이 이를 나쁘다고 생각하는가를 따져 보자. 앞서 지적한대로 우리나라의 소득 5분위 배율 5.4, 지니 계수 3.0은 다른 나라들에 비해 결코 높은 수준이 아니다. 상위 20퍼센트 가계의 월 평균 소득은 약 420만 원 수준으로서, 이를 과도하게 높은 수준이라고는 보기도 어렵다. 흔히 인용되듯이 0.1퍼센트 정도의 최상위 계층의 소득 큰 격차를 보이는 것은 사실이지만, 이 또한 외국의 경우에 비해 과도한 수준은 아니다. 많은 사람들이 이들에 대해 호의적이지 않은 이유는 그들의 소득이 정당치 못한 방법으로 축적된 부로부터 나온다고 보기 때문으로 생각된다. 그러나 이는 부자에 대한 일반적인 혐오감과는 거리가 멀다. 더구나 상위 20퍼센트를 제외한 나머지 80퍼센트가 모두가 이들 최상위 계층이나 상위 20퍼센트 때문에 불행하게 느끼고 있을 가능성은 없다. 우리나라 사람들의 60퍼센트가 자신들이 중산층이라고 생각한다는 조사결과도 있다.

다음으로 사람들이 부와 효용, 또는 행복과의 관계에 대해 어떤 생각을 하는지를 보기로 하자. 개인의 경제적 상황과 행복과의 관계는 많은 사람들이 피상적으로 느끼는 것보다 훨씬 복잡하며, 소득 분포를 사회적 복지로 연결시키기 어렵다는 사실은 잘 알려져 있다. 일부 경제학자들이 개인 간의 소득이나 소비의 차이가 개인 효용, 나아가서는 사회복지를 감소시킨다는, 즉, 상대적 빈곤이 부정적 외부성을 가진다는 논리를 펴고 있지만, 이는 입증되지 않는다. 또한 우리보다 소득 불균형이 훨씬 큰 선진국에서의 연구나 조사 결과들을 보면, 절대적 빈곤의 감소와 기회의 균등이 상대적 빈곤의 해소보다도 중요하게 생각되고 있음을 잘 보여주고 있다. 이는 개인이 자신이 처한 현재의 경제상황(다른 사람들과 대비한 상대적 수준이든 절대적 생활수준이든 상관없이)보다는 앞으로의 생활이 개선될 거라는 기대를 더욱 소중하게 여기고 있음을 의미한다. 즉 삶의 질, 자유, 행복의 추구가 현재 소유하고 있는 자동차의 상대적 크기나 아파트의 평수보다 더욱 중요하다는 것이다.

하바드 대학 경제학 교수인 벤자민 프리드먼의 저서는 역사적인 자료와 실증적 분석을 통해 이 사실을 확인시켜준다. 일찍이 아담 스미스가 지적한 대로 "대다수의 사회구성원들이 가장 행복을 느끼고 만족스럽게 생각하는 상태는 그 사회가 새로운 부를 축적해나가는 진취적인 상태이다. 반대로 정체되거나 퇴행하는 상태에 있는 사회에서는 사람들은 어렵고 비참하다고 생각하게 된다." 그러므로 경제적으로 성장하는 사회는 물질적으로 풍요롭더라도 정체된 사회보다 훨씬 더 행복하고 성공적인 사회이다.

따라서 우리나라의 문제는 빈부 격차의 문제이기보다는 '우리의 살림살이가 나아지고 있는가, 또 그럴 희망이 보이는가?'라는 데서 찾는 것이 보다 적절할 것이다. 이런 관점에서 보면, 많은 사람들이 현 정부에 대해 실망하게 된 것은 놀라운 일이 아니다. 실제로 현 정권 출범 이후 수년 간 경제성장이 둔화되었고, 전반적인 평균 소득, 특히 하위 계층의 평균 소득 증가 속도가 떨어지고 있으며, 이에 따라 빈부 격차도 확대되었다. 성장 둔화에 따라 일자리가 줄고, 그 피해는 하위 계층이 가장 먼저 돌아가므로, 이는 당연한 결과이다. 따라서 굳이 정책 우선순위를 매겨야 한다면, 절대적 빈곤의 개선에 역점을 두었어야 마땅하다.

다시 우리나라의 빈부격차를 외국의 경우와 대비해 보기로 하자. 미국의 경우, 빈부 격차는 지난 수년 간 크게 확대되어 우리의 3배에 달하고 있다. 민주당 일부에서 이를 정치 쟁점화하기 위해서 애쓰고 있지만, 크게 주목을 받지 못하고 있다. 사회안전망이 비교적 충실하고, 최근 수년간 절대 빈곤수준이 개선되어 가고 있다는 사실이 이런 현상으로 나타나는 걸로 보인다. 급속한 경제성장을 하고 있는 중국의 빈부 격차는 우리의 두 배가 넘는 수준이지만, 미래를 낙관하는 분위기이다. 사회주의 정치체제답게 양극화 해소 문제가 최근 주요 정치 현안으로 떠오르고 있는데, 실제로는 지역적으로 극심한 절대빈곤의 해소가 관건이 될 것으로 보인다.

이런 사정들을 종합해보면, 양극화 해소는 정치적 구호일 뿐, 현실적으로 바람직한 정책 목표가 될 수 없음이 자명해진다. 정치권이 해야 할 일은 우리 경제에 맞게 사회적 안전망을 구축하고, 경제를 성장시켜 다양한 일자리가 많이 만들어질 수 있는 여건을 마련하는 데 중지를 모으는 일이다. 그리하여 모든 사람들의 살림살이가 지금 보다 나아짐을 확인하고, 희망과 용기를 갖도록 만드는 일이 국정의 최우선 과제가 되어야 한다.

지역 간 경제력 격차, 교육기회의 격차, 그리고 대기업-중소기업간의 격차 또한 중요한 사회문제로 인식되고 있다. 강북-강남, 수도권-비수도권, 영남-호남간의 양극화 문제는 소득이나 자산과 같은 경제력 격차 문제이기도 하지만 정치적 성향이나 교육기회의 격차 문제일 것이다. 또한 이들 문제는 상호 연결돼 있고, 상승작용을 일으키는 것으로 보인다. 지역 간 정치성향은 심각한 지역주의적 투표성향으로 나타나지만, 전반적인 지역 간 갈등으로 보기는 어려울 뿐 아니라, 종파 간, 부족 간 갈등에 버금가는 수준은 더더구나 아니다. 이 문제의 근원은 과거 정치인들이 자연스러운 지역감정을 악용한 데 있으므로, 정치역량이 발휘된다면, 충분히 극복할 수 있을 것이다. 향후 정치인들의 선택에 따라 지역주의는 비교적 쉽게 완화될 수도 있을 것이다. 지역 간의 경제력 격차나 교육기회의 격차는 속성이 같은 문제의 양면으로 볼 수 있고, 정부정책의 실패로 악화되었다는 점에서도 같다. 이 문제는 다음 절에서 따져보기로 한다.

| 원인과 처방 |

우리 사회의 부문 간 불균등 문제가 어느 정도로 심각한가에 대한 인식은 개인의 성향과 상황에 따라 다를 수 있다. 한 가지 중요한 사실은 이들 불균등이 정부의 잘못된 정책 때문에 발생되고, 심지어 정치적으로 악용되어온 데 근원을 두고 있고, 그런 이유로 악화되어 왔으며, 앞으로도 그럴 수 있다는 점이다. 우리 사회의 '양극화' 문제들은, 성격상 조금씩 차이가 있지만, 이런 점에서 모두 예외가 아니다. 이를 다시 빈부 격차를 중심으로 살펴보기로 하자.

경쟁적 실력주의 사회(competitive meritocracy)에서 임금격차, 소득 격차의 발생은 불가피하다. 기술 진보에 따라 생산성과 전문성의 상관관계가 보다 커질 것이기 때문에 그러한 격차는 아마도 어떤 한계 내에서 계속 커질 것이다. 다행스럽게도 늘어나는 생산성과 소득은 새로운 수요와 투자 기회, 새로운 일자리를 창출해 낸다. 이런 선순환 구조에서 지니계수는 올라가겠지만, 전반적인 생활수준은 향상되고, 절대 빈곤은 줄어들게 될 것이다. 어떤 명분으로든지 이런 사회적 역동성을 억제할 경우, 정반대의 악순환이 일어난다. 평등과 획일성을 강조해온 사회주의 경제의 몰락은 이를 여실히 증명한다.

두 가지 반론이 있을 수 있는데, 상대빈곤의 문제와 불법 또는 불로소득의 문제이다. 위의 논의에서 드러나듯이 대부분의 사람들은 균등-행복의 등식에 동의하지 않으며, 평등하지만 가난한 공동체적 삶을 추구하지도 않는다. 그러한 삶은 지적인 환상을 일삼는 이상주의자의 꿈일 뿐, 보다 나은 생활 여건, 건강, 교육기회, 이웃을 바라는 사람들에게는 아무런 도움이 되지 않는다. 만일 균등과 불균등, 북한과 한국, 아프카니스탄과 미국의 선택이 주어진다면, 그 결과는 자명할 것이다. 만일 대다수의 사람들에게 보다 큰 행복을 가져다주는 어떤 "정책"을 택해야 한다면, 그것은 대다수 사람들에게 보다 많은 기회(opportunity), 선택을 가져다주고, 계층 간 이동성(mobility)을 보다 용이하게 만드는 정책이어야 할 것이다. 소위 "양극화 해소"가 과연 그런 정책인지, 어떤 결과를 초래하는 정책인지를 다음 절에서 살펴보기로 하자.

다른 하나는 생산성과 무관한 소위 불로소득에 의한 소득 격차내지 자산 격차의 문제를 들 수 있다. 우리 사회의 고질병으로 간주되는 부동산 과다보유나 부동산 투기의 문제가 대표적 케이스다. 워낙 복잡하게 얽힌 문제이지만, 이는 정부 정책 실패의 전형적인 사례이다. 이 문제는 역사적인, 정서적인, 정치적인 이유로 모든 자원 배분에 중앙정부가 깊숙히 개입해 왔기 때문에, 수도권으로 인구가 몰리고, 부동산 가격이 상승해 온데다가, 역대 정부가 무리한 공급 규제 정책을 써 온데 근원이 있다. 이 문제는 지금부터라도 정부가 규제를 축소하는 한편, 지방의 인프라 개선에 대한 투자를 지속적으로 확대해 나감으로써만 해소될 수 있다.

| 치명적 착각 |

정부와 현 집권세력이 적극적으로 추진하는 "양극화 해소 정책"은 사실 이미 여러 부문에서 진행되고 있을 뿐 아니라, 별로 새로운 내용도 없다. 정부가 주도하거나 외곽단체를 활용하여 자원을 배분(행정도시 이전, 혁신도시 기업도시 지정 및 건설, 신도시 개발)하고, 경쟁을 제한하며(교육평준화 정책 강화), 사유재산권을 통제(재건축 억제, 각종 부동산세금 증세), 자유선택권 제한(김대중 정권부터 도입된 국민건강 보험)이 이미 실시되고 있다. 자원 배분이나 기업 활동에 대한 개입은 개발독재로 매도하던 과거 정권의 방식을 닮아가고 있을 뿐 아니라(재벌 길들이기, 경제 단체장을 불러 반부패 협약, 상생협약 체결), 심지어는 정부가 직접 우리가 어떻게 생각해야 옳은가를 가르치기(과거사 청산, 국영방송 장악, 언론 길들이기)까지 하고 있다.

아직 추가되는 "양극화 해소 정책"이 구체적으로 제시되지 않았지만, 대통령이 나서서 정책의 수행을 위한 재원부족과 추가 재원 확보의 필요성을 언급한 바 있다. 부정적 여론 때문에 아직 조심하는 듯하지만, 조만간 어떤 형태로든지 증세나 국채발행의 필요성을 들고 나올 것으로 예상된다. 결국 추가 재원으로 부문 간 격차를 메우는데 사용하려 할 것이며, 국민 세금부담과 정부부문의 역할의 증대를 추진할 것임은 불을 보듯 뻔하다. 이미 역대 정권에 비해 비대해진 정부가 민간부문 활동을 구축하고, 정부의 비효율성 문제가 더욱 심화될 것이다. 선진국들 뿐 아니라, 개발도상국에서도 작은 정부를 지향하는 마당에 우리 정부는 보다 크고, 보다 간섭적인 정부를 만들려고 한다. 정부는 이를 두고 "크지만 해야 할 일을 하는 정부"라고 시대착오적인 말로 옹호하고 있다.

결국 정부가 추진하는 "양극화 해소 정책"은 사회주의 정책이며, 현 집권세력의 지향점은, 그들의 진의와는 상관없이, 사회주의 사회의 건설에 지나지 않는다. 그들은 이를 동반성장 정책, 상생으로 가는 사회로 강변하고 있지만, 그것은 우리 사회를 획일적이고 무기력하며, 정체된 사회로 몰아갈 것이다. 그런 체제에서 잘 나갈 수 있는 사람들은 경쟁을 포기하거나 떠나려 할 것이고, 경제는 활력을 잃고 하향이동을 하게 됨은 전 세계적인 범위와 규모로 확인된 바 있다. 우리는 그렇게 되지 않는다는 주장, 심지어 3만 불 국민소득보다 보다 평등한 나라가 낫다는 생각은 믿고 싶은 희망(wishful thinking)이며 치명적 착각이다.

| 맺는 말 |

비록 "양극화 해소"가 정책으로서 무리수이며, 그 옹호자들은 논리적으로 취약하지만, 그들이 보다 쉽게 정서적, 대중적 어필을 끌어낼 수 있음은 간과할 수 없다. 그들은 개인의 권리와 자발적 선택보다 공동체를 우선시하는 공동체주의자이며 반자유자들이다. 그들이 역설하는 더불어 사는 사회는 더불어서 어떻게 사는지, 어떤 비용을 치르고 그런 사회를 만들지를 설명하지 않는다. 공동체주의자들은 더불어 사는 사회의 비용을 감추고, 미덕을 미화하는데 선전, 홍보하기를 좋아한다. 모든 사회주의 정부가 유독 선전, 선동에 무엇보다 중요한 국가

기능으로 활용하는 이유는 여기에 있다. 국정홍보처를 활용하며, 방송을 장악하고, 우호적 언론을 지원하는데 열심인 이 점에서 현 정부도 예외가 아니다.

자유주의 사상은 인간과 사회에 대한 정교하고 깊은 통찰을 바탕으로 하여 오랜 세월을 두고 발전해 왔다. 그러므로 정서적, 감성적으로 받아들이기 쉬운 공동체주의보다는 어려운 사상이다. 자유주의자들이 이를 극복해 나가는데 어려움을 겪는 데는 우리 사회의 몇 가지 특수한 상황이 있는 것으로 보인다. 이들 중 적어도 다음의 세 가지가 특히 중요하다고 생각된다. 개인적 판단보다는 공동체적 관행을 중시해온 습관, 자유주의적 가치를 이해하는 정치인이나 단체가 적다는 점, 그리고 사이비 사회주의 국가인 북한의 존재이며, 이들은 서로 밀접히 연관되어 있다.

이런 어려움에도 불구하고, 우리사회가 획일주의적, 공동체주의적, 사회주의적 이념의 덫에 빠지지 않도록 경계하기 위해서는 “양극화 해소”로 포장된 선전 공세에 적극적으로 대처하지 않으면 안된다.

4.3 보장된 복지가 불러오는 문제: 2012년 4월

복지확대 정책이 경제민주화를 이루는 길이며, 미래에 대한 투자라는 주장이 기정사실처럼 받아들여지고 있다. 총선과 대선을 의식한 정치권은 여야 할 것 없이 무상복지 확대 공약을 내놓았다. 물론 이를 그대로 믿는 사람은 많지 않다. 복지국가로 전향한 나라들이 침체의 늪에 빠져 들었고, 궤도수정을 할 수밖에 없었음을 알기 때문이다. 과잉복지로 파탄 상태에 있는 남부유럽의 사례는 지금도 진행 중이다.

간단히 말하자면 복지확대 정책이란 정치권과 정부가 만들어낸 재분배정책이자 보장된 복지프로그램(entitlement program)이다. 일단 시작되면 확대되게 마련이고, 되돌리기는 지극히 어렵다. 경제상황의 변동과 상관없이 부담해야 하는 고정비용이기에 급속히 고령화해 가는 우리사회에 무거운 짐을 지울 게 뻔하다.

복지국가들은 예외 없이 무기력해지고 성장동력을 잃어가는 반면, 복지서비스의 품질은 급격히 나빠지는 소위 복지병을 앓는다. 미국의 유력한 대선주자인 미트 롬니의 지적을 빌리면 이렇다. '보장된 복지사회는 모든 사람들이 교육, 노력, 위험을 감내하려는 의사와 상관없이 같거나 비슷한 보상을 받는 사회다. 그것은 우리가 열심히 일한 결과를 다른 사람, 즉 정부가 재분배함으로써 이뤄진다. 이런 과정에서 진정한 수혜자는 정부나 정책의 입안자들이다. 진실은 모든 사람들이 복지정책으로 조금씩 혜택을 받을 수 있지만, 거의 모든 사람들이 이전보다 나쁜 처지에 빠지게 된다는 사실이다.'

복지의 이상과 현실이 이처럼 격차를 보이는 것은 사회주의 이념이 현실에서 실패하는 것과 같은 이유에서다. 바로 개인이 선택하는 능력과 공간을 정부가 개입해 허물어 버리기 때문이다. 그런 상황은 정의와 거리가 멀고, 유능하지도 않고 책임지지도 않는 정부에 우리 살림을 맡기는 꼴이기 때문이다.

경제민주화 옹호론자들은 미국의 좌파논객인 로버트 라이시 교수가 '불평등은 자본주의의 실패가 아니라 이를 교정하지 못하는 정치의 실패 때문'이라는 식의 주장을 원용하기 좋아한다. 그러나 그런 주장은 생산과 분배를 별개로 볼 수 있다는 고전적인 개념 혼란에서 나온다. 보장된 복지의 일방적인 확대를 거부하는 여론이 만만치 않고, 정치세력화돼 있다는 점에서 미국의 정치상황은 오히려 건강하며 실패로 보기 어렵다. 적어도 정부가 강제하는 복지확대가 정당한지를 따지고, 대안을 모색하게 만들며, 최종선택을 유권자에게 맡긴다는 점에서 그렇다.

그런 면에서 일시적인 다수 여론의 눈치보기에 급급해서 보편적 복지 이외의 선택을 허용치 않는 우리나라의 정치현실이야말로 정치실패로 불러야 마땅하다. 복지확대 정책을, 정당성 여부에 대한 논의를 도외시한 채, 재원확보 가능성이나 증세방안의 문제로만 밀어붙이는 것은 본말을 뒤집는 일이다.

전반적인 복지수준의 향상은 물론 바람직한 일이다. 여러 현인들이 밝혔듯이 풍요로운 사회는 사람들이 열심히 일하고, 미래에 대한 희망을 가지는 사회이며, 그것이 바로 사회적인 복지의 향상을 이루는 길일 터이다. 그러나 그것은 정부가 거두어서 공평하게 나눠주는 식으로 해결된 적도 없고, 그렇게 돼서도 안된다.

아무리 풍요로운 사회라도 자립할 수 없는 취약계층은 존재한다. 풍요한 사회에서는 사람들이 자발적으로 나서 그런 이웃을 보살피는 능력이나 의지를 가지고 있다. 독자적인 생계유지가 어려운 장애인, 노인, 극빈자에 대한 자선이나 기부, 가정형편상 학업을 계속하기 어려운 학생들을 위한 장학금 기탁과 같은 자발적 복지증진 행위가 그런 것들이다. 정치나 정부는 이런 행위가 늘어날 수 있도록 환경을 조성하고, 부족분을 채워주는 일에만 주력하는 것이 옳다. 경제민주화란 거친 구호 아래 경제적 불평등을 없애려는 시도는 자발적인 복지증진 행위를 대체할 뿐 아니라, 엄청난 후유증을 남겨왔다는 경험적 사실에 보다 주목할 필요가 있다.

4.4 갈등을 불러오는 복지확대: 2015년 2월

무상급식, 무상보육, 기초연금과 같이 보편적 무상복지 정책들이 시행초기부터 차질을 빚고 있다. 경기침체로 세수부족 문제가 심각하고, 경기회복의 전망도 불투명한 상황에서, 이들 복지정책을 유지하려면 재정적자를 감수하든지 세금을 올릴 수밖에 없는 형편이다. 뒤늦게 보편적 복지의 축소가 쟁점이 되는가 하면, 기업과 부유층에 대한 증세론이 다시 부상하고 있다. 어느 경우에나 첨예한 사회적 갈등을 불러올 것이다.

이런 사정은 표 얻기에 급급하여 복지확대 정책을 경쟁적으로 밀어붙인 정치권의 자업자득이다. 사실 우리사회는 복지의 방식과 범위에 대한 진지한 논의, 시행속도나 재원조달에 대한 사회적 합의를 거치지도 않았다. 개인의 복지가 반드시 공적 사회복지 지출에만 의존해야만 하는 것도 아니고, 그렇게 하더라도 보편적이 아닌 선택적 복지에 치중할 수도 있으며, 복지의 범위와 수준을 소득수준에 연계시킬 수 있음에도 말이다.

지금 논의되는 사회복지는 20세기 전반에 도입된 유럽식 공적, 보편적 복지의 개념을 뜻한다. 시초가 된 독일과 영국의 사회복지 정책은 급진 사회주의의 팽창을 막으려는 정치적 의도에서 도입되었고, 사회보험적 성격의 공공정책이었다. 이런 사회복지는 확대지향적이 되기 쉽고, 되돌리기나 축소하려는 시도는 늘 커다란 저항과 정치적 갈등을 불러왔다.[28] 우리사회에서도 보편적 복지를 더욱 확대해야 하며, 복지재원을 마련하기 위한 증세가 불가피하고, 증세는 부유층과 기업에 한정해야 한다는 등의 주장이 여전히 큰 호응을 받고 있다.[29] 그러다 보니 양극화론, 1퍼센트 대 99퍼센트 계층화, 부유세 필요론과 같이 사회갈등을 부추기는 주장들이 자주 나오고 있다.

사회복지 확대론자들은 우리사회의 공적 사회비용지출이 다른 나라에 비해 낮아서(<그림 1>, <그림 2> 참조), 경제수준에 비해 미흡하

28) 1980년대 초반 영국의 대처수상이 주도한 공공부문개혁과 사회복지 축소정책은 커다란 저항을 불러왔고, 현재 그리스와 폴투갈에서도 비슷한 상황이 벌어지고 있다.

29) 보편적 복지논의가 큰 쟁점이었던 지난 대선 직전, 한국보건사회연구원의 보고서에 따르면 우리 국민들은 보편적 복지를 선호하지만, 그런 사람들일수록 복지 확대를 위해 세금을 더 내는 것에는 부정적이어서 매우 이중적이라고 한다. 이후에 발표된 다른 연구기관의 보고서도 비슷한 결과를 보여준다. 최근의 여론조사 결과를 보면(현대경제 연구원, 복지에 대한 세대간 인식 차이 조사, 2013.5), 선택적 복지를 더 선호한다는 쪽(68퍼센트)으로 돌아섰지만, 그 비율은 세대간 차이가 커서 20대 층은 59퍼센트, 50대 이상은 75퍼센트로 나타난다. 복지재원 확충을 위한 증세에 대한 인식은 별로 달라지지 않았고, 세대간 차이가 비슷하게 나타나고 있다.

다고 주장한다. 그들은 공적 사회복지가 복지서비스에 대한 사회적 공동구매 내지 사회적 투자이며, 경제성장을 이끈다는 논리를 펴기도 한다. 또한 스웨덴과 같이 사회복지가 잘된 북구 국가들이 높은 경제적 번영과 사회적 화합을 누리는 반면에, 복지에 인색한 미국에서 사회적 갈등이 극심하다는 사실을 강조하기도 한다. 모두 피상적 관찰이거나, 주로 자의적인 통계 분석에서 나온 탁상공론에 지나지 않는다.

<그림 1> 공적 사회복지비 지출 , GDP 대비 퍼센트

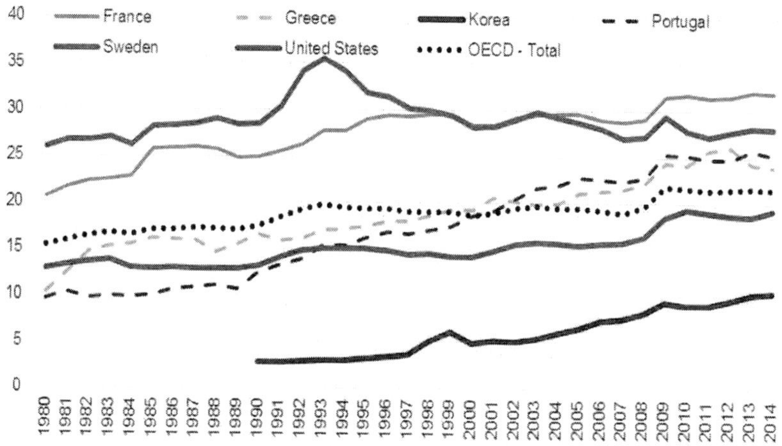

자료출처: OECD Statistics, Social Protection

〈그림 2〉 재원별 사회복지지출, GDP 대비

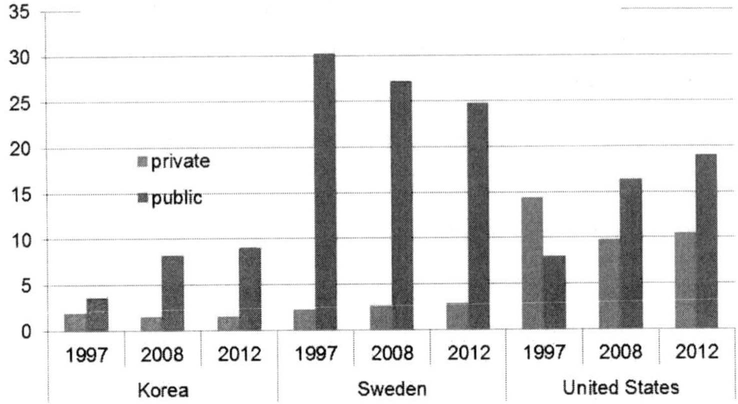

자료출처: OECD Statistics, Social protection

사회복지와 경제성장의 관계는 이론적으로 분명하지도 않고, 실증적으로 관찰되는 정(正)의 관계도 인과관계라기보다는 상관관계를 보일 뿐이다. 역으로 경제성장이 잘된 국가가 사회복지의 비중을 늘릴 수 있었다는 해석도 가능하다. 이 점은 스칸디나비아 국가들을 포함한 유럽의 선진경제가 사회복지의 확대 이전에 이미 높은 경제성장을 이루었다는 점에서 확인된다. 사회복지와 경제성장의 관계를 국가간 통계분석의 결과도 뚜렷한 인과관계를 보여주지 못할 뿐 아니라, 상관관계도 약하다는 사실을 확인시켜주고 있다.[30]

흔히 미국의 사회복지 수준이 낮아 사회갈등이 심하다는 주장도 정확한 진단이 아니다. 미국은 자립정신을 중시하는 문화적 전통을 가지고 있고, 유럽에 비해 공적 사회지출은 적지만 민간부문의 자발적 사회지출은 훨씬 높다(<그림 2>). 금융위기 이후, 민주당 정권이 주도하에 급증한 공적 사회복지지출이 민간부문의 비중을 줄였지만, 이 둘

30) Dollar, D., Kleinberg, T. and Kraay, A., Growth, Inequality, and Social Welfare, The World Bank Report, 2014.

을 합하면, 미국의 사회복지지출은 스웨덴에 가까운 수준에 이른다. 반면에 복지모범국으로 인정되는 스웨덴은 과잉복지에 따른 사회적 침체와 경기후퇴를 겪은 후, 사회 복지지출의 비중을 급격히 줄이고 있다(<그림 1>).

<그림 3> 1인당 GDP 경상가격, OECD (=100) 대비

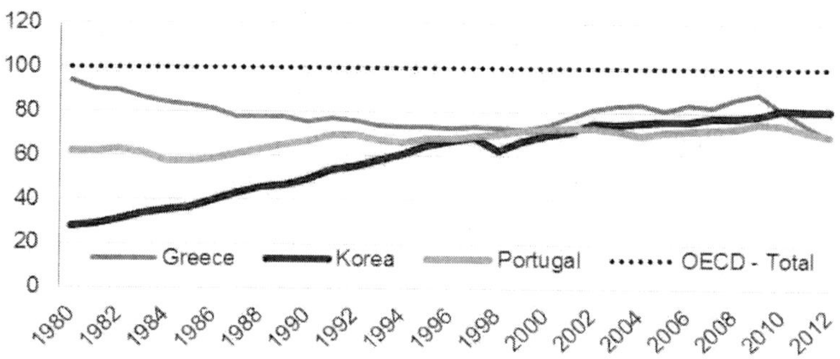

자료출처: OECD Income Statistics

동질성이 크고, 비교적 작은 스칸디나비아 국가를 미국이나 중국의 경우에 대비하는 것은 무리다. 이처럼 국가간의 통계수치를 단순히 비교해서는 사회복지와 사회경제적 상황의 관계를 제대로 파악할 수 없다. 그러나 다음의 두 가지 사례는 복지확대의 후유증이나 부작용을 잘 보여주는 반면교사로서 충분한 가치가 있다.

흔히 SPIG[31]로 지칭되는 남부유럽국가들, 특히 그리스와 폴투갈은 다른 유럽 국가들에 비해 소득수준, 복지수준이 현저히 낮았다(<그림 1>, <그림 3>). 이 두 나라의 복지지출은 1990년대 중반부터 급속히 확대되어 5년 뒤에는 OECD 평균수준을 따라잡았고, 현재 SPIG 국가

31) Spain, Portugal, Ireland, Greece를 뜻한다.

들은 모두 모두 스웨덴에 근접하는 높은 수준의 복지지출 비중을 가지고 있다. 그리스와 폴투갈에서 본격적인 복지확대가 시작된 1990년대에 이 두 국가의 복지수준은 현재의 한국과 비슷하고, 소득수준은 OECD 평균치와 대비할 때, 현재의 한국보다 약간 낮은 정도이었으나, 이후 정체되거나 줄어들고 있다.

이들 국가는 공통적으로 약한 산업기반, 대기업에 대한 심한규제, 강성노조의 영향 때문에 경기변동에 취약한 경제구조를 가졌지만, 대중인기영합적인 사회복지와 공공부문의 확대정책을 추구해왔다. 이 두 가지 사정은 밀접히 연관되어 있다. 사회복지의 확대자체가 공공부문의 확대를 의미하기도 하지만, 정치적 안정을 구실로 공무원수를 늘리고 과도한 복지혜택을 남발했기 때문이다.[32] 이런 정책으로 늘어난 사회적 고정비용이 세금부담과 국가채무의 증대, 지하경제의 번창, 재정적자 악화, 경기침체와 실업률 증가라는 악순환을 만들었고, 향후 경제성장에 큰 걸림돌이다. 국가부도상황에 몰린 이들 국가에게 최근 IMF, EU와 유럽중앙은행의 구제금융이 주어졌지만, 부과된 긴축정책 때문에 경기침체와 실업은 더욱 악화되고 있다.[33] 이에 대한 반발과 저항은 엄청난 정치적, 사회적 갈등과 혼란[34]으로 이어져, 절실한 공공부문의 개혁과 복지감축, 경제성장을 이루기가 지극히 어려운 형편에 처해 있다. 이런 사실은 경제적 여력이 약한 사회가 정치적 목적으로 급속한 사회복지의 확대를 추진할 때 나타날 수 있는 재앙을 경고해준다. 즉 복지확대가 사회적 고정비용을 증가시켜 경기침체에 대응하

32) 폴투갈은 인구 1050만 명에 공무원 숫자는 약 60만 명으로 인구 16.6명당 1사람 꼴이고, 이들에 대한 급여와 연금 각종 보장혜택은 정부예산의 절반에 가깝다고 한다. 그리스와 스페인의 경우도 크게 다르지 않다. 그리스의 경우, 평균임금대비 연금액은 95퍼센트를 넘는다.

33) 그리스와 폴투갈의 실업률은 각각 28퍼센트, 18퍼센트로 치솟았고(2013년 현재), 특히 청년실업률은 40퍼센트를 넘는다.

34) 이들 국가에서는 긴축정책과 복지축소에 반발하는 파업과 시위가 빈발하고 있는데, 특히 공공노조의 파업으로 경제가 마비되는 사태가 우려되고 있다고 한다. 최근 폴투갈에서는 약 1만 명의 경찰이 '긴축이 치안을 악화시킬 수 있다'는 경고성 시위까지 했다고 한다(2013년 11월 22일자 조선일보 보도 내용).

기 어렵게 만들 뿐 아니라, 스스로 교정하기가 지극히 어렵고, 커다란 사회적 갈등을 일으킨다는 사실이다.

또 다른 사례는 미국의 인종문제이다. 최근 수년간 미국에서 연이어 발생한 흑인 범죄피의자 사망사건들은 해묵은 흑백갈등의 치부를 다시 드러내었고, 폭동으로까지 번졌다. 많은 사람들과 주류 언론매체들은 이 문제를 흑인에 대한 인종차별 문제로 인식하였고, 미국의 대통령을 포함한 정치지도자들도 이를 1960년대의 민권운동(Civil Rights movements)의 경우와 같은 성격의 문제로 생각하고 있다. 그러나 실상은 과잉복지가 빚어낸 비극이다.

흑인에 대한 차별과 박해는 남북전쟁과 노예해방 이후에도 계속되다가, 1960년대에 벌어진 민권운동에 힘입어 극적으로 전환되었다. 민권운동은 여론의 강력한 지지를 받았고, 존슨대통령이 주도한 인종차별 철폐와 빈곤퇴치 정책들로 이어져 인종적 불평등을 지속시키는 정치적, 제도적, 실질적 장벽들을 차례로 제거하였다. 존슨은 민권법(Civil Rights Act, 1964, 1968), 투표권보장법(Voting Rights Act, 1965)과 같은 보편적인 정치권리를 보장하는 법안을 통과시켰을 뿐 아니라, 사회복지의 범위와 규모를 획기적으로 늘리는 법안이나 정책들을 도입하였다. 위대한 사회(Great Society)의 기치아래, 고등교육활성화법(Higher Education Act, 1965), 푸드스탬프법(1964), 매디케어와 메디케이드법(1965), 경제적기회보장법(Economic Opportunity Act)과 같은 사회보장성 입법, 지역활성화정책, 미혼모(未婚母) 경제적 지원정책과 같은 빈곤퇴치 정책, 소수인종우대정책(Affirmative Action Policy)을 통해 대학입학과 공무원 채용에서 소수인종을 우선적으로 배정하는 정책들을 적극적으로 추진하였다. 그 덕택으로 흑인의 신분향상 기회, 흑인중산층의 증가가 이루어졌고[35], 단기적으로나마 경제활성화, 소득불평등의 완화가 이어졌다.[36]

35) 이런 정책은 오바마 대통령을 포함한 다수의 흑인 정치인들에게 혜택을 주었고, 지방정부 공무원에서 흑인의 비중이 늘어난 계기를 만들었다.

36) 이 기간 중에 사회복지 프로그램의 확대와 월남전 수행에 따라 재정지출이 크게 늘었고,

지금까지 유지되고 있거나 강화된 이들 법안과 정책들은 소수인종에 대한 제도적 차별과 정치적 장애를 제거하였고, 특히 흑인들의 정치적 입지를 크게 강화시켜 주었다. 불과 40여 년 전에 미미한 수준에 그쳤던 흑인 정치인의 비중은 크게 확대되어, 이전 기간 전체에 비해 6배가 넘는 흑인정치인 선출, 다수의 상하원의원, 주지사가 선출된 데 이어, 정부각료, 연방대법원 판사에 이어 최초의 흑인 대통령을 배출하기에 이르렀다. 흑인계층의 정치적 영향력은 지방정부에서도 크게 증대되었고, 특히 흑인 인구가 집중되어 있는 대도시에서는 막강한 수준이다. 사회복지 프로그램에 따른 경제적 지원의 최대 수혜계층도 흑인인데, 인구비중 13퍼센트인 흑인 계층이 전체 수혜자의 1/3 이상을 차지한다.

그러나 불행히도 흑인들의 사회, 경제적 처지는 전혀 개선되지 않았다. 월스트리트 저널의 애널리스트이자 평론가인 제이슨 라일리(Jason Riley)는 흑인의 빈곤율, 실업률, 범죄율, 고등학교 졸업포기율, 주택미보유 가구 비율은 모두 전체 인구, 다른 인종계층, 심지어 신규 흑인 이민 계층의 경우에 비해 훨씬 높을 뿐 아니라, 40년 전에 비해 크게 달라지지 않은 사실에 주목한다.[37] 대부분의 흑인 정치지도자들이 이를 인종차별, 흑인에게 불리한 사법제도, 학력평가 방식, 교육비 지원부족의 탓으로 돌리고 있고, 리버럴 성향의 미디어나 일부 여론도 이에 동조한다. 최근 퍼거슨시에서 절도피의자인 흑인청소년이 백인경찰의 총격으로 사망한 사건, 뉴욕시에서 경찰의 과잉대응으로 숨진 흑인 피의자 사건으로 흑인사회에서 터진 항의시위와 폭동, 전국적으로 번진 동조시위는 그런 인식을 잘 보여준다.

자신이 흑인이기도 한 라일리는 이런 인식을 거부한다. 그는 외견상 인종갈등, 정치적 갈등으로 보이는 이런 문제들이 흑인사회에 만연

미국 경제는 유례없는 고성장을 이루었지만, 1970년대 후반의 고물가-고실업율의 후유증을 겪어야만 했다.

37) Riley, Jason, 'Please Stop Helping Us: How Liberals Make It Harder for Blacks to Succeed', Encounter Books, 2014.

한 빈곤과 실업, 가정파괴라는 사회경제적 문제에서 나온다고 주장한다. 그 배경에는 지난 40여 년 간 그들의 문제를 사회의 탓으로 돌리고, 스스로 경쟁력을 포기하는 '흑인문화'가 형성된 사실이 있으며, 흑인계층에 대한 과잉 정치적 배려, 과잉복지가 주된 원인이라고 본다. 그는 특히 40년 전인 1970년대 이전에 흑인 양부모(兩父母) 가정의 비중은 백인가정보다 높은 70퍼센트 수준이었지만, 지금은 미혼모(未婚母)가정의 비율이 70퍼센트로 역전되는 가정파괴가 실현되었고, 흑인지역의 공립학교가 쉬운 교과목 채택, 느슨한 학력평가에 치중하는 경향이 있음에 주목한다.

미국사회는 흑인계층을 일종의 원죄의식과 함께 사회적 취약계층에 대한 배려로 대하는 경향을 가지고 있다. 그러나 그들의 문제를 정치적으로 해결해야 한다는 시각, 사회적 복지확대로 치유하려는 생각은 그들을 더욱 불행하게 만들었다. 뿐만 아니라, 미국은 복지비용의 부담으로 커다란 어려움을 겪고 있다. 재정적자와 국가부채는 사상최고 수준으로 치솟았고, 현 민주당 정권이 주도한 복지지출 증대가 그 중요한 요인이었다. 특히 지방정부들은 심각한 재정난을 겪고 있고, 복지축소와 증세문제가 주요 선거쟁점이자 정치적 갈등의 문제로 떠오르고 있다.

이들 사례에서 우리사회의 복지확대 문제에 대한 교훈을 얻어야 할 것으로 보인다. 물론 남유럽국가의 사회혼란과 미국 흑인사회의 피폐가 전적으로 공적 사회복지의 탓이라고 보기는 어렵다. 또한 문화적, 사회적 환경이나 전통이 다른 국가의 경우가 우리사회에 그대로 적용되리라는 생각도 순진한 발상일 터이다. 그러나 급속한 사회복지나 과잉복지가 불러올 수 있는 갈등이나 재앙을 간과해서는 안된다.

5. 미국 바로보기

미국은 비록 다른 외국에 비해 역사적인 인연을 맺은지는 그리 오래지 않았지만, 우리나라는 정치, 경제, 사회 모든 분야에서 다른 어느 나라보다도 깊숙한 관계를 유지하고 있다. 많은 사람들이 미국을 애증의 대상으로 여긴다. 우리의 안보와 경제성장을 도운 우방국이라는 긍정적 인식과 통일을 방해하고 제국주의적 횡포를 일삼는 강대국이라는 편견도 있다. 젊은 세대에 주로 퍼져있는 부정적 편견은 물론 친북한 좌파들의 악의적인 선동을 반영한다. 하지만 미국인의 시각은 늘 자신의 이해관계에 바탕을 두고 있고, 그들의 정책이 반드시 우리에게 유리하게 나타나지 않기에 불편한 경우도 있음은 사실이다. 이는 자연스러운 일이지, 섭섭하게 생각할 필요는 없다. 우리의 선택도 국익을 최우선 기준으로 삼으면 그만이다.

한국은 애초에 미국이 중요하게 여기지 않던 나라였고, 식민지배를 해야 할 만큼 가치를 지닌 나라도 아니었다. 미국이 공산세력 저지라는 전략적 필요성에 따라 한국전쟁에 개입한 이래 동맹관계가 성립되었고, 이후 우리의 정치, 경제, 사회의 전반에 큰 영향력을 행사하게 되었지만, 그 관계는 한국이 예전에 경험했던 강대국에 대해 갖는 일방적인 예속관계와는 질적으로 달랐다. 우리는 동맹관계가 가져다 준 기회를 잘 이용하여 국가 발전과 번영을 이루었고, 미국이 가졌던 원래의 전략적 중요성이 많이 줄었음에도 미국과 실질적인 이해관계를 가진 우방국가로 성장하였다.

미국은 우리의 강력한 안보 동맹국일 뿐 아니라, 가장 인적교류가 많다는 점에서 지금도 어느 나라 보다 중요한 나라다. 근년에 들어 우리의 대미국의존이 크게 줄어든 반면, 우리 문물의 미국사회에 유입은 크게 늘었지만, 미국은 여전히 중요하다. 미국은 역사적, 문화적 전통,

정치, 경제적 환경이 우리와 크게 다르지만, 사회적이나 경제적으로 비슷한 문제도 가지고 있다. 그들의 자유정신과 창의력은 본받아야 할 일이지만, 그들의 실패를 반면교사로 삼아 피해나가야 할 경우도 적지 않다. 무엇보다도 중요한 일은 그들의 특성과 상황을 제대로 이해해야 할 필요성이다.

미국사회는 밝은 면과 어두운 면을 모두 가지고 있다. 내 주위에는 미국을 경험하거나 이해하는 친구와 지인들을 많다. 크게 나눈다면, 학교나 공무를 통해 미국에 체재했던 분들과 미국에 정착해서 살아온 한인 교포들이다. 흥미로운 것은 전자에 속하는 분들의 인식이 미국에 비판적 성향을 나타내는 반면, 후자에 속하는 분들은 대체로 긍정적이라는 점이다. 전자는 일시적으로 체류한 여행객의 시각이라고 볼 수 있고, 미국에 대한 비판적 언론의 영향을 받았기 때문일 수 있다. 반면에 후자는 이민 1세대들로서 수십 년간 미국사회에서 열심히 일하고, 가정을 일구면서 살아온 미국화된 한국인들의 체험을 반영한다고 볼 수 있을 터이다.

난생 처음 미국여행을 다녀온 어느 지인은 내게 다음과 같은 소감을 들려주었다. 미국 사람들이 밝고 친절하며, 자유와 애국심이라는 말을 좋아하고, 변호사가 많은 데 놀랐다는 것이다. 그는 미국이 사람들의 도덕심이나 국가의식이 약하고, 빈부차와 사회적 갈등이 심하며, 총기와 폭력이 난무하는 어지러운 사회라는 부정적 편견을 가졌던 사람이다. 그는 전혀 다른 배경을 가진 인종들이 섞여 사는 미국에서 애국심이 중요한 덕목으로 여겨지고, 질서가 잘 유지된다는 데 깊은 인상을 받았다. 한국과 같은 동질적 단일민족 국가에서도 보기 힘든 이런 특성들은 실은 미국시민들이 자생적으로 체득한 지혜를 반영한다. 한 정치학자는 이를 두고 미국 사람들이 '과거를 공유하는 대신 미래를 공유하기 때문'이라고 적절히 표현하였다.

우리가 미국을 제대로 이해해야 할 필요성은 역설적으로 보이는 이런 미국의 특성으로부터 교훈을 얻을 여지가 크기 때문이다. 사실 미국이 당면한 사회적 이슈들은 우리와 크게 다른 정치적, 경제적 환경에도 불구하고, 우리 사회의 문제와 놀라우리만치 공통된 부분이 많다. 특히 그들의 정치적 선택, 공공부문의 비대화, 복지정책의 문제와 대처방식은 우리 사회에도 시사하는 바가 크다.

5.1 일자리 만들기와 오바마노믹스의 실패: 2011년 9월

오바마 대통령은 "우리에겐 (애플회장인) 스티브 잡스가 한 명 더 필요하다"고 말해 화제가 된 바 있다. 지지자들의 만찬 모임에서 한 이 농담은 케인즈식 정부개입 정책과 일자리 만들기 정책을 몰아 부친 오바마노믹스의 한계를 스스로 인정하는 상징적 발언이다. 스티브 잡스는 최근 건강 악화로 애플을 떠났다.

실업률은 경제 상황과 경제정책의 성공여부를 보여주는 바로미터이다. 미국 노동부는 8월의 신규 고용증가가 지난 66년 만에 처음으로 제로라는 충격적인 사실을 공표하였다. 실업률은 오바마 집권 초 8퍼센트에서 꾸준히 늘다가 올해 초 8.9퍼센트로 미미한 감소세를 보이기도 했지만, 4월 이후 9.1퍼센트 수준에서 정체되어 있다. 미국 경제가 사실상 성장을 멈추었음을 의미한다. 정부는 올해 추정 경제성장률을 1.7퍼센트로 하향 조정했지만, 그나마도 지나치게 낙관적이라는 전망이 나온다. 최근의 성장둔화가 감지되기 전에 발표된 국회예산처의 추정에 따르면, 고용사정은 3-4년이 지나야 호전될 수 있다는 비관적 전망을 한 바 있다.

오바마 정부 지지율은 급속히 추락하여 내년으로 다가온 재선 가도에 빨간 불이 켜졌다. 여론은 65퍼센트의 비율로 오바마 경제정책에 불만을 표시하고 있는데, 특히 일자리가 늘어나지 않는다는 데 불만이 집중되어 있다. 그를 대통령에 당선시킨 주역들도 정부의 일자리 정책이 너무 소극적이라고 화를 내고 있다. 특히 의회의 흑인 지도자들은 흑인층의 실업률이 20퍼센트로 전체 실업율의 두 배, 대도시 지역의 경우에는 40퍼센트에 접근한다는 점을 들어 정부의 일자리 정책을 강력히 성토한다.

오바마 정부는 집권 이후 1.6조 달러의 돈을 경제에 쏟아 부었고, 그 중 절반 이상이 케인즈식 처방에 따른 경기부양에 사용되었다. 2년 반이 지난 지금 성적표는 초라하다. 노동시장은 1400만 명에 달하는 실업자와 그에 맞먹는 규모의 불완전취업(under employment)의 침체 상황에 빠져 있고, 조기에 회복될 기미를 보이지 않고 있다. 국회예산처는 미국 경제가 향후 5년 내에 5퍼센트 수준의 완전고용상태에 도달하려면 매월 약 18만 개의 신규고용이 있어야 할 것으로 추정한다. 현재의 추세라면 이런 수준의 일자리 창출은 거의 불가능해 보일 뿐아니라, 장기침체에 빠져들 거라는 우려마저 제기되고 있다. 오바마가 새로운 경기부양책을 곧 내놓겠다고 예고하고 있지만, 정책의 내용이나 효과에 대해 이미 부정적 전망이 우세하다. 결국 재정지출을 더 늘려 일자리를 만들자는 주장이 되풀이 될 것으로 보기 때문이다. 공화당이 지배하는 하원이 거부할 것이고, 여론도 동조하지 않을 공산이 크다.

사실 경기부양정책의 실적부진은 이미 예고되어 있었다. 투입된 자금의 2/3가 실업수당 연장지급, 세금감면, 학비 및 의료비 보조, 매디케이드 지원, 지방정부 보조금과 같은 구호 프로그램(relief program)에 집중되었다. 이들은 주로 실업자, 저소득층과 중간층, 교원노조, 공공부문 노조에 대한 소득지원의 성격을 가진 정부지출이다. 사회안정을 위해 어느 정도 기여할지 모르지만, 새로운 일자리를 만들지도 못하고 줄어드는 일자리를 막지도 못한다. 주로 오바마와 민주당의 정치적 이해에 맞물린 선심성 지출의 성격이 강하다.

경기부양 프로그램은 인프라 시설의 보수 및 건설(약 600억 달러), 대체 에너지 개발과 같은 과학기술 부문에 대한 연구개발 지원(약 700억 달러)과 같이 일자리 만들기와 연관된 부문이 포함되어 있긴 하다. 그러나 인프라 건설지원은 기존 건설회사와 그들의 해외 하청회사의 일감만 늘려줄 뿐이라는 비판을 받고 있다. 또한 연구개발 투자는 단기적 성과를 보기 어렵고 효과도 불확실하다. 그나마도 이들 투자는 추진 주체의 아이디어 빈곤, 졸속한 투자계획, 관료체제의 비효율성, 정실관계(cronyism) 때문에 성과가 지지부진한 걸로 나타나고 있다. 최근 언론은 정부의 투자 프로그램이 실패한 사례들이 비일비재하다는 사실을 연일 보도하고 있다.[38]

이런 사정이 오바마가 일자리 창출을 위해서는 스티브 잡스와 같은 인물이 필요하다는 언급을 한 배경이다. 정부에 호의적인 뉴욕타임스 마저 오바마의 500만개 일자리 창출 프로그램이 '허황한 꿈(pipe dream)'에 지나지 않는다고 혹평하였다.[39] 정부는 일자리를 만들지 못하고, 만들려고 해서도 안된다. 정부는 일자리를 만드는 데 필요한 아이디어, 전문성을 가지고 있지 않을 뿐 아니라 실패에 대한 책임도 지지 않기 때문이다. 정치인이 일자리를 몇 개 만들겠다는 말은 희망사항 내지 공약(空約)에 불과하다. 정부가 할 수 있는 일은 민간기업이 일자리를 만들려는 의욕을 가질 수 있게 환경을 개선해 주는 일 뿐이다.

정부가 주도하는 일자리 만들기는 오바마 경제정책 '오바마노믹스(Obamanomics)'의 핵심이다. 3년 전 금융위기와 경제불안의 와중에서 '희망'과 '할 수 있어'('hope' and 'yes, we can')의 구호로 집권에 성공한 오바마의 경제정책은 구태의연한 케인즈식 개입정책에 지나지 않는다. 오바마와 그의 지지자들이 경제불안을 진정시킨 공로는 인정받아야 한다. 그러나 그들은 정부개입에 의해 경제성장을 이루겠다는 '치명적 자만'에 빠졌다. 일자리 만들기의 실패와 경제성장의 정체는 이를

38) 일례로 NBC는 미국 에너지부(DOE)로부터 5억 4천만 달러를 지원받은 켈리포니아의 태양광 전기판 회사(Solyndra)가 파산한 과정을 보도하였다(September 2, 2011). 이 회사는 오바마의 정치적 후원기업의 하나로서 대체에너지 개발사업의 하나이며, 정부가 녹색일자리(green jobs) 창출 기업으로 대대적으로 선전해온 사업이었다.

39) New York Times, "Number of Green Jobs Fails to Live Up to Promises", August 18, 2010. '허황한 꿈(pipe dream)'이란 용어는 마약에 취해 비현실적인 꿈을 꾼다는 데서 유래된 것으로, 헛된 기대를 뜻하는 말로 통용된다.

여실히 보여준다. 그들은 허약해진 경제가 생산력을 회복하도록 환경을 만들어 주고 기다려주는 대신, 조급한 경기부양, 무모한 일자리 만들기, 그리고 큰 비용이 드는 규제강화 정책을 밀어붙였다. 기업과 가계는 지나친 통화팽창, 과잉규제, 국가채무와 조세부담의 증가가 가져다주는 불안으로 몸을 사리고 있고, 경제의 불확실성은 확대되었다. 불행하게도 자유주의 경제학자들이 경계해온 현상이 나타나고 있다.

이런 미국경제의 불안은 전세계 경제, 나아가서 우리 경제에도 어두운 그림자를 드리우고 있다. 어두운 주변의 빛(silver lining)을 찾는다면, 미국경제의 정체로 오바마노믹스에 대한 회의가 고조되고 있다는 점이다. 내년 선거는 어떤 결과로 나타날지는 속단하기 어렵지만, 현재 상황이 최소한 이런 정책기조를 바꿀 수 있는 계기를 마련해준다. 미국의 기업과 경제는 여전히 자생력을 회복할 수 있는 기반을 가지고 있다. 1980년대 초기 두자리 수의 인플레이션과 두자리 수의 실업률로 실의에 빠졌던 미국은 정책기조의 변화로 단기간에 이를 극복하고 성장력을 회복한 경험을 가지고 있다. 바로 정부개입의 자제와 규제완화를 기조로 하는 레이건노믹스의 등장이었다.

내년에 역시 대선과 총선을 앞둔 우리나라의 사정은 어떤가? 여야가 경쟁적으로 내세우는 복지정책, 인기영합적인 기업규제와 가격통제, 감세철회, 고용시장 시장개입이 여론의 지지를 받고 있고, 장하준식 논리와 자본주의 4.0과 같은 정부역할 증대론이 인기를 끄는 상황은 걱정스럽다. 미국의 경험을 타산지석으로 삼아야 하지 않겠는가?

5.2 미국 중간선거 결과 바로보기: 2010년 10월

미국 중간 선거에서 공화당이 큰 차이로 하원의 다수당이 되고, 상원의 의석수도 근소한 차이로 민주당에 따라붙었다. 불과 2년 전,

최초의 흑인 대통령 선출과 상하원 석권으로 기세를 올렸던 민주당으로서는 실로 충격적인 패배가 아닐 수 없다. 오바마 행정부와 민주당이 야심차게 밀어붙이던 국가개입 확대 정책들은 향후 추진과정에서 수위 조정이나 속도 조절이 불가피할 것으로 보인다. 주지사 선거에서도 공화당은 총 50개 중 24석의 약세를 31석으로 반전시켰을 뿐 아니라, 공화당 지배의 주의회를 10개 추가하였다. 이 결과는 2년 후의 선거에서 큰 영향을 주게 되므로, 오바마의 재선이나 민주당의 의회장악에 빨간 불로 다가온다.

외국인들에게 이런 극적인 변화는 변덕스럽게 보일 수 있다. 중간선거가 집권여당에게 항상 불리하게 작용한다는 사실, 불황기에 인기 없는 의료개혁법을 밀어붙인 전술적 실수와 같은 해석은 이런 변화를 충분히 설명하지 못한다. 아마도 가장 설득력 있는 설명은, 집권 당시의 장밋빛 전망에도 불구하고, 미국경제가 회복이 더딘 데 대해 유권자들의 불만이 표출된 때문이라는 해석일 것이다. 오바마 정부와 민주당이 경기진작을 위해 8,000억 달러를 투입했음에도 실업률은 2년 전의 6.9퍼센트에서 9.6퍼센트로 치솟은 채로 머무르고 있다. 선거 전략에서 유명한 경구로 자리 잡은 '문제는 경제야, 바보야(it's economy, stupid!)'가 재확인된 것처럼 보인다. 그러나 이는 미국 유권자들의 성향과 사고방식을 지나치게 단순화한 해석이다.

지난 선거에서 오바마와 민주당이 선택된 데는 미국의 중간층 또는 독립성향 유권자(independent)들이 결정적인 역할을 하였다. 이들은 인종적이나 이념적으로는 편향되어 있지 않지만, 대부분의 미국인들이 전통적으로 공유하고 있는 핵심가치는 그대로 지니고 있는 그룹이다. 그것은 바로 정부의 간섭을 싫어하고 자립정신(self-reliance)을 존중하는 가치관이다. 스스로를 친민주당 독립성향 유권자로 생각하는 한 미국 친구는 필자에게 자기 부모가 정부의 도움 없이 1930년대 대공황기를 이겨 나왔음을 자랑스럽게 말해준 적이 있다. 그는 타락한 월스트리트와 무책임한 주택융자금 대출자, 이들을 살리려고 돈을 퍼붓는 정부를 싸잡아 비난하고, 이런 사태를 몰고 온 정치권의 무능과 비효율성을 혐오하고 있었다.

이들이 '변해야 돼(change)'와 '할 수 있어(yes, we can)'라는 구호를 들고 나온 오바마를 선택하였다. 그러나 이런 선거구호가 크게 어필했었지만, 경제와 사회전반에 국가개입을 확대하려는 오바마와 민주당식 개혁에 대해 미국사회의 폭넓은 공감대가 형성되어 있었던 것은 아니다. 민주당식 경기진작 정책은 세금 걷어 써버리는 구태의연한 방식일 뿐, 민간경제의 자생적 고용회복으로 이어지기 어렵다는 의구심이 이들을 실망시키고 있다. 그것은 주로 소득재분배정책이며, 자립정신을 해치고 민간기업의 영역을 축소하기 때문이다. 그렇기에 이들은 눈덩이처럼 불어나는 재정적자와 가중되는 세금부담을 항의하는 티파티 운동에 대해 호응하기 시작한다. 유권자들의 성향을 가장 민감하게 반영하는 하원선거 결과는 이를 잘 보여준다. 감세와 국가개입 억제를 들고 나온 공화당은 현직을 단 2석 잃었을 뿐, 무려 70석을 보태 다수당의 지위를 탈환한 것이다.

미국 중간선거를 보는 우리 정치권의 시각은 어떤가? 여당의 한 중진의원은 최근 미국 중간선거 결과가 "우리에게 던지는 메시지는 서민경제의 중요성을 다시 한 번 일깨워 준다는 것"이라며 (한나라당도) 일자리 만들기에 주력해야 한다는 요지의 발언을 하였다. 그가 말한 일자리 만들기가 소득재분배에 치중하는 포퓰리즘 정책에 머물지 않기를 바랄 따름이다.

5.3 미국 공공부문 노조활동에서 얻는 교훈: 2011년 1월

미국 일리노이주 주민들은 새해 벽두에 세금 폭탄이라는 선물을 받고 들끓고 있다. 주 의회는 임기 말 회기(lame-duck session)에서 마감시간 직전, 자정을 불과 몇 분 남기고 주 소득세를 3퍼센트에서 5

퍼센트로, 주 법인세는 4.8퍼센트에서 7퍼센트로 각각 60퍼센트와 46퍼센트나 대폭 인상하였다. 불과 몇 달 전 중간선거에서 민주당에 충격적인 참패를 안긴 일등공신은 티파티 운동이었고, 불경기와 세금인상을 걱정하는 분위기를 감안하면 매우 이례적이다. 민주당의 패배는 일리노이에서도 일어났고, 세금부담의 증가가 경기회복을 지연시킬 거라는 여론이 커지고 있는 가운데 일어난 일이다.

주 의회가 민심과 동떨어진 법안처리를 강행한 데는 그럴만한 사정이 있다. 여론상 수세에 몰리고 있지만 주 의회는 여전히 민주당이 지배하고 있고, 그들은 강력한 이익집단의 로비와 영향력에 포획되어 있다. 가장 적극적인 이익집단인 공무원 노조와 교원노조는 주 의회 건물 앞에서 연일 세금인상을 지지하는 시위를 하고 있었다. 사실 증세에는 불가피한 측면이 없지 않다. 일리노이는 캘리포니아 다음으로 심각한 재정 위기를 맞고 있다. 주 정부는 일반 예산의 절반을 넘는 130억 달러 규모의 채무를 해결해야 할 처지인데, 전체 채무의 1/4 이상을 차지하는 미적립연금채무(unfunded pension liability)가 큰 골치 거리이다. 세금을 더 거두든지 채권을 발행해서 메울 수밖에 없지만, 현재 주정부 중에서 꼴찌의 채권등급을 받고 있기에 채권 발행도 쉽지 않다.

이와 같은 문제는 일리노이뿐만 아니라 미국 전역에 공통적으로 나타나는 현상이다. 켈리포니아의 미적립연금채무는 3,800억 달러, 주정부 전체로는 약 3조 달러로 추산되고 있다. 연방정부의 경우도 미적립연금채무가 4.7조 달러로 정부부채의 1/3, GDP의 절반 수준에 달한다. 미적립연금채무가 큰 비중을 차지하는 이유는 공공부문의 규모가 커지고, 공무원의 평균보수가 급상승한 데 연유한다. 특히 지방정부의 연금채무가 상대적으로 큰 것은 지방공무원 노조의 영향력과 밀접히 연관되어 있다. 미국 노동인구의 14퍼센트를 차지하는 공공부문의 소비, 지출은 GDP 대비 19퍼센트, 36.4퍼센트에 달한다. 지난 수년간 실업률이 급격히 늘었지만 공공부문 근로자 수는 오히려 늘었다. 그들이 받는 평균보상(average compensation)은 민간부문에 비해 30-40

퍼센트 정도 높고 고용은 보장된 거나 다름없다. 주정부나 연방정부의 재정적자가 늘어날 수밖에 없는 주요 원인이다.

공공부문 노조의 활동은 상황을 악화시킨 주역이다. 민간 부문의 노조가입률은 전성기인 1950년의 1/3 수준에서 현재 7퍼센트 수준까지 떨어진 반면, 공공부문에서는 노조가입률이 41퍼센트 수준까지 치솟았을 뿐 아니라 노조가입자 수에서도 민간부문을 앞질렀다. 미국 공무원 노조들은 정부와 정치권에 막강한 영향력을 행사하는 이익집단이며, AFL-CIO 내에서도 가장 영향력이 크다. 그들이 오바마-민주당 정권을 후원하고, 큰 정부와 증세 정책을 적극 지지하는 것은 전혀 놀랍지 않다. 최근 재정위기에 처한 일리노이, 캔사스, 오레곤 주 의회가 대폭적 증세안을 통과시킨 것도 지방공무원 노조인 AFSCME의 강력한 입김 때문이었다. 이들을 포함한 지방정부를 민주당이 지배하고 있는 것은 전국선거에 비해 일반 유권자들의 관심을 덜 받는 지방선거에서는 이들 이익집단의 영향력이 결정적인 역할을 하기 때문이다.

공공부문의 비대와 경직성, 비효율적이고 방만한 경영은 공공기관의 조직특성과 직결되어 있다. 민간기업과 달리 정부나 공공기관은 이윤이라는 조직목표가 없고, 독점적으로 서비스를 제공하며, 경영책임을 묻기 어렵다. 명목상의 고용주인 납세자가 경영에 관여할 길은 사실상 없고, 실질적 관리자인 고위공직자는 지속적으로 경영책임을 질 유인이 별로 없다. 따라서 효율성을 평가하기가 쉽지 않고 시장에 의한 규율이 작동하지 않으며, 실적부진에 대한 책임을 묻기 어렵다. 즉, 거버넌스의 필수항목인 투명성, 경합성, 책임성 중 어느 하나도 확립할 수 없는 구조적 문제를 갖고 있다. 공공부문은 퇴출이 없으므로, 적자가 나도 구조조정이나 조직개편을 하는 대신 세금으로 보전해서 버틸 수 있다. 밀턴 프리드먼은 정부부문이 지속적으로 팽창하고 비효율성일 수밖에 없는 이유가 바로 실패에 대한 책임을 질 필요가 없기 때문임을 지적한 바 있다.

공공부문 노조는 이런 사정을 잘 이해하고 대응해 왔다. 공공서비스의 확대는 그들의 이해관계와 일치하므로, 수요와 공급이 모두 확대되도록 압력을 행사하고, 조직축소나 개편에 저항한다. 그들은 객관적인 성과측정이 어렵고 공익을 해친다는 명분을 들어 성과급제도(performance pay system)의 도입에 반대한다. 회사가 망할 위험 때문에 협상력이 줄어들 가능성이 없으므로, 정치력을 키워 보수와 복리후생의 증대, 고용보호를 이루는 것이 최상의 전략이다. 정치력의 확대는 조합원의 수를 늘려 확보된 자금을 통해 로비와 동조하는 정치인을 후원하는 형태로 나타난다.

노조의 후원을 받거나 친노조 성향의 정치인이 지배하는 의회는 공공서비스의 규모와 범위, 공무원 보수와 관련된 정책에서 친노조적 성향을 취할 수밖에 없다. 결과적으로 공공부문 노조는 협상 테이블에서 사용자-피고용자 양측에 모두 우호세력을 키워나가는 순환이 이루어진다. 큰 정부와 공공서비스 확대를 지향하는 민주당 의원들의 가장 적극적인 후원자는 바로 공무원 노조, 교원노조, 경찰노조, 환경미화원 노조, 간호사노조와 같은 공공서비스 노조이며, 이들 노조에게 오바마와 현 민주당 지도부가 우호적 성향을 드러내고 있음은 공공연한 사실이다.

그 결과가 공공부문의 비대, 민간부문에 비해 과도하게 높은 보수수준과 고용보호, 노조권력의 남용, 그리고 정부의 재정악화로 이어졌다. 특히 지방정부의 경우, 채무의 대부분은 공무원 연금, 의료보험비, 복리후생비와 같은 경직성 인적경비(non-flexible human service-related expenses)들인데, 그중에서도 확정급여형(defined-benefit plan) 연금이 큰 비중을 차지하게된 것이다. 연금부채의 문제가 보다 심각한 이유는 연방법이 정부의 재정 상태에 상관없이 지급약속을 변경할 수 없도록 규정하고 있을 뿐 아니라, 기대수명이 빠르게 늘어나고 있다는 점이다.

연방정부와 지방정부를 합한 정부부채는 16.5조 달러로 GDP의 113퍼센트라는 위험수준에 도달했고, 미국 경제의 회복에 큰 걸림돌이 될 것으로 보인다. 지방정부들은 인원감축, 급여나 복리후생비의 축소, 연금제도 개혁을 시도하였지만 공공노조의 강력한 반발에 부딪쳐 별다른 성과를 거두지 못하였기에, 세금이나 공공서비스 요금의 인상, 채권발행, 연방정부의 지원에 의존할 수밖에 없는 실정이다. 연방정부 자체도 막대한 부채를 안고 있고 무한정 대외의존을 늘릴 수도 없을 것이므로, 현재와 같은 속도로 정부채무가 지속될 수 없음은 분명하다.

이런 사정이 미국에서 티파티 운동과 같은 조세저항이 일어나고 중간선거에서 공화당이 약진한 배경이다. 지난 중간선거에서 민주당이 지배하는 주 의회의 수는 52개에서 32로 줄어든 반면 공화당은 33개에서 53개로, 공화당 주지사는 24석 대 26의 열세에서 31대 18의 13석의 큰 차이로 역전되었다. 특히 민주당 텃밭이던 뉴저지, 펜실바니아, 위스콘신, 미시간, 오하이오, 아이오와를 포함한 동북부와 중서부, 그리고 플로리다, 캔서스에서 공화당이 승리하였고, 이들은 공공노조의 활동의 통제와 재정건전화를 우선적 개혁과제로 내세우고 있다. 구체적인 내용은 주마다 다르지만, 공공서비스 축소와 보수인상 억제, 공무원 연금개혁 등의 내용들을 담고 있다. 심지어 민주당이 차지한 뉴욕과 캘리포니아에서도 같은 움직임을 보이고 있다. 그러나 오바마와 민주당은 임기말 회기의 의회에서 공공안전부문 노사협력법(Public Safety Employer-Employee Cooperation Act)을 통과시켰다. 이 법은 미국 전 지방정부에서 경찰과 소방공무원에게 단체협약을 의무적으로 부여하는 일종의 노사상생법으로서, 공공부문 노조에게 힘을 실어주게 되었다. 앞으로의 귀추가 주목된다.

눈을 돌려 우리나라의 공공노조 문제를 살펴보기로 하자. 한국의 공공부문은 공무원 100만 명, 공공기관 종업원 25만 명, 군인 63만 명, 국공립 교직원 41만 명을 포함해서 약 230만 명 정도로 추정되며, 전체 경제활동 인구의 12퍼센트, 최종소비지출은 GDP의 22퍼센트를 차지한다. 근년에 이르러 공공부문의 평균급여 수준은 민간부문과 대등한 수준에 이른 반면, 복리후생의 수준은 민간부문보다 낮고, 민간부문과 달리 고용은 거의 보장되어 있다. 본격적인 노조설립은 1980년 후반 이후에 이루어졌으나, 노조조직률은 48퍼센트로 9퍼센트 수준인 민간부문의 5배를 넘는다. 이들은 금융노련, 정투노련, 전력노련, 광산노련, 연합노련과 철도, 통신, 병원, 사무직, 언론, 지하철, 교직원 노조, 공무원 노조와 같이 광범위한 산별 노조를 포함하고 있다. 이들 노조는 거의 모두가 한국노총이나 민주노총과 같은 상급단체에 가입되어 있으며, 최근에는 거대 노조인 공무원노조가 민주노총에 가입하였다.

우리나라의 공공부문 노조는 역사가 짧고 정치권과의 유착관계도 크지 않지만, 활동행태, 영향력, 그리고 결과에서 재정적 곤경에 처한 미국, 일본, 프랑스, 그리스의 경우를 빼닮았다. 그들은 강력한 이익집단임에도 경쟁이 거의 없고, 정치적 운동에 적극적으로 참여하며, 공공부문의 지속적인 확대를 지지한다. 철도공사와 항공공사의 경우에서와 같이 공익을 빌미로 민영화반대 투쟁을 벌인다. 전교조는 참교육이라는 전술을 전면에 내세우면서, 교육정보의 공개와 교원평가에 반대하며, 좌편향된 이념의 확산에 보다 적극적이다. 그들은 유권자의 관심이 덜한 교육감, 교육위원 선거에 적극적으로 개입하여 우호적 인사들을 대거 당선시켰다. 공공기관 근로자들 노조활동으로 민간부문 보다 70퍼센트 높은 평균임금, 최고수준의 복리후생 혜택, 고용보장, 민간부문보다 많은 각종 수당과 휴가를 얻어내었다. 대부분의 공공기관 단체협약은 노조 조합원의 채용, 이동, 평가, 승진 등 인사원칙을 사전에 조합과 협의 또는 합의 하에 시행하도록 규정하는 등, 사용자의 경영, 인사권을 침해하는 경우도 적지 않다.

이런 사정들은 공공부문의 확대추세와 맞물려 향후 국가재정에 커다란 부담을 주게 될 가능성이 높다. 공식적인 국가채무는 300조 원 정도로 GDP의 1/3인 양호한 수준이라고는 하나, 공기업과 준재정활동에 따른 부채를 포함하면 이미 GDP의 70퍼센트를 넘을 것으로 추정되고 있다. 보편적 복지의 확대와 같은 포퓰리즘 정책이 확대되고 공공부문 노조의 활동이 억제되지 않을 경우, 심각한 재정위기에 빠져들 가능성이 크다.

특히 염려되는 부분은 연금부채이다. 4대 공적 연금 중 공무원 연금수지가 이미 적자로 돌아서서 18조 원의 정부보전금이 투입된 상태이고, 사학연금과 국민연금도 각각 2021년, 2044년경에 수지적자, 그리고, 이후 20년 안에 기금이 고갈될 수 있다는 전망도 나온다. 더구나 연금기여자 대비 연금 수령자의 크기를 뜻하는 연금성숙도가 빠르게 증가하고 있고, 저출산, 고령화가 동시에 진행되고 있으므로, 연금부채에 대한 정부보전금의 규모도 엄청나게 늘어날 수 있음을 경계해야만 한다.

공공부문 노조의 활동이 문제가 되는 가장 큰 이유는 정부서비스의 확대를 부추기고 재정부담을 가중시키는 성향을 가지기 때문이다. 그렇기에 지난 정권에서 정부조직 축소, 공기업 민영화, 공적연금 개혁을 추진하였으나 별 성과를 거두지 못하였고, 현 정권이 추진한 공기업 선진화 정책도 지지부진한 상태이다. 이는 공공노조의 활동이 경제논리보다는 정치논리를 근거로 이루어지고, 그 결과가 법적으로 제도화된다는 사실과 무관하지 않다. 문제는 이를 되돌리려면 엄청난 저항과 비용이 들 수밖에 없고, 우리경제의 미래에 엄청난 부담이 될 거라는 점이다. 우리사회는 그 동안 뒤늦게 출발한 공공부문 노조의 활동에 대해 특별히 주목하지 않았음이 사실이다. 외국의 사례를 참작해서 뒤늦게나마 이를 시정할 시점이다. 공공노조의 활동을 단순히 노동자의 권익보호 차원에서만 이해하기 보다는 사용자인 납세자의 입장에서 볼 필요가 있다. 민간부문과 같은 견제장치도 없이 그 이상의 혜택을 계속 허용해야하는지, 공공노조의 정치개입을 방치할 것이지를 심각히 고민해야한다.

5.4 존 아담스와 여론 정치: 2014년 7월

미국의 역대 대통령 중에서 존 아담스는 매우 특이한 존재다. 그는 미국의 초대 부통령이자 제 2대 대통령이었지만, 초대 대통령 조지 와싱턴과 제 3대 대통령 토마스 제퍼슨에 가려서 제대로 평가받지 못했다. 또한, 그는 건국의 아버지들(American founding fathers) 중에서 유일하게 재선에 실패한 정치인이었다. 그가 여론의 동향에 초연한 기질을 가졌던 탓도 있었지만, 정치적 동지이자 부통령이었던 제퍼슨이 사주하는 언론의 왜곡된 보도 덕택에 근소한 차이로 낙선하였다. 이 일로 두 사람은 돌이킬 수 없이 나쁜 사이가 되었지만, 말년에는 다시 돈독한 우정을 회복하였다. 묘하게도 이들 두 미국 건국의 거인들은 같은 날인 1826년 7월 4일, 독립기념일에 서거하였다.

아담스의 고집스러운 성품이나 정치적 혜안을 보여주는 많은 일화들이 있다. 그는 하바드 대학 출신으로 미국 건국의 주역들 중에서 가장 풍부한 학식과 정치적인 경륜을 가진 인물이었다. 젊은 변호사 시절, 그는 보스톤 학살 사건에서 가해자들인 영국군 장교들을 성난 군중들이 조성한 공포분위기에서 어쩔 수 없이 발포를 했다는 점을 들어 변호하였고, 그 때문에 여론의 뭇매를 맞았다. 그는 미국 독립운동의 초기에 영국정부와 타협해야 한다는 여론에 맞서, 독립의 불가피성을 역설하고, 독립선언 및 독립전쟁으로 몰고 간 주역이었다. 그는 당시에 무명 인사나 다름없었던 제퍼슨이 독립선언문을 작성하게 하고, 별로 평판이 좋지 않았던 와싱턴을 총사령관으로 천거하는 데 앞장섰다. 그는 미국 헌법의 모델로 여겨지는 최초의 주헌법인 마사츄세트 주 헌법을 기초하였고, 존 마샬을 대법원장으로 임명하여 연방대법원의 권위와 삼권분립제도의 기초를 확립하게 만든 것도 그의 작품이었다. 또한 그는 독립 후의 미국이 프랑스식 이상주의 보다는 영국식 민주주의를 따라야 한다는 신념을 잃지 않았고, 취약한 미국의 현실을 타개하기 위해 강력한 군대, 특히 해군의 육성에 힘을 기울이는 한편, 프랑스와 직접 대결하기보다는 강화조약 체결이라는 당시로서는 인기 없는 결단을 내리기도 하였다.

미국의 역사를 보면, 고비마다 대중적 인기나 일시적 여론에 끌리기보다는 국익을 위해 인기 없는 정책을 추진하거나 과감한 결단을 내린 대통령이나 정치지도자가 적지 않았다. 건국 초기의 와싱턴, 해밀턴, 아담스, 제퍼슨, 그리고 이후의 링컨, 투르만, 레이건 대통령, 골드버그 상원의원 같은 사람들이다. 존 아담스는 비록 정치적 불운으로 가시적인 업적을 이룰 기회를 얻지 못했지만, 근년에 들어 진정한 의미에서 미국연방 공화국의 초석을 놓은 가장 중요한 인물이자 위대한 대통령의 하나로 재평가되고 있다.

눈을 돌려 작금의 우리나라의 정치 현실을 보면 안타깝기만 하다. 상존하는 안보위협, 격변하는 국제정세, 지지부진한 경제상황이 지속되고 있지만 제대로 된 대응도 못하고 십수 년을 허비하고 있는 형국이다. 염려스러운 점은 조작되었거나 왜곡된 보도로 오염된 여론이 정치과정의 진행이나 정책추진에 심대한 악영향을 끼쳤다는 사실이다. 여중생 사망 사건, 광우병 파동, 반기업 정서 확산, 천안함 폭침 사건, 교과서 파동, 철도파업 사태, 세월호 참사 보도와 같은 일련의 사태들이 바로 그런 사례들이다. 문제는 정치권은 이런 여론에 편승하거나 부추기기, 또는 비위 맞추기를 통해 정치적 이득을 챙기기에 바빴다는 데 있다. 그렇기에 전시작전권 회수, 반체제 정당에 국고지원과 정책공조가 이루어지는가 하면, 경제민주화 정책들이 무더기로 도입되었다. 이런 무모한 정치적 행위들은 심각한 국력낭비를 초래하였고, 오랫동안 후유증을 남길 것이다.

정치인들이 국익보다는 연예인처럼 대중적 정서를 중시한다면, 이런 일은 계속될 것임이 분명하다. 최근 문창극 총리후보 지명 및 사퇴 사태는 그런 우려를 다시 불러일으킨 사건이다. 왜곡된 보도가 대중적 정서를 자극한 경우임이 명백함에도 이를 바로 잡으려고 노력한 정치인들은 찾아보기 어려웠다. 여당의 중진은 '국민의 눈높이에 맞춰야한다'는 저급한 주장을 하였고, 대통령은 '중도사퇴는 안타까운 일'이라는 표현으로 책임회피를 하였다. 문창극 씨의 낙마 자체는 그리 중요하지 않을 수도 있다. 문제는 그의 표현대로 '진실보다는 사실만 본다'면, 우리사회는 어둡고, 비정상이 정상화되기를 기대할 수 없다는 데 있다. 정직한 정치인을 찾는 일에 더욱 공을 들여야 할 것 같다.

6. 반기업 정서

기업을 나쁘게 보는 인식을 흔히 반(反)기업 정서라고 표현한다. 이 말은 대중의 감성적 정서와 이념적 편향을 조합한 용어다. 그렇기에 경제상황이나 사회분위기에 따라 변하고, 정치적 선동에 영향을 받기 쉽다. 반기업 정서는 정확한 사실의 파악이나 상황의 엄밀한 분석에 근거를 두는 경우가 드물다. 그럼에도 지나치거나 위험한 기업규제, 또는 경제적 자유의 억압으로 이어진다. 골목상권을 보호한다는 명분으로 대형할인점의 영업을 제한한 규제, 대기업 횡포를 문제 삼아 재벌기업을 규제하는 경우가 전형적이다.

반기업 정서는 주로 여론조사로 파악되지만, 조사 시기나 방식에 따라 큰 차이를 보이거나 상반된 결과를 드러내기도 하므로, 전적으로 신뢰하기는 어렵다. 최근의 한 여론조사 결과에 따르면, 기업에 대한 호감도와 비호감도가 비슷한 수준이었고, 이전 연도에 비해 크게 낮아졌다고 한다.[40] 한국 사람들의 반기업 정서가 유별나게 강하다는 조사 결과도 많다. 수년 전에 발표된 한 여론조사 결과를 보면, 기업에 대한 호감도가 한국이 중국, 일본에 비해 크게 낮았고, 특히 대기업에

40) 한국경제연구원, '우리나라 국민의 기업 및 경제현안에 대한 인식조사', 2013.10.

대한 호감도는 이 보다 더 나쁘게 나왔다고 한다. 그러면서도 대기업 취업을 중소기업 취업이나 창업보다 훨씬 더 선호하고, 중소기업은 반드시 보호해야 한다는 응답이 중국, 일본에 비해 월등히 높았다고 한다.[41] 분명한 사실은 기업이나 기업가에 대한 부정적 여론이 어느 시기, 어느 나라에서나 존재하고, 흔히 정치적으로 민감한 사안이 된다는 것이다.

반기업정서는 사실상 반대기업(反大企業), 또는 반대기업인(反大企業人), 반부(反富), 또는 반부자(反富者) 정서를 뜻한다. 어느 나라에서나 보편적으로 나타나는 현상이지만, 한국에서는 주로 반재벌 성향이라는 특질을 지닌다. 이는 불평등과 금력(金力)이라는 큰 힘에 대한 반감이라는 자연스러운 반응으로 볼 수 있다. 대기업(인)이 정의롭지 못하다거나 공평하지 못하다는 비판을 받는 것도 흔히 그런 사정에서 나온다. 반기업정서가 경기후퇴로 실업률이 증가할 때나, 대기업인이나 그 가족의 비행이 드러날 때 고조되는 것도 같은 이유다.

한국에서 대기업 총수나 그 자녀들의 일탈(逸脫) 행위, 소위 갑질을 하는 경우가 드러날 때마다 반기업정서는 커진다. 부당하게 권력을 휘두른다는 의미의 갑질은 대기업(인)의 경우가 보다 심각하다고 보기 어렵고, 정치인, 고위관료, 법조계, 심지어 학계, 예술계나 종교계에서도 드물지 않게 일어난다. 그럼에도 기업의 경우가 유독 더 욕을 먹는 것은 부의 축적 자체를 비도덕적으로 보는 오랜 문화적 습관 때문이라고도 볼 수 있을 터이다.

또 다른 중요한 이유는 기업과 기업인을 구분하지 않는 대중적 인식이다. 오늘날 주식회사는 기업과 거의 동의어로 여겨질 만큼, 규모나 경제적 비중에서 압도적인 위치를 차지하는 기업형태이다. 주식회사는 이성적으로 설계된 기업형태도 아니며, 기업의 목적을 가장 효율

41) 한국, 중국, 일본의 기업 호감도는 각각 59.8퍼센트, 77.4퍼센트, 72.9퍼센트이었고, 대기업 호감도는 각각 57.3퍼센트, 82.6퍼센트, 65.5퍼센트로 나타났다고 한다. 한국의 경우 취업희망선호도는 대기업, 중소벤처기업, 창업은 각각 39.4퍼센트, 20.7퍼센트, 31.8퍼센트이었다(중앙일보, '기업인식 조사' 결과, 2009.8).

적으로 달성하는 기구로서 시장경제가 발견해낸 자생적 조직형태이다. 또한 주식회사는 법적인격체, 즉 법인이지 자연인이 아니며, 기업총수, 경영자와 종업원, 그리고 보유자산으로 이루어진 복합체이다. 그럼에도 기업총수의 불법이나 편법 상속, 증여, 총수나 경영자 또는 총수가족의 횡령, 사기, 불법, 또는 비리 행위가 드러날 때마다 기업의 행위로 비난하는 경우가 적지 않다.

그러나 반기업 정서를 만드는 가장 중요한 요인은 아마도 반대기업(反大企業)이념과 이를 부추기는 언론의 보도 태도일 것이다. 시민단체나 좌파지식인들은 기업의 영리추구 자체를 문제 삼기도 하고, 대기업의 힘과 횡포를 과장하며, 기업의 사회적 책임을 강조한다. 언론매체들은 절제된 보도보다는 이들 주장을 부각시키려는 경향을 드러낸다. 기업인의 비행(非行)은 '…기업이 돈벌이 수단으로 전락…', 기업이익은 '기업의 탐욕'이나 '기업의 사회적 책임을 망각…', 대기업의 우수한 실적은 '…를 희생으로 얻어진 초과이익', 재벌이 '우리나라의 정치, 경제, 사회를 지배…'와 같은 표현은 흔하다. 균형 잡힌 보도 방식이라기 보다는 선동에 가깝다. 이런 편향된 시각이 반기업 정서라는 사회분위기를 만든데 커다란 역할을 한다.

기업은 이윤창출을 목적으로 설립된 조직일 뿐, 어떤 사회적 사명을 실현하기 위해 만들어진 기구가 아니다. 그 목적을 이루기 위해서는 자원을 조직적, 효율적으로 이용해야 하고, 사회통념에 위반되거나 불법적인 행위를 할 수 없는 제약을 받는 조건 위에서, 소비자들의 욕구에 부합하는 재화나 서비스를 만들어 내는 길 밖에 없다. 기업은 그 과정에서 일자리를 만들어내고, 다른 기업들에게 일감과 기회를 만들어 준다. 기업이 이런 일을 잘 해내는 것이 사회에 기여할 수 있는 최상의 봉사이고, 사회의 다른 필요는 다른 목적으로 설립된 기구가 맡는 것이 낫다.

그러나 좌파적 이념은 기업을 계급투쟁적 시각에서 보려하고, 사회적 기구로 개조되어야 한다고 역설한다. 기업의 사회적 책임론(CSR, corporate social responsibility), 노동자소유 기업(labor-owned firm),

이해관계자 기업 모형(stakeholder model of firm)은 모두 그런 시각에서 나온다. 이는 실패한 사회주의 이념을 기업에 접목시키려는 기업사회주의(corporate socialism)이다. 기업사회주의자들은 기업의 행위를 영합(零合)게임이라는 나눠먹기 과정으로 보고, 동반성장의 기회를 만드는 정합(正合)게임으로 생각하기를 꺼려한다. 그들은 주식회사를 시장이 발견해낸 제도가 아닌, 사회가 개인에게 준 특혜이므로, 그 과실은 사회에 환원되어야 한다는 촘스키(Noam Chomsky)식 기업관을 옹호한다. 그들은 식탁에 놓인 빵이 어떻게 나누어지는 게 좋은가만 따질 뿐, 어떻게 구워지게 되었는지, 앞으로도 식탁에 오르게 될는지에 대해서는 별로 아는 게 없다. 그들의 이념은 대기업의 총수를 도둑귀족(robber baron)으로 보는 19세기 미국의 진보주의운동(progressive movements)권의 정서를 공유하고, 대기업의 개혁을 요구한다. 한국에서 재벌개혁론이 바로 그런 사례다.

대기업은 일자리와 성장기회를 제공하는 사회의 소중한 자산이다. 규모에 비해 고용효과가 작다는 이유로 대기업을 폄하하는 것은 대기업과 중소기업간 협력관계를 과소평가하기 때문이다. 대기업이 시장을 지배하고, 중소기업을 몰아낸다는 시각도 시장경쟁의 과정을 오해하는 데서 나온다. 대기업도 시장의 규율과 도전에서 자유롭지 못하고, 중소기업과 협력관계에서 벗어날 수 없음은 역사적인 사실로 입증되었다. 미국에서 도둑귀족으로 지탄받고, 반독점규제를 불러왔던 대기업가들, 밴더빌트, 록펠러, 카네기, 제이피 모건과 같은 사람들이 미국을 부강하게 만든 주역이었다는 재평가를 받고 있고, 그들의 모험심, 기업가정신의 역할은 과소평가된 반면, 그들이 이끈 기업의 독점력이나 그 폐해가 부풀려 졌었다는 사실은 이를 잘 보여준다.

그렇기에 중소기업이 대기업보다 약한 처지에 있고, 고용효과가 더 크다는 사실 때문에 보다 큰 지원을 받아야만 하고, 대기업의 독점력에 대한 규제가 강화되어야만 하며, 고율의 세금을 부과해야 한다는 시각은 정당화하기 어렵다. 대기업은 상생협약이나 초과이익공유와 같은 강제규정이 없이 시장경제의 틀 안에서도 협력적 관계를 발전시킬 수 있다. 사회적 힘, 여론의 역할은 그런 기업생태계가 조성되도록 돕는데 그치는 것이 옳다. 기업에 대한 적대적 이념이 일자리를 해외로 몰아내고, 자생적 협력관계를 강압적 규정준수로 대체한다면 득보다 실이 크다.

기업의 불법행위, 대기업의 불공정 거래, 기업주와 가족의 비리행위를 감시하는 일은 시장질서가 제대로 작동하기 위해서 필요한 일이다. 언론이나 시민단체, 지식인들은 이런 역할을 하기에 유리한 위치에 있고, 상호보완적이 될 수 있다. 그들은 이를 통해 명성과 부를 쌓을 수도 있고, 정치적 권력에 접근할 기회를 얻기도 한다. 그러나 그들의 이념편향이 도를 넘어 반기업 정서를 부추기고, 기업에 대한 고율의 징벌적 과세나 과도한 기업규제를 정당화하는 명분으로 사용된다면 문제다. 도둑귀족이란 말은 유럽의 경제적 젖줄이었던 라인 강변의 소영주들이 강을 통과하는 화물에 대해 통행세를 징수한데서 유래되었다. 그들의 자릿세는 사욕을 채우려는 수단이었고, 생산활동에 도움이 되기는커녕, 지장을 주었다는 점을 지적한 말이었다. 도둑귀족의 진정한 의미를 되새겨 볼 일이다.

6.1 대기업은 국민기업인가?: 2004년 11월

현재 첨예하게 의견이 대립되고 있는 대기업 집단의 계열사 규제 문제의 핵심에는 대기업이 국민기업이라는 권오승 공정거래위원장의 시각이 자리 잡고 있다. 대기업집단이 망할 경우 국민의 세금이 지원될 것이므로 규제가 정당하다는 것이다. 이런 견해는 문제제기의 의도나 제시하는 근거로 볼 때 모두 커다란 문제를 가지고 있다. 금융기관과 자본시장이 제 기능을 발휘한다면, 그런 개연성 자체가 없어질 것이고, 또 정부가 잘못 경영된 기업을 구제해야할 필요나 당위성도 없다.

기업, 특히 대기업의 흥망은 경영자, 주주, 노동자, 채권자뿐만 아니라, 소비자, 원자재 공급자 모두에게 영향을 주고, 나아가서는 국민생활 전반에 파급될 수 있다. 그러나 그 때문에 서로 다른 이해를 가진 이들, 이해 집단 특히 정부가 기업의 경영에 참견하게 한다면, 기업 활동이 어떻게 정상적으로 이루어지겠는가? 기업할 의욕이 없어지고, 기업투자가 위축되면 그 피해는 모든 국민에게 되돌아 갈 수밖에 없다. 현재 논란의 대상이 되는 출자총액제한 제도의 유지와 순환출자 금지는 기본적으로 기업 활동을 위축시키는 사전적 간섭의 성격이 강하다. 더욱이 이런 규제들은 하나같이 실효성이 불분명할 뿐 아니라 사유재산권 침해의 소지를 갖고 있다.

대기업에 대한 적대적 태도는 사실 많은 우리 국민들이 공유하고 있고, 강자에 대한 반감, 약자 보호의 정서와도 맥을 같이 한다. 이런 경향은 현 정부가 등장한 이래 강화되어 왔음은 부인할 수 없고, 세계 최고 수준이라는 우리의 반기업 정서와도 무관하지 않다는 데서 매우 우려되는 일이다.

대기업에 대한 부정적 태도는 역대 정권에서 일어났던 정경유착에 커다란 뿌리를 두고 있는 것으로 보인다. 이 문제는 과거 정부주도의 경제개발 시대에 되풀이 되었던 기업에 대한 선별적 지원과 제재, 그리고 관치금융과 국내시장 보호정책을 통해 심화되어 왔다. 그러나 굳이 따지자면, 그 책임은 줄서기와 로비를 조장한 정부와 정치권의 책임이 더 크다. 그런 상황에서 중소기업을 포함한 어떤 기업이라도, 할 수만 있다면 같은 노력을 하려고 하였다.

다행히도 근래에 이르러 선별적 지원정책과 관치금융의 관행은 많이 해소되었고, 시장은 개방되었으며, 이에 따라 기업은 보다 치열한 경쟁적 환경에 직면하고 있다. 반면에 노조활동에 대한 과잉보호로 노동시장은 경직화되고, 기업지배구조 개선 정책과 같이 대기업에 대한 간섭과 규제는 강화되었다. 기업에 대한 정책이 과도한 보호와 지원에서 과잉 간섭과 규제로 선회한 것이다. 경쟁 환경의 심화는 기업의 체질을 강화하였지만, 기업에 대한 간섭의 강화는 기업 활동을 위축시킨다. 우리 기업은 이미 상품시장과 자본시장에서 경쟁격화로 엄격한 규율을 받고 있고, 이들에게 효율적인 투자는 기업의 생존과 직결된 사활의 문제이다. 정부의 정책은 오히려 불리한 기업 투자 여건을 개선하는 데 주어져야 한다.

흔히 대기업의 폐해로 인식되고 있는 지나친 규모 확장, 경제력 집중과 비효율적 다각화의 문제도 많은 반론이 제기되고 있어서, 명확한 결론을 내리기는 어렵다. 아마도 대기업에 대한 가장 설득력 있는 비판은 계열사출자라는 비효율적 구조일 것이다. 사실 우리나라의 대기업집단에서 계열사 구조를 풀어버린다면, 기업 규모에 대한 우려는 큰 문제가 아니다. 문제는 순환출자나 계열사 출자방식이 기업구조의 자연스러운 개편을 어렵게 할 수 있다는 점이고, 이런 비효율성을 해소하여 대기업을 자본시장의 규율에 더 많이 노출시키는 것이 바람직할 것이다. 그러나 기본적으로 기업 스스로가 해결해야 할 기업구조 문제를 기본적으로 획일적일 수밖에 없는 사전적인 규제로 해결하려는 시도는 득보다 실이 훨씬 클 것이다. 공정위 스스로도 출자총액 제한이 실효성이 없는 제도라고 인정하고 있지 않은가? 대기업 지배구조를 개선하기 위해서는 회사법, 증권거래법의 개정을 통해 기업이 자율적으로 해결하도록 길을 터주고, 공정위는 불법적인 기업 활동에 대한 엄격한 사후규제를 하는데 치중해야 한다.

결론적으로 기업환경이 급속히 변화하였는데도 낡은 상황인식과 이론적 틀에 얽매어 기업 활동을 사전적으로 제한하는 규제는 기업과 경제 전체에 해를 줄 뿐이다. 기업 활동에 대한 지나친 간섭은 보호나 통제 어느 쪽도 바람직하지 않다. 불과 10여 년 전, 국민기업이라는 명분으로 비효율적으로 경영되던 기아자동차를 지원한 결과가 어떻게 되었는지, 그리고 현재 신규투자의 80퍼센트가 해외에서 이루어진다는 사실에 새삼 주목해야할 필요가 있다.

6.2 초과이익공유제 논란: 2011년 3월

동반성장위원회 위원장이 제안한 초과이익공유제도가 커다란 논쟁거리가 되고 있다. 그는 경제학자이자 대학총장으로서 명성을 날린 사람이다. 그러나 초과이익공유제도를 둘러싼 논란과 전개과정을 보면, 경제학자로서의 그의 면모는 찾아보기 어렵다. 그는 전직 국무총리를 지낸 고위공직자였고, 차기 대통령 후보로까지 거론되는 사실상의 정치인이다. 그럼에도 동반성장위원회라는 민간기구의 위원장으로서 부임해서 기업활동에 대한 개입을 진두지휘하려고 한다. 그 첫 작품이 초과이익공유제도이다. 초과이익이란 부정확한 개념일 뿐 아니라 기업 간 이익나누기라는 반시장적 발상이어서 자의적인 판단 없이는 정의할 수도 없고, 강제력이 없이는 제대로 실행될 수 없음은 불을 보듯 뻔하다. 이 제도가 대기업의 이윤을 빼앗아 중소기업에 나누어주는 강제성 있는 제도가 아니라는 그의 주장은 설득력이 없다.

그렇다면 대기업이 얼마나 상생협력에 협조적인가를 양적, 질적으로 평가하는 지수를 공표해서 압력을 넣고, 협조정도에 따라 세제지원과 공정거래조사를 면제해주는 등의 특전이 왜 필요한가? 더구나 초과이익으로 조성된 기금을 만들고, 이를 나누어 주는 일에 왜 개입해야하는가? 만일 반강제성을 인정한다면 그것은 결국 준조세일 것이고, 만일 강제성이 전혀 없으려면 위원회가 관여해서는 안된다.

이런 비판에 대한 반박 기자회견에서 그는 이 제도가 기업자율적으로 운영될 것이므로 반시장적 요소가 없음을 재차 강조하고 있다. 그러나 언론에 보도되는 그의 견해 표명을 보면 그 속내가 보다 분명히 드러난다. 그는 대기업 이윤의 상당부분이 중소기업을 후려쳐서 얻은 부당한 이익이므로 시정되어야 하며, 이는 절대 양보할 수 없다고 강변한다. 그는 대기업을 소나무에 비유하여 그늘에 있는 중소기업들이 자랄 수 없다며 구체적으로 그런 대기업의 이름을 거론하기도 한다. 한편 정부의 주무부처가 적극적으로 협조하지 않아 일을 제대로 할 수 없다고 불평하는가 하면, 그 부처장이 자리를 지킨다면 자신이 그만 둘 수밖에 없다고 말한다. 그는 자신의 주장이 정의롭고, 공권력에 의지해서라도 이를 관철시키려 한다는 의중을 내비치고 있다.

이는 전형적인 정치운동가(Political activist)의 입장이다. 그의 기업에 대한 현실인식은 매우 과장되어 있고, 외국의 모델로 들고 있는 애플이나 토요타의 사례도 이익공유제와는 전혀 맞지 않는다. 그가 냉철한 경제학 교수 출신으로 이런 주장을 할 수 있는지 의아스럽다. 그가 원하는 정책구도는 무늬만 민간기구인 공공기관을 통해 기업의 성과배분에 관여하는 것이고, 따라서 정부의 협조가 필수적이다. 그렇기에 그의 주장은 위장된 사회주의 정책이며, 대중인기영합적 정책이라는 비판에서 벗어날 수 없다. 그런 정책의 수혜자는 정책입안자나 실행자들일 뿐 기업들에게 별로 도움을 주지 못할 공산이 크다.

대기업이 우월적 지위를 남용해서 중소기업에 불공정한 거래를 하는 사례가 있음은 잘 알려져 있다. 그런 불공정거래를 적발하고 재재하는 일은 공정거래법의 영역이며, 이미 시행해오고 있다. 그 활동 수준이 만족스럽지 못하다면, 이를 강화할 수 있는 방법을 찾는 것이 사회정의를 확대하는 길이다. 중소기업의 동반성장이 바람직하다는 데는 이론의 여지가 없다. 문제는 중소기업의 경쟁력을 키워주고, 부당한 거래에 대처할 수 있는 제도적 여건을 개선해주는 일이다.

동반성장위원회가 해야 할 일은 그런 필요성을 역설하고 기업의 자발적인 협조를 유도하는 것이다. 반강제적인 방법이나 정부의 힘을 빌려 동반성장 문제를 일시에 해결하려하기 전에 왜 그런 방식에 의존해야 하는지, 부작용과 비용은 없는지에 대해 고민하고, 이를 설명할 수 있어야 한다. 그럴 수 없다면 이익공유제와 같은 시장개입정책은 철회해야 마땅하다.

6.3 기업은 사회적 책임을 실현하는 기구가 아니다: 2011년 4월

세계적인 PR 전문용역회사인 에델만의 최근 조사보고서는 밀턴 프리드만의 '기업의 사회적 책임은 이윤을 늘리는 것'[42]이라는 금언에 동의하는지 여부를 조사한 결과를 발표하였다.[43] 조사는 24개 국가에서 대학교육 이상의 학력과 상위 25퍼센트 이내의 소득수준을 가진 응답자를 대상으로 하였는데, 상위 10개국에서 57-84퍼센트, 하위 10개 국가에서 30-50퍼센트에 이르는 찬성률을 보였다. 상위 국가에는 UAE, 일본, 한국, 미국이 포함된 반면, 하위국가에는 스페인, 이탈리아, 중국, 러시아가 들어 있다. 일본(2위, 72퍼센트), 한국(4위, 70퍼센트)과 같이 이웃의식(neighborhood pressure)이 강한 나라에서 높은 찬성률이 나왔다는 점은 흥미롭다.

대중적 '반기업정서'가 강한 걸로 알려진 우리나라에서 나온 이런 결과는 기업과 기업인, 그리고 기업이윤에 대해 심각한 인식의 편차가 있고[44], 그런 인식을 부추기거나 이용하려는 사람들이 많음을 보여준다. 실제로 반기업정서는 주로 재벌과 재벌총수의 '비도덕적 행태'나 부자에 대한 반감을 반영하고 있고,[45] 기업 일반에 대해서는 대체로 호감도가 높게 나타난다.[46] 그러나, 기업의 목표에 대해서는 이윤창출

42) Friedman, M., 'Capitalism and Freedom', University of Chicago Press, 1962. The Social Responsibility of Business is to Increase its Profits, New York Times Magazine, Sep. 13, 1970.

43) 이코노미스트(2011. 1. 27일자) 기사에서 재인용.

44) KDI는 반기업정서의 실체에 대한 조사연구 결과(2007.5)를 발표한 바 있는데, 이 문단의 내용은 그 결과의 일부를 근거로 요약한 것이다.

45) KDI 조사결과에서 일반인들이 생각하는 반기업정서의 대상은 재벌이라는 응답이 91.5%(복수응답)로 가장 많았고 이어 오너경영인(76.0%), 부자(61.5%), 공기업(55.0%)의 순으로 나타난다. 재벌에 대한 반감의 이유를 물은 결과는 '분식회계나 편법상속 등 비도덕적인 경영'이라는 응답이 경제전문가는 79.5%, 기자 73.6%, 시민단체 간부 55.8% 등 모든 집단에서 가장 높았다.

이외에도 기업이윤의 사회환원이나 근로자복지향상이라는 반응이 높게 나타나고, 특히 교사, 공무원, 시민단체 간부, 노조간부 집단은 대다수가 이윤의 사회환원을 최우선 목표라고 꼽는다고 한다.[47]

따라서 우리나라의 반기업정서란 재벌총수나 경영인이라는 기업인 또는 이들이 부자라는 사실에 대한 반감이지 기업자체에 대한 부정적 시각은 아닌 것으로 보인다. 그러나 이들 기업인들의 행태를 도덕성의 잣대로 판단해서 매도하는 것은 적절하지도 않고, 효과적인 재재방법도 아니다. 그들의 범법행위나 불공정 거래행위는 치밀하고 지속적인 방법으로 가려내어 엄중한 법적 제재를 가해야한다. 그런 행태가 계속되는 것은 허술한 사법체계, 정치적인 편의에 따라 처벌과 사면을 반복하는 제재방식에 큰 책임이 있다. 결과적으로 가장 큰 피해는 일반대중이 기업인과 기업을 구별하기 어렵게 만들고, 기업에 대한 부정적 편견을 부추기는 집단에 힘을 실어준다는 데 있다.

그런 사정으로 우리나라에서는 기업의 사회적책임(CSR, Corporate Social Responsibility)이 여론의 큰 호응을 받고 있는 것 같다. 지금 언론에서는 기업의 사회적책임, 윤리적 기업(Ethical Business), 기업의 양심(Corporate Conscience), 지속적 책임기업(Sustainable Responsible Business), 자본주의 재창조(Reinventing Capitalism), 가치공유(Shared Value)와 같은 용어들이 쉴 새 없이 등장하고 있고, 최근에는 고용노동부 산하기관인 사회적기업진흥원, 형식만 민간기구인 동반성장위원회가 설립, 운영되고 있다. 전직 재벌기업회장 출신인 이명박 대통령은 공정사회의 실현을 위해 기업들의 협조를 당부하는가 하면, 전직 국무총리인 정운찬 동반성장위원회 위원장의 활동에 힘을 실어주고 있다. 기업들도 이런 분위기에 편승해서 이들 기구에 기부금을 내

46) 기업일반에 대한 호감을 가진 응답자의 비율은 경제전문가 78.4%, 공무원 72.0%, 국회의원 68.6%, 기자 61.2%, 교사 49.6%, 시민단체 간부 47.0%, 일반국민 37.8%로 나타났다.

47) 기업의 최우선 목적으로는 경제전문가(82.2%), 기자(67.0%), 국회의원(52.9%)은 이윤창출이라는 대답이 가장 많았지만 노조간부(74.0%), 시민단체 간부(53.0%), 공무원(50.0%), 교사(49.0%)는 이윤의 사회환원을, 일반 국민은 근로자의 복지향상(32.5%)을 가장 많이 꼽았다.

고, 기업내에 사회적 책임 당당부서를 설치하는 등 사회적 책임 정책에 협력하는 모양새를 보이려 하고 있다.

사실 기업의 사회적책임이라는 화두는 범세계적인 현상으로 등장하고 있다. 용어 자체는 27년 전 에드워드 프리만이 제기한 이해관계자 기업모형[48]의 개념과 맞물려서 확산되었지만, 근년에 닥친 경제불황, 금융위기, 실업증대 사태들이 이에 대한 관심을 증폭시킨 걸로 여겨진다. 이제 기업의 사회적책임에 대한 관심은 학술적 이론[49]에서부터 교황의 회칙(Papal Encyclical)[50]으로 나타나고 있을 뿐 아니라, 국제준칙인 ISO SR[51]로 구체화되기에 이르고 있다. 우리나라의 기업의 사회적책임에 대한 관심도 이런 추세와 무관하지 않을 것이다.

그러나 기업의 사회적책임을 국가 정책적으로 실현하려는 시도는 자칫 커다란 부작용을 불러올 수 있기에 신중한 접근이 필요하다. 기업의 사회적책임이나 이해관계자 기업모형의 이론적 배경이나 실증적 증거, 그리고 실행방법의 문제에 대한 분석은 이 글의 범위를 벗어나므로, 기업의 사회적책임의 개념적 한계를 중심으로 문제를 검토해보기로 하자. 가장 심각한 오류는 기업을 의인화하는 데 있다. 기업은 기업활동을 조직하고 통제할 목적으로 편의상 부여한 법인이지 인격체가 아니다. 따라서 기업은 프리드만의 지적대로 개인 인격체가 갖는 책임을 가질 수 없다. 이 점은 기부나 자선 활동과 같이 개인인격체가 갖는 비법적이나 도덕적 책무의 경우에 특히 그러하다. 기업의 책임은 규정된 법령을 준수하는 것이고, 이를 통해서만 사회정의의 실현에 기여할 수 있다. 예를 들어 노동 관련법을 준수하여 미성년자를 고용하

48) R. Freeman, *Strategic management: a stakeholder approach*(Pitman, 1984).

49) Porter, M.E. & Kramer, M.R., "Strategy and Society: The Link Between Competitive Advantage and Corporate Social Responsibility", *Harvard Business Review*, December 2006.

50) Pope Benedict XVI, third encyclical, *Caritas in Veritate* (Charity in Truth), July 2009.

51) ISR SR(또는 ISR 26000)은 기업이 자율적 규제 형식으로 준수해야할 기업의 사회적책임에 대한 가이드라인을 명시한 국제기준이다.

지 않고, 법적으로 금지된 부당해고를 하지 않는다든가, 회사자금을 불법적 용도로 전용하지 않아야 하며, 불법적으로 환경을 훼손하지 말아야하는 등의 책임을 진다. 법령위반은 기업의 영업활동 제한이나 벌금으로 제재를 받든지, 기업 대리인으로서 위반행위를 한 당사자가 처벌 받아야 한다.

같은 논리로 기업에게 도덕적으로 바람직한 행위를 하도록 요구할 수 없다. 도덕성은 기본적으로 개인의 자유선택으로 얻어지는 영역이므로 강요될 수 없으며, 사회적 도덕성은 개인의 도덕적 행위가 모여서 실현되기 때문이다. 따라서 기업이 자선이나 기부를 한다는 것은 타당하지 않으며, 기업이윤을 배당받은 주주나 임직원의 개인 소득에서 나오는 것이 마땅하다. 경영진이 이들의 위임을 받고 자선행위를 한다는 주장은 위임의 범위를 확대 해석하는 월권행위이자 위탁자의 비용으로 경영진 자신의 위신을 높여주는 대리인 문제에 지나지 않는다. 기업의 이름으로 이루어지는 자선행위에 대한 선호가 보다 높은 이유는, 적어도 수혜자의 입장에서 보면 그것이 보다 간편하고 확실한 수혜방식이기 때문일 것이다.

사회책임론의 가장 중요한 항목의 하나는 기업이윤의 사회환원이다. 그 이론적 근거로서 흔히 이해관계자 기업모형이 거론된다. 즉, 기업의 이윤은 노동자, 협력기업, 소비자, 지역사회와 같은 이해관계자가 일정부분 기여하여 얻어졌으므로 이를 되돌려주어야 한다는 주장이다. 현재 논란이 되고 있는 초과이윤공유제도나 기업의 사회문화 활동 장려론도 같은 논리의 연장선상에 있다. 언뜻 보면 그럴듯한 이 주장은 기업이윤의 창출과정을 단순화한 비현실적 주장일 뿐 아니라, 기업의 실체를 개인인격체와 혼동하는 데서 나온다. 영리적 기업의 이윤은 개인의 자선행위나 투자로 사회에 환원될 수밖에 없고, 이윤소득을 얻은 개인이 그런 행위를 하도록 유도하는 것이 보다 온당한 방법이다. 사실 기업 이윤의 사회환원이란 개념 자체가 허구에 지나지 않는다. 기업 소유자가 그만큼 이윤배당의 감소를 받아들일 이유가 없으므로, 기업은 결국 사회 환원된 이윤부분을 가격인상이나 투자감소를 통해 보충할 것이고, 그 결과는 소비자의 복지감소나 투자위축으로 이어질 수 있기 때문이다.

기업의 영리추구 자체를 문제 삼는 견해도 사회적 책임론의 근거로 이용된다. 베네딕트 교황의 회칙에서 나타나듯이 영리추구라는 좁은 목적에 한정된 기업관은 기업이 과도한 위험감수나 단기적 이익에 집착하게 만들고, 인간이 보편적으로 느끼는 도덕적 책무를 소홀히 하도록 만든다고 한다. 그러나 영리추구적 기업활동이 개인의 도덕적 책무 실천에 방해가 된다는 견해는 설득력이 떨어진다. 그런 기업활동의 이윤은 개인의 자선, 기부활동에 얼마든지 사용될 수 있기 때문이다.

영리추구적 기업은 하이에크가 말한 대로 영리추구라는 목적을 달성하기 위해 의도적으로 고안된 조직(made order)이며, 사회도덕과 같은 자생적 질서(spontaneous order)와는 다르다. 이런 영리적 기업은 가장 성공적이고 효율적인 조직이며, 오늘날 인류의 복지향상에 크게 기여하였음은 역사적으로 증명되었다. 영리적 기업이 사회복지에 기여하는 방식은 이윤추구를 통해 양질의 재화나 서비스를 싼 값으로 소비대중에게 공급하는 것이다. 일반 대중이 기업으로 하여금 사회적 약자에 대한 배려에 보다 주력하고, 사회적으로 보다 바람직한 활동을 하거나, 도덕적 행위를 실천하기 원한다면, 이런 영리적 기업의 기조를 흔들지 않고서도 가능하다. 예를 들어 만일 다수의 개인들이 특정 기업이 환경보호에 대한 투자를 늘리기를 원한다고 하자. 이 기업은 제품 가격을 일반가격과 환경보호기금에 대한 기부금을 가산한 가격으로 나누어 판매하고, 조성된 기부금 적립액은 환경보호에 투자하면 된다.

또 다른 방식은 장애자고용유지와 같은 비영리적 목적의 기업을 설립하여 일반 대중으로부터 자본이나 노동의 참여를 유도하는 방법이다. 그런 비영리기업은 설립취지에 맞게 이윤창출보다 고용유지를 우선하는 방식으로 운영하면 된다. 사실 사회적 기업의 가장 순수한 형태는 바로 이런 기업들이며, 이들 비영리기업이 영리추구적 기업과 공존 못할 이유는 없다.

이런 사정을 감안하면 기업의 사회적책임론은 기업의 조직형태를 비영리적 기업으로 획일화하려는 설계주의적 발상이며, 기본적으로 사회주의적 기업관에 근거하고 있다고 봐야한다. 기업의 사회적책임이 제도화되거나 정치사회적 압력으로 추진된다면, 커다란 부작용을 일으킬 수 있다. 극단적인 경우, 사회적 책임의 실천정도에 따라 착한기업과 나쁜기업이 나누어지고, 기업은 가치창조보다는 눈치보기에 급급하며, 기업 경쟁력과 경제성장은 정체될 것이다. 경미한 경우, 기업들은 사회적 책임을 실천하는 모양새를 갖추려할 것이다. 실제 우리나라를 포함한 각국의 주요기업들이 사회적 책임 실천활동은 이런 배경에서 나온 걸로 짐작된다. 아마도 이들 활동의 진정한 목적은 사회적책임 실천이라기보다는 기업이미지 개선이나 홍보활동으로 보아야 할 것 같다.

6.4 경계해야할 근로자 경영참여의 제도화: 2004년 5월

노사관계가 한국경제의 발목을 잡는 주요 요인의 하나로 남아 있다. 최근 발표된 스위스 국제경영개발연구소(IMD)의 국가경쟁력 보고서는 한국의 노사관계가 비교대상국들 중에서 여전히 최하위에 머무르는 것으로 평가하고 있다.

이런 가운데 근로자의 경영참여 확대가 노동계의 주요 투쟁목표의 하나로 다시 떠오르고 있으며, 국회에 진출한 민주노동당은 이를 제도화하려는 움직임을 보이고 있다. 이들은 표면상 근로자 경영참여가 경영투명성의 향상을 통해 기업경쟁력을 강화하고, 경제성장에 도움을 줄 거라는 점을 내세우고 있다. 이를 벤치마킹하는 구체적 사례로서는 독일 기업에서 제도화되어 있는 공동결정제도(co-determination)가 거론된다. 근로자 경영참여에 대한 여론은 대체로 호의적으로 나타나고 있는데, 한 여론조사 결과는 이를 지지하는 응답이 절반을 넘는 것으로 보고하고 있다.

노동계가 경영참여의 제도화를 주장하는 진짜 속셈은 기업지배구조상에서 일정한 입지를 확보하려는 데 있음은 쉽게 알 수 있다. 그러나 과연 근로자 경영참여가 경영투명성의 확보, 기업경쟁력의 강화, 나아가서는 근로자 복지향상 또는 경제성장에 도움을 줄 것인가? 실제로 독일식 공동결정제도는 그 반론의 좋은 사례로 볼 수도 있다.

| 공동결정제도의 허실 |

독일의 공동결정제도는 종업원 2000명 이상인 기업에서 감독이사회의 절반을 종업원 대표가 차지하도록 의무화한 제도로 요약할 수 있다. 따라서 종업원이 기업 활동을 감시하고, 구조 변경, 인력 조정이나 기업의 주요 전략을 심의, 승인하는 과정에서 중요한 역할을 할 수 있게 되어있다. 현실적으로는 종업원 집단의 이질성이 크고, 경영에 대한 전문성이 떨어지는 제약 때문에 종업원의 참여는 극히 제한적일 수밖에 없다. 그러나 이런 제도의 장점은 종업원의 고용을 안정시키고 노사간의 갈등요인을 줄일 수 있는 데 있음은 분명하다. 이런 이유로 공동결정제도는 독일에서 산업평화를 이루고, 경제성장에 크게 기여한 것으로 미화되어 왔다.

그러나 지난 해 독일은 수십 년 만에 처음으로 마이너스 경제성장을 하였을 뿐 아니라, 현재 유럽 최고 수준의 실업률과 최저 수준의 경제성장률이라는 곤경에 처해 있다. 독일의 평균 시간당 임금 $27은 미국($21), 프랑스와 영국($17), 동유럽국가($4)에 비해 훨씬 높은 반면, 400만을 넘는 실업자 수는 계속 증가 추세를 보이고 있다. 고임금과 경직된 노동시장 때문에 독일 기업의 1/3이 해외이전을 하고 있거나 추진 중이라고 한다. 대다수의 전문가들은 공동결정제도가 이런 경제적 곤경의 주요 원인임을 지적하고 있으며, 과거에 금기시 되어온 이 제도의 개혁 논의가 이미 대두되고 있다. 이런 사실은 과거 고도성장기에 가려져 있던 근로자 경영참여의 문제점이 표면화된 것으로 여겨진다.

그렇다면 근로자 경영참여의 약점은 무엇인가? 가장 큰 문제는 근로자의 이해가 기업 가치라는 파이를 키우거나 전체적인 근로자 복지라는 목표에 부합하기 어렵다는 데 있다. 예를 들어 종업원의 구성이 잔여 근무기간이 별로 남지 않은 고령의 비숙련 근로자가 대다수이며, 소수의 젊은 전문 근로자로 이루어진 경우를 생각해보라. 이런 종업원 구성을 가진 공동결정 기업에서 장기적 기업가치의 증대, 효율적인 자산 편성, 경쟁력 강화와 같은 목표는 달성하기 어려워진다. 이런 문제점은 종업원의 구성이 연령, 숙련도, 이념, 업무 성격에서 보다 큰 이질성을 가질수록 더욱 심화될 것이다. 따라서 그런 기업일수록 공동결정 방식은 비효율적이거나, 공통적인 목표에 집착하기 쉽게 될 것이다. 자연히 기업의 의사결정은 획일적인 임금인상이나 고용유지를 중시하는 경향을 띄게 될 것이다.

이러한 문제를 해결하려면, 기업이 지속적으로 높은 성장을 하지 않는 한, 종업원의 경영참여 범위를 제한해야만 한다. 이런 이유로 유나이티드항공과 같은 사례에서 볼 수 있듯이 종업원이 명목상의 소유경영권을 가지고 있지만, 실질적인 기업경영은 흔히 전문 경영자에 맡겨지게 된다. 그렇다면 경영투명성의 확보나 기업경영진에 대한 견제의 문제는 본질적으로 전통적 기업의 경우나 별로 차이가 없다. 이들 문제는 결국 정확한 기업회계나, 투자자의 법적보호 장치와 같은 기업지배구조를 강화하는 방식으로 풀어나가는 것이 보다 효과적일 것이다.

| 바람직한 노사협력 방식 |

근로자 경영참여는 자발적 참여의식과 일터에 대한 애착심을 높여주는 긍정적 효과를 가져다 줄 수 있다. 특히 근로자의 이질성이 작거나, 소규모 기업에서 이런 효과를 거두기가 쉬울 것이고, 실제로 이를 실현하는 중소기업을 자주 발견하게 된다. 이들 기업에서 노사협력은 별도의 제도적 장치가 없이도 자발적 선택의 결과로서 자연스럽게 이루어진다. 이는 순조로운 노사협력 관계가 기업가치를 키우는 중요한 요소의 하나이며, 기업 지배구조에 대한 외부간섭이 없다면 자발적인 선택의 결과로서 얻어질 수 있음을 의미한다. 전통적인 자본가기업이 원만한 노사협력관계를 도외시한다는 주장은 근거없는 과장이다. 선진국의 노사관계에서 우리가 배워야할 점은 원만한 노사협력관계가 기본적으로 자발적인 계약관계로 이루어질 수 있다는 것이다.

노사협력에서 정부의 역할은 인권침해, 부정이나 계약위반행위의 단속, 최종 중재권의 행사와 같은 최소한의 역할에 그쳐야 하고, 이런 기본원칙이 충실히 지켜지도록 만전을 기해야 한다. 과도하게 엄격한 제도적 장치의 도입, 무원칙한 법집행은 자발적인 노사협력 관계의 형성을 막고, 노동시장이 경직되게 하는 첩경이다. 한국은 이미 1997년에 제정한 '근로자 참여 및 협력증진에 관한 법률'을 통해 노사협력의 항목까지 규정해 두고 있다. 이를 강화하는 어떠한 제도적 장치도 이미 경직된 노동시장을 더욱 악화시킬 수밖에 없다.

6.5 대기업 집단 정보공개: 2007년 11월

정부가 최근에 대기업집단의 주요현황, 소유구조, 이사회, 경영성과 등 각종 정보를 제공하는 정보공개시스템 포털 사이트를 구축해 운영하기 시작했고 이를 적극적으로 홍보할 계획이라고 한다. 이러한 정보공개시스템의 도입취지는 무엇이고 설득력이 있는가? 정부가 나서서 기업의 투자와 같은 의사결정에 간섭하고 또 시장을 통제하는 것이 바람직한가? 시장에서 진화의 산물인 기업지배구조를 정부가 원하는 방향으로 바꿔야 하는가? 필자는 대기업집단 정보공개시스템 도입취지는 설득력이 없으며 중단하는 것이 맞다고 주장한다.

정부는 최근에 대기업집단 정보공개 시스템 포털사이트를 구축, 운영하기 시작하였고, 앞으로 이를 적극적으로 홍보해 나갈 계획이라고 한다. 여기에는 대기업집단 주요현황, 소유지분 구조, 이사회, 내부거래위원회 등 지배구조 현황, 지주회사 현황, 기업집단 간 거래 내용, 증권거래법, 공정거래법상 공시사항 링크 등 다양한 정보들이 포함되어 있다. 공정거래위원회가 내세우는 정책의 기본취지는 정보공개를 이용해 대기업집단에 대한 시장압력을 강화한다는 것으로서, "...여러 곳에 분산되어 있는 대규모기업집단 관련 정보를 한 곳에 모아 제공함으로써 이용자들이 관련 정보에 쉽게 접근하여 충분한 정보를 획득할 수 있도록 하고... 소유지배구조에 대한 다양한 정보를 포함하여 이해관계자의 투자결정 등 의사결정에 참조할 수 있도록 함으로써 기업집단 소유지배구조 개선을 위한 시장 감시가 가능하도록..." 한다고 주장한다.

| 대기업집단 정보공개시스템 도입취지 설득력 없다 |

이런 주장은, 얼핏 그럴듯해 보일 수도 있지만, 논리적 근거가 약하고 설득력이 없다고 말할 수밖에 없다. 시장 감시가 필요하고, 유효하다면 왜 정부가 이를 거들어야하는가? 모든 이해관계자들이 기업의 투자와 같은 의사결정에 간섭하는 것이 바람직한가? 시장 감시의 궁극적인 목적이 무엇인가? 소유지배구조 개선이 목적이라면, 정부가 이를 주도해야 하는가?

소유지배 구조를 포함한 정보들은 대부분이 현행법상 공시가 의무화되어 있어서 파악할 수 있는데도, 정부가 인력과 큰 비용을 투입해서 친절하게 일반 대중에게도 이런 정보서비스를 제공해야 하는지는 의문이다. 이들 자료들 중 그룹소속이지만 전액 개인출자인 비공개기업의 내부정보들은 정보공개에 따른 사유재산권 침해나 위헌소지를 갖고 있는 부분도 있어서, 오히려 정부가 보호할 필요도 있다. 연구나 수사를 위해 정보의 공개가 필요한 경우라도 이를 신중하게 제한해야 옳다. 일반대중을 대상으로 공개가 정당하고 필요하다면, 공시기관을 통한 공개를 요구하면 충분할 것이다.

이런 방식의 정보공개에 따를 수 있는 잠재적 비용은 정부가 이를 빌미로 기업의 경영사항에 속하는 사안에 대해 간섭할 수 있는 기회를 주는 일일 수 있다. 또한 정보공개를 하는 대기업집단소속 기업은 기업 내부 사정, 거래와 출자, 투자와 관련된 기업의 의도와 같은 정보를 정보공개의 의무가 없는 국내기업이나 외국기업에게 비대칭적으로 노출하게 되는 불리한 상황에 처할 수도 있을 것이다. 이런 불공정한 상황은 경쟁 질서를 해치고, 기업의 투자위축이라는 커다란 비용을 치르게 할 수도 있다.

기업의 소유지배나 경영에 관련된 사항을 모든 이해관계자들이 쉽게 접근할 수 있게 한다는 정책 취지도 많은 문제를 일으킬 수 있는 위험한 발상이다. 이런 생각은 기업을 주로 이해관계자 시각에서 보는 현 정부의 잘못된 기업관에서 오는 것으로 보인다. 이해관계자에는 경쟁기업도 들어가고, 기업경영과 무관하거나 상충되는 목적을 가진 개인이나 단체도 포함될 수 있다. 예를 들어 환경보호단체나 정치적 목적의 단체가 기업경영에 사사건건 간섭하거나 발목을 잡아 심각한 해를 끼칠 가능성도 배제할 수 없다.

| 소유지배구조는 진화의 산물, 인위적으로 바꿔선 안돼 |

정부는 정보공개제도 도입의 주목적이 시장 감시 기능의 강화를 통해 기업, 보다 정확히 말하면 대기업집단의 소유지배구조를 개선하려는 데 있다고 한다. 또한 공정위는 정보공개 제도 도입의 명분을 대기업집단에 대한 출자총액규제를 완화하는 데 따른 대안에서 찾고 있다. 따라서 이 제도의 도입은 소위 재벌정책으로 일컬어지는 대기업집단의 소유지배구조 변경 정책의 연장선상에 있다.

지난 수십 년 동안 경제력 집중 억제, 중복과잉투자 해소와 같이 목표를 바꾸어 가며 지속된 정책이 소유지배구조 개선으로 새로운 목표를 설정한 것이다. 다만 출자총액제도, 금산분리, 의결권 제한과 같은 대기업집단에 대한 사전적 규제 정책이 소유지배구조의 개선에 뚜렷한 성과를 거두지 못했을 뿐 아니라 기업의 투자의욕만 떨어뜨린다는 비판에 직면하자, 앞으로는 이런 사전적 규제를 지양하고, 시장압력이라는 간접적, 사후적 규제에 주력한다는 것이다.

그러나 실제로 출자총액제도를 포함한 사전적 규제들은 거의 그대로 살아 있으므로, 정보공개 제도는 사후규제의 성격보다는 대기업집단에 대한 사전 규제를 보완하는 규제라는 성격이 더 강하다. 그렇다면 정보공개를 통한 시장 감시 기능의 강화로 대기업집단의 그룹구조나 소유지배구조의 개선을 촉진하는 것이 바람직한가? 소유지배구조 개선은 궁극적으로 누구를 위한 것인가?

기업의 그룹구조나 소유지배구조는 기본적으로 기업의 경영의사결정의 산물이며, 기업과 투자자의 상호계약 과정에서 형성되고 진화해 나간다. 그룹구조는 취약한 시장 환경에 적응하고 규모 경쟁력 확보를 위해 형성된 기업형태이며, 비슷한 환경에 처해 있는 외국의 경우에도 흔히 발견된다. 상장기업의 2/3이상이 계열사 출자를 이용해서 크고 작은 그룹구조를 가지고 있음은 이를 잘 보여준다.

기업집단의 과도한 대규모화가 문제라는 주장도 설득력이 약하다. 우리나라의 대기업 집단의 규모는 외국의 대기업에 비해 특별히 더 크다고 보기 어렵기 때문이다. 계열기업집단 내 세계 굴지의 대규모 기업은 한두 개를 넘지 않고, 세계 500대 기업에 포함된 우리나라 기업은 4개에 불과한 반면 중국은 12개나 된다. 이런 기업의 규모나 구조는 치열한 글로벌 경쟁에서 살아남아야하는 기업의 내부 의사결정의 산물이지, 정형화된 설계로 만들어져야할 당위성은 없다. 비효율적인 규모나 구조는 시장이 걸러낼 것이고, 독점으로 발전하지 않는 한 정부가 개입할 문제는 아니다.

소유지배구조 개선의 궁극적인 목적은 투자자 보호에 있다. 흔히 대기업집단의 문제점으로 지적되는 그룹총수의 인위적으로 부풀려진 소유지분과 과도한 지배력 행사, 즉 큰 괴리도 문제는 총수지배체제나 전문경영인 체제에서도 모두 일어날 수 있고, 우리나라의 기업에 고유한 특성도 아니다. 피라미드 방식이나 차등의결권 주식이 사용될 경우는 우리 대기업집단의 순환출자 경우와 다름없는 큰 괴리도가 나타나며, 이런 방식은 영국, 미국을 제외한 국가들에서 보편화되어 있다. 또한 가족기업, 총수지배체제의 기업도 전 세계적으로 흔한 기업형태이다.

문제는 이들 기업이 비효율적으로 운영되거나 구조개편이 어렵든지, 기업자원이 낭비되어 다른 투자자들에게 피해를 끼치는 경우에 발생한다. 건실한 기업의 소유지배구조는 이런 문제들을 빠르게 교정할 수 있는 시스템을 말한다. 우리나라의 기업들이 이런 측면에서 취약한 소유지배구조를 가졌던 것은 사실이며, 이 문제는 정도의 차이는 있지만 다른 나라의 경우에도 있어왔다. 그런 사정으로 기업지배구조의 개선 노력은 지난 수십 년간 전 세계적으로 확산되어 왔다.

그러나 좋은 기업지배구조에 대해서는 정답이란 없고, OECD의 기업지배구조 준칙의 경우에서 나타나듯이 각국의 기업환경에 따라 상이한 형태가 있을 수 있으며, 단지 몇 가지 모범적인 기업지배구조를 상정할 수 있을 뿐이다. 주목할 사실은 이들 모범 지배구조가 소유지배구의 형태를 정형화하거나 정부의 개입을 적시하는 경우가 없고, 어느 경우에나 투자자보호를 강조하고 있다는 점이다. 특히 투자자보호의 수준에 대해서는 정부의 직접 규제를 명시하지 않고, 공시나 소송의 수준을 주요기준으로 삼고 있다.

| 정보공개시스템 중단하는 것이 맞다 |

우리나라도 지난 10여 년간 지배구조 개선에 많은 투자를 해왔다. 투자자보호와 관련된 이사회 강화, 집중투표제도, 증권집단소송제도와 같은 중요한 제도적 장치들이 거의 모두 도입되었다. 이들 제도의 정착에는 다소 시일이 걸릴 것이지만, 이미 어느 대기업집단이라도 시장압력이나 경영권에 대한 도전에서 자유롭지 못함이 확인되기에 이르렀다. 그러한 사례로는 소비린과 SK텔레콤, 칼 아이칸과 KT&G 간의 경영권 분쟁 등이 있다.

또 OECD의 기업규제 수준비교를 보면, 우리나라의 투자자보호는 OECD 국가들의 상위에 있는 것으로 나타나고 있다. OECD의 2006년 기업규제 비교를 보면, 한국은 공시의 투명성, 주주소송의 난이도에서 OECD 평균을 상회하고, 투자자보호지수에서 평균수준에 가깝게 나타나고 있다.

요약하면 정보공개시스템은 명분이나 실익이 매우 약하고 커다란 잠재적 비용이 예상되는 정책이다. 임기가 얼마 남지 않는 현 정부가 이 정책을 강행해나가기 보다는 축소하거나 중단함이 바람직하고, 차기 정부에서 이를 포함한 대기업집단 정책 자체를 전면 재검토할 수 있기 바란다.

7. 금융과 금융규제

금융은 현대사회에서 필수불가결한 존재다. 금융은 모든 일상적 거래를 가능하게 할 뿐 아니라, 국민소득의 크기와 분배에 결정적인 영향을 끼친다. 오늘날 금융의 도움없이 시장경제는 작동할 수 없고, 경제성장과 생활수준의 향상도 기대하기 어렵다. 금융의 매개로 이루어지는 시장경제 체제는 흔히 금융자본주의라고도 불리며, 선진경제에서 보편적으로 정착되어 있는 경제체제다.

우리나라도 예외가 아니다. 경제개발이 본격적으로 진행된 지난 60여 년 기간에 국내소득은 5,950배 늘어난데 비해 총통화량은 77,140배로 확대되었다. 이 기간 중, 소수의 시중은행을 위주로 한 금융에 의존했던 우리 경제는 현재 5,000여 개에 달하는 은행, 증권, 보험 금융기관 및 보조 금융기관과 고도로 발달된 금융시장을 기반으로 하는 금융자본주의 체제를 가지고 있다. 우리에게 할부금융, 재테크, 모기지론, 신용카드결제와 같은 금융용어는 일상생활에서 이미 친숙한 용어가 되었고, 삶의 질을 높이기 위해서는 빼놓을 수 없는 도구로 자리 잡았다.

그러나 금융이나 금융자본주의에 대한 일반인식은 그리 호의적이지 않다. 금융은 어느 사회에서나 선망과 증오의 대상, 물질적 자유와 속박의 상징이자, 번영과 착취의 수단이라는 상반된 시각으로 인식되어 왔다. 돈 또는 금융은 사람들에게 성(性)과 마찬가지로, 아마도 그 이상으로 격렬한 애증(愛憎)의 대상일 것이다. 금융은 보다 정확히 표현하면 화폐와 화폐에 기반을 둔 금융시스템이라고 할 수 있다. 금융시스템은 (은행제도를 포함한) 금융제도, 금융기관과 금융시장, 그리고 관련된 법규나 규제의 집합체로 볼 수 있고, 특히 은행제도는 중추적 역할을 한다. 금융에 대한 부정적 시각은 주로 화폐, 즉 돈과 은행제도에 대한 편견이나 이해부족에서 나온다.

돈이 '만악의 근원'이라는 성경 구절이나 탐욕의 도구라는 도덕론적 시각, 금융을 '실질적 생산에 참여하지 않으면서 돈으로 돈을 버는 투기자본'이라는 인식은 모두 여기에 속한다. 금융은 인간 행위의 효력을 가장 보편적이자 간접적이며, 우회적이자 감지하기 어려운 방식으로 드러낸다. 또한 돈은 그 만큼 (자원을 이동시킬 수 있는) 힘을 의미한다. 따라서 모든 힘의 사용이 그러하듯이 그 힘은 선하게도 악하게도 사용될 수 있다. 부정적 편견은 모두 후자의 경우를 강조하는 데서 나왔을 터이다.

돈의 구체적 형태인 화폐는 일상적 상품거래 뿐만 아니라, 금융거래에도 손쉽게 사용된다. 우리가 화폐로 주식을 매입하면 해당기업에 그 만큼 자원이 이동하거나 할 수 있음을 의미한다. 금융은 이를 달성하는 가장 빠르고 효과적이며 되돌리기에 편리한 방식이지만, 간접적이고 금방 확인하기 어렵다. 금융을 실물경제와 분리해서 이해하려는 경향, 이를 테면 월가(Wall street)와 거리경제(main street)가 따로 움직인다는 인식은 이런 사실에 기인한다고 여겨진다.

금융에 대한 부정적 인식의 보다 심각한 문제는 금융불안이 흔히 경제불안이나 경제위기로 이어졌다는 사실이다. 금융불안은 은행제도의 약점인 부분준비금과 만기불일치라는 구조 때문에 부실화나 지급불능 상태가 되고, 이런 현상이 확산될 수 있는 데 기인한다. 은행의 부실화는 신용부족, 기업 도산, 실업과 불황이라는 연쇄반응을 일으키고, 사회불안으로 이어지게 된다. 그렇기에 금융불안의 문제는 늘 사회문제로 인식되었고, 금융에 대한 국가통제를 허용하는 빌미가 되었다. 금융통제는 정부가 독점적으로 행사하는 통화발행권, 금융기관 인허가와 구조조정 권한, 금융규제와 감독권, 통화신용정책 수립과 집행권으로 이루어진다. 또한, 정부는 이런 막강한 권한 덕택에, 행정적 명령이나 압력으로 민간 금융기관들을 통제할 수도 있다. 한국에서 정부가 민간 금융기관의 인사권에 커다란 막후영향력을 행사하는 일은 전형적인 경우다.

국가의 금융통제는 정부가 부분적으로는 직접 수행하지만, 주로 중앙은행을 통해 이루어진다. 애초에 정부의 재정적 필요를 충족하려는 목적으로 설립되었던 중앙은행이 통화공급의 독점, 은행과 금융에 대한 간섭과 규제에서부터 통화신용정책을 전담하는 기구로 확장되어 갔다. 중앙은행은 20세기 중반 이후에 거의 모든 국가에서 은행제도의 중추적 기구로서 자리잡게 되었다. 오늘날 이와 같은 정부와 중앙은행의 금융개입과 규제는 전세계적으로 보편화 되어있고, 금융은 가장 정부의 규제와 간섭이 심한 산업이다.

그러나 이런 정부의 금융개입 체제가 정착된 이후에도 금융불안정의 문제는 해소되지 않았다. 정부의 금융규제나 금융정책은 일시적으로 효력을 나타내더라도 얼마가지 않아 더욱 심한 금융사고, 금융불안정이나 금융위기, 그리고 뒤따르는 불황, 실업률의 증가와 소득감소, 소득불균형으로 이어지는 사태가 반복되었고, 이런 상황은 경제적 수준의 차이나 국가를 가리지 않고 발생하였다. 우리사회에 엄청난 충격과 고통을 안겨준 1998년의 IMF 사태, 미국에서 촉발되어 전세계로 번진 2008년의 금융위기와 월가점령시위(Occupy Wall Street), 한국의 가계부채나 그리스 국가부도 사태들이 드러낸 부채과중의 문제(Debt overhang problem)와 같은 사례들은 일부에 불과하다. 이들 사례들은 금융자본주의에 대한 근본적인 회의를 불러 일으켰고, 금융은 공공성이 크므로 국가에 의한 통제를 더욱 강화해야 한다는 주장도 나오고 있다.

금융불안정의 문제를 어떻게 해석하고 다룰 것인가라는 문제는 경제학의 해묵은 과제이자, 첨예하게 의견이 갈리는 문제다. 그러나 최소한 정부의 금융통제강화가 해결책이 아니라는 사실을 부인할 수 없다. 정부 독점방식의 통화공급이 없었다면, 인기영합적인 통화남발, 화폐가치 폭락과 물가폭등, 부실과잉투자의 후유증, 실업과 경기후퇴의 고통은 없었을 것이다. 은행에 대한 획일적 규제가 없다면, 건실한 영업행위를 하는 은행, 견고한 가치의 화폐를 공급하는 은행들이 남아서 은행산업전체의 불안정을 막아줄 수 있다. 급속한 통화축소가 불러온 1930년의 대공황, 과도한 저금리정책이 악화시킨 2008년 금융위기는 모두 중앙은행의 판단착오에 기인하였다. 국가주도의 부실 금융규제, 부실 금융감독이 없었다면, 엔론 사태, 부산저축은행 사태도 없었을 터이다. 공적 예금보험이 없다면, 민간예금보험이 이를 대신할 수 있고, 고위험 대출, 고위험 예금, 투기성 투자는 현저히 줄어들 것이다. 중앙은행의 구제금융이 없었다면 은행의 도덕적 해이와 부실화도 크게 줄었을 것이다. 정부와 정치권의 압력이 없다면 관치금융은 가능하지도 않고, 저소득층의 주택보유 장려정책이 없었다면 불량주택모기지 대출의 폭증과 서브프라임모기지 사태가 전세계에 금융불안정을 확산시키는 일도 없었을 것이다.

그러므로 금융에 대한 간섭과 개입을 없애고, 금융을 시장질서의 몫으로 되돌리는 것이 최선이다. 현실적으로 불가능하다면, 점진적으로라도 금융에 대한 탈정부개입, 탈규제를 실천하는 것이 옳다. 물론 이런 진단과 처방은, 아마도 부분적으로 지나친 단순화일 수 있다. 이를 일일이 살펴보고 현실적 실천방안을 따지는 일은 이 글의 범위를 넘는다. 그러나 적어도 다음의 두 가지는 주목해 볼 필요가 있다. 먼저, 정부의 개입과 규제의 확대가 부작용이나 후유증을 막는다고 보장할 수 없음을 인정해야만 한다는 점이다. 또한 금융이 다른 산업, 예를 들어 항공산업이나 전력부문보다 더 공공성이 강하고 위험하다고 보기도 어렵다는 점을 들 수 있다. 금융에 대한 탈규제가 반드시 금융불안정을 가중시킬 거라는 우려가 타당하다고 믿을 이유는 없다.

7.1 금산분리 완화에 대한 우려는 타당한가?: 2007년 1월

새 정부의 핵심 공약사항 중 하나인 금산분리 완화가 곧 추진될 것으로 보인다. 그러나 시민 단체와 일부 학자, 전문가들의 반대 여론은 여전히 거세고, 근자에 발생한 국내외 사건들은 금산 장벽의 제거가 금융 불안으로 이어질 수 있다는 우려를 증폭시키고 있기에, 정책 추진에 적지 않은 부담이 될 것이다. 이들 사건이란 바로 아직 마무리되지 않은 삼성 그룹의 비리의혹과 전 세계적으로 금융 불안을 가져다 준 서브프라임 모기지 사태이다. 전자가 금산분리 완화의 수혜자로서의 재벌에 대한 불신이라는 우리나라 고유의 문제라면, 후자는 금융산업에서 범세계적으로 거의 주기적으로 금융위기와 경제위축이 일어난다는 경험에서 연유한다.

금산분리 완화, 궁극적으로는 금융과 산업의 융합(mixing banking and commerce)이 가져다 줄 잠재적 혜택이 엄청나게 큼에도 불구하고, 수반되는 위험에 대한 염려가 그에 못지않게 크다는 인식은 우리나라의 고유한 현상은 아니다. 그러나 재벌체제와 금융산업의 구조적 취약성에 대한 인식이 우리나라에서 금산융합의 부작용에 대한 우려를 더욱 크게 만들고 있는 것 같다.

금산융합의 이점은 자본의 결합과 이전의 촉진에 따른 규모와 범위의 경제 실현, 실물과 금융상품의 공동판매에 따른 서비스 향상과 동반상승효과, 수직계열화로 비용절감 및 주인-대리인 문제의 완화와 같이 주로 기업경영의 효율 증대에서 찾게 된다. 이런 이점들은 실증적으로 항상 분명하게 입증되지는 않지만, 기업에게 창의성과 경쟁의식을 자극하고 투자를 촉진시킴으로써 소비자들의 복리를 증대시킬 수 있다.

그렇기에 오늘날 대부분의 국가에서 금산융합을 허용하고 있거나, 금산분리를 유지하는 국가에서도 이를 완화 또는 철폐하되 그 부작용을 최소화하려고 고심하고 있다. 금산융합의 잠재적 혜택이 어떤 모습과 크기로 나타날 지 계측하기 쉽지 않지만, 금융산업 발전의 역사는 전통적으로 안정을 추구하는 은행부문보다는 항상 진취적인 비은행 금융업이 주도해왔다는 사실은 시사하는 바가 크다.

그렇다면 금산융합으로 나타날 수 있는 부작용이나 위험에 대한 우려는 어느 정도 타당한가? 잘 알려진 대로 우리나라의 금산분리 규제는 우리의 선배격인 미국과 비교해 보더라도 유별나게 강하다. 산업자본은 은행주식을 일정한도 이상 보유할 수 없고(은행법, 금융지주회사법), 계열 금융기관을 이용해 타 회사를 지배할 수 없고(금융산업의 구조개선에 관한 법률), 계열금융사의 계열회사에 대한 의결권은 제한되어 있으며(공정거래법), 지주회사는 금융회사와 비금융회사를 동시에 소유할 수 없다(공정거래법). 이 밖에도 대주주와 계열사와의 거래내역 공시 및 이사회의결 의무화 확대, 금융회사의 대주주 및 주요출자자 자격 요건 강화, 대주주 및 계열사에 대한 대출한도 제한과 같은 금융회사 건전성 유지에 관한 규제들이 있다.

이와 같이 겹겹이 쳐진 규제들은 기본적으로 산업자본의 금융산업 진출을 원천적으로 봉쇄하려는 정책기조를 반영하며, 무엇보다 특이한 점은 대기업 집단의 영향력을 차단하는 데 집중되어 있다는 점이다. 금산분리 규제가 이와 같이 대기업집단 규제와 연관되어 있다는 사실은 관치금융, 정치금융의 영향아래 성장해 온 재벌에 대한 부정적 인식을 바탕에 깔고 있다.

과거에 재벌은 정경유착을 통해 왜곡되게 배분된 금융자본의 최대 수혜자였고, 이를 이용하여 무분별하게 몸집을 부풀려 왔으며, 견제를 받지 않는 총수가 방만한 경영, 과다한 차입과 위험한 투자로 자신들뿐 아니라, 금융시스템 전체를 위기상항으로 몰고 간 전력을 가지고 있다. 재벌은 특히, 지난 20여 년, 금산분리 규제가 강화된 기간 중에 순환 출자와 같은 불량한 소유지배구조를 통해 견고한 기업집단을 형성하고, 그 지배권을 유지하거나 상속할 목적으로 불법 비자금 조성과 로비 활동을 일삼고 있다. 금산분리 완화는 이런 재벌들에게 금융권을 내주자는 것이고, 금융기관의 사금고화와 산업과 금융의 동반부실이 뒤따를 것이므로 허용해서는 아니 된다. 이런 논리가 금산분리 유지론이나 심지어 금산분리 강화론의 대체적인 근거이다. 삼성그룹의 경우, 이전에 은행을 소유한 경력이 있고, 지금도 비은행 금융기관을 가장 많이 보유하고 있으며, 향후 금융기관 인수의 가장 유력한 후보인데다, 최근의 비리 의혹은 금산분리 완화 반대론에 힘을 실어 주는 것처럼 보일 수 있다.

우리나라 대기업집단의 속성상 금산장벽의 제거가 산업자본에 의한 금융지배 금융시스템의 위험증가로 이어진다는 주장은 대기업집단의 행태와 지배구조, 금융기관과 금융시장의 특성, 그리고 금융감독체제를 과거의 연장선에서 보는 오류로 생각된다. 과거 대기업집단의 잘못된 관행과 금융산업에 끼친 악영향들을 모두 대기업체제의 구조적 결함으로 돌리는 것은 옳지 않으며, 그 책임의 상당 부분은 시장개방이나 자본시장의 발달이 덜된 상태에서 금융자원의 배분을 주도한 관치금융이 져야 한다.

지난 수십 년의 기간, 특히 1990년 후반 금융위기를 거치면서 자본시장 개방, 기업지배구조의 개선이 두드러지게 이루어졌고, 무엇보다도 중요한 발전은 근년에 이르러 기업 활동에 대해 정부가 자의적으로 간섭할 수 있는 영역이 두드러지게 줄었다는 점일 것이다. 이제 시장압력은 대기업집단의 기업이라도 경영부진의 책임을 피하기 어렵게 만들고 있고, 피상적인 인식과 달리, 기업총수가 경영실패나 불법행위의 책임에서 자유로울 수 없게 되어가고 있다. 이런 상황은 기업으로 하여금 점차 정직한 기업활동을 통한 기업가치 향상에만 전념하도록 유도할 것이며, 그 과정은 정부의 규제가 줄어들수록, 기업경영자의 불법행위에 대한 처벌이 엄정할수록 단축될 것이다. 금산분리와 같은 과거지향적인 기업규제는 이런 상황의 진전에 아무런 도움을 주지 못하며, 기업의 창의적 활동을 위축시키고, 경쟁력을 약화시키는 데 기여할 뿐이다.

우리나라 대기업집단의 문제를 떠나 금산융합 자체가 금융시스템의 위험을 증가시킬 것인가? 그에 대한 정답은 그럴 수도 그렇지 않을 수도 있다 일 것이다. 그것은 금융위기가 과도한 투기행위, 부적절한 통화정책, 부실한 금융감독을 포함하는 여러가지 요인의 복합작용으로 발생하며, 금산분리와 같은 사전규제가 금융위기 예방에 특별히 효과적이지 못했다는 사실에 근거한다. 금융위기는 전 세계에서 주기적으로 발생해 왔고, 금산분리가 확립된 이후의 미국에서도 예외없이 일어났다.

구체적으로 1980년대 말의 저축대부조합 부실화, 1990년대 말의 닷컴기업 부실화에 따른 금융불안, 그리고 최근의 서브프라임 모기지 사태는 기본적으로 금산분리 체제를 고수하는 미국에서 발생했으며, 우리나라의 금산분리 규제도 엘지카드 사태를 막지 못했다. 이런 사례들로 볼 때, 산업자본의 행태가 금융 불안정을 가중시킨다고 단정하기 어렵고, 금산융합 기업에서 금융 불안정의 충격이 흡수될 가능성도 있다. 사실 대부분의 금융시스템 위기는 은행산업의 구조적 특성과 금융산업의 특성에서 비롯되었다.

자본은 가장 수익이 높은 기회를 찾아 항상 이동하게 마련이고, 특히 금융자본은 보다 신속하고 창의적으로 움직인다. 그런 금융자본의 이동은 금융상품의 소비자를 이롭게 하며, 투자, 저축, 소비를 촉진시켜 경제 전체에 혜택을 준다. 불행히도 고수익 추구과정은 과도한 투기행위, 집단투자성향과 같은 과잉위험감수 행위(excessive risk-taking)를 수반하기도 한다. 금융시스템 위기는 거의 모두가 여기에 있고, 금산분리 여부와는 큰 관련이 없는 것으로 보인다. 따라서 금융시스템 안정의 열쇄는 언제나 금융의 과도한 위험감수 행위를 효과적으로 제어하는 데 있다.

그러나 자유로운 금융활동의 혜택이 워낙 크므로, 금융산업에 대한 규제가 위험의 원천적 봉쇄보다는 금융건전성 유지를 위한 자산운용의 감시와 감독, 부당행위에 대한 사후감독, 위기관리 체제의 구축이 보다 바람직할 것이다. 즉, 금융 불안정에 대한 최선의 대응은 금융위기를 우려한 원천봉쇄보다는 상시적 감시, 감독 체제의 운용을 통해 위기 예방과 대처에 대한 역량을 키우는 일이다. 오늘날 선진국에서 금융산업의 규제, 감독은 바로 이런 체제를 확립한 데 고심하고 있다.

우리나라에서 금융산업은 향후 주력산업으로 성장할 수 있다. 이를 위해서는 금산장벽의 제거뿐만 아니라, 효과적인 사후감시, 감독, 그리고 합리적인 위기관리의 역량을 키워나가야 한다.

7.2 금융공공성의 허실: 2014년 12월

우리 사회에서 금융이 공공성을 가지고 있다는 생각이 지배적인 여론을 형성하고 있다. 금융은 우리 모두에게 일상적 거래와 경제적 번영을 가능하게 하는 필수불가결한 존재이지만, 여러 가지 사회적, 경제적 문제를 일으키기도 한다. 이런 '금융의 문제'를 '사회 문제'로 풀어야 한다는 시각이 바로 금융공공성이라는 주장의 핵심이다. 금융공공성은 금융불안정을 해소시키려는 목적의 규제확대와 금융을 수단으로 하는 공공정책의 형태로 구체화된다.

금융의 공공성을 뒷받침하는 중요한 근거로서 금융의 불안정성과 경제불안의 주요 요인이라는 사실이 흔히 거론된다. 지난 세기에 전세계적으로 수없이 발생했던 금융불안(financial instability)의 경험이 그런 인식을 강화시켜왔다. 가장 최근의 사례인 2008년 미국발 금융위기는 거의 전세계 경제에 악영향을 끼쳤고, 미국과 유럽은 지금까지도 고실업, 저성장의 후유증에서 헤어나지 못하고 있다. 문제의 근원은 취약한 은행제도, 과중부채, 잘못된 재정금융 정책과 금융규제에 있고, 그런 면에서 80년 전 전세계에 재앙을 몰고 온 금융위기-경제공황의 경우와 크게 다르지 않다. 차제에 금융제도와 금융산업, 나아가서는 금융자본주의에 대한 구조적 개혁이 이루어져야한다는 주장도 나온다.52

한국의 사정도 크게 다르지 않다. 한국사회는 지난 반세기의 기간중에 경이로운 경제성장과 함께 고도로 발달한 금융자본주의 체제를 구축했지만, 체제에 대한 편견과 불만은 어느 때보다 높다. 특히, 1997년 외환위기(IMF사태), 카드사 대란, 2008년 금융위기, 가계부채 과중화 문제, 각종 금융사고를 겪으면서, 경제민주화, 금융민주화에 대한 요구도 거세다.53 이처럼 금융의 문제들이 사회이슈가 되는 배경에는 금융의 사회화(socialization of financial issues)가 이루어져야 한다는 주장이 큰 역할을 한다. 이런 주장들은 늘 금융의 공공성이라는 명분을 내세운다. 금융자본은 본질적으로 탐욕적 본능의 지배를 받으므로, 금융산업의 공공성 확보를 통해 이를 통제해야 하며, 이를 위해 정부의 금융규제와 간섭, 금융취약계층에 대한 지원강화가 이루어져야 한다는 것이다.

이와 같은 '금융공공성 문제'는 늘 현대적 금융의 구조적 특성 때

52) Stiglitz, J., The Book of Jobs, Vanity Fair, January 2012.

53) 금융 민주화와 금융서비스 확대에 대한 요구는 다음에 인용한 금융소비자 단체의 성명에서 잘 드러난다.
"금융 민주화(民主化)가 제대로 이뤄져야 한다. 좋은 금융 서비스를 부유층이 독점해서는 안 된다. 누구든지 이용할 수 있어야 한다."
"부자(富者)만 더 부자로 만들어주는 건 가짜 금융이다. 전 세계적으로 금융 서비스를 받을 수 있는 사람의 범위를 넓혀 나가야 진짜 금융이다."
"은행들의 수익이 극대화될수록 노동자의 실질소득은 감소한다."
"은행들이 수익사업으로 거둔 수익은 소비자에게 일정부분 돌려주는 형태로 금융의 공공성을 되찾아야 한다." - 금융소비자협회.

문에 발생한다. 금융은 보다 정확히 정의하면 화폐와 화폐에 기반을 둔 금융시스템을 말한다. 금융시스템은 은행제도를 주축으로 하는 금융제도, 금융기관, 금융시장, 그리고 이들을 규제, 감독하는 기구로 이루어져진다. 그중에서도 은행제도의 특성은 금융불안정을 일으키는 핵심적 요소이다. 은행은 원래 자생적으로 발달한 민간기구이였지만, 20세기에 들어 화폐발행, 통화금융정책과 금융규제를 전담하는 중앙은행제도가 추가되면서 오늘날의 은행제도로 정착되었다. 금융불안정은 주로 이런 은행제도가 불러오는 문제들이다.

| 은행제도의 구조적 특성과 금융규제 |

민간은행의 기본구조는 부분준비금제도라는 지렛대 구조(Leverage structure)에 바탕을 두고 있다. 이는 상대적으로 작은 자본으로 금융중개업무를 가능하게 하기 때문에 은행의 수익기회나 자본수익률의 확대를 용이하게 한다. 또한 예금수취와 대출이 은행 간에 연쇄적으로 파급되는 다중팽창(multiple expansion) 방식으로 경제에 신용을 확대공급한다. 사실상 통화팽창의 역할을 신축적으로 수행함으로써 경제활성화에 기여한다.

반면에 은행구조의 장점은 역으로 금융위험을 증폭시킬 수도 있다. 지렛대 효과는 대출손실이 발생하면 은행의 자본손실률을 확대하고, 채무불이행이 쌓이면 은행의 파산 가능성도 크게 만든다. 그런 사정이 악화되면 은행은 서둘러 대출금회수에 나서게 되고, 은행 간 대출연계가 크기 때문에 연쇄적인 대출회수 및 급격한 통화수축의 가능성을 크게 만들기도 한다. 은행의 자금원이 주로 단기성 예금인 반면, 대출은 장기성이며, 환금성(換金性, liquidity)이 낮다는 사정, 즉, 만기불일치(滿期不一致, maturity mismatch)는 그럴 가능성을 높여준다.

간단한 가상적 예를 들어보기로 하자. 이제 10억 원의 현금이 (중앙은행에 의해) 경제에 공급되었다고 하자. 그 중 1억 원의 현금은 은행 A의 소유주가 준비금으로 은행에 남겨두고 있다. 나머지 9억 원은 다른 사람들이 은행 A에 예금으로 보유하고, 따라서 은행의 부분준비금 비율은 10퍼센트이다. 은행 A는 9억 원 전부를 가전(제품제조)업체에 대출해 주고, 가전업체는 자신의 거래은행 B에 예치하여 당분간 그대로 둔다고 하자. 은행 B도 10퍼센트의 준비금을 남기고, 나머지 8.1억 원을 부동산개발업체에 대출해 준다. 같은 방식으로 은행 C, 은행 D로 예금-대출이 계속되면, 이론상 10 + 9 + 8.1 + 7.3 +··· = 100억 원의 현금과 신용 즉, 통화가 창출된다.

여기서 주목할 부분은 단순히 총통화가 10배로 팽창되었다는 사실보다, 그 과정에서 은행의 수익과 수익기회가 급격히 늘어나고, 경제의 '활성화'가 이루어진다는 점이다. 만일 은행 A가 3년 만기, 3퍼센트의 금리로 가전업체에 대출해 주었다면, 은행 A는 3년간 30퍼센트의 자기자본수익률을 올리게 된다. 예금에 대한 이자지급을 포함한 금융비용 및 제반비용이 1.5퍼센트라면, 이를 뺀 자기자본순이익률은 15퍼센트가 된다. 다른 은행들도 마찬가지로 수익을 늘릴 수 있을 뿐 아니라, 부동산개발, 각종 제조업, 관광업, 주택담보대출 등으로 은행의 수익발생기회를 늘려가게 된다. 또한 관련 업체들의 사업과 고용도 늘어나서 경기가 활성화 될 것이다.

반대의 경우를 생각해보자. 단기금리가 급등해서 대출손실을 입게 되면, 은행의 자기자본손실은 지렛대효과로 10배 확대된다. 한편, 대출을 받은 어느 기업이 사업실패로 채무상환이 불가능해졌다고 하자. 예를 들어 부동산 개발업자가 수익에 대한 판단착오, 미숙한 사업관리, 또는 부동산개발 사기행각으로 대출금의 전부 또는 일부를 상환할 수 없게 되면, 해당 은행의 손실이 확대될 뿐 아니라, (예금)지급불능 상태에 이를 수도 있다. 예금을 떼이게 되거나, 그런 위험을 감지한 예금자들의 예금인출 요구가 몰리면, 해당 은행들은 대출금을 조기회수하든지, 대출연장이나 추가대출을 거부할 수밖에 없다. 이런 일이 연쇄적으로 발생하면, 이론상 극단적으로 100억 원의 통화가 10억 원으로 줄어들고, 은행의 연쇄도산과 신용경색, 그리고 신용부족으로 인해 대출기업들의 사업 포기, 실업 사태가 이어질 것이다. 물론 실제로 문제가 늘 이처럼 악화되지는 않지만, 적어도 부분적으로는 쉽게 발생할 수 있다.

문제는 은행이 직면하고 있는 이들 이자율 위험, 채무불이행 위험, 유동성 위험이 은행업의 구조적 취약성 때문에 수익을 확대시킬 수도 있고, 손실을 증폭시킬 수도 있다는 점이다. 뿐만 아니라, 이런 위험이 개별 은행의 문제에 그치지 않고, 급격한 통화수축으로 금융불안, 나아가서는 경제불안으로 이어질 가능성도 크다는 데 있다. 이런 사정은 은행과 밀접히 연계되어 있고 유사한 영업구조를 가지고 있는 금융산업 전반에서 비슷하게 발생한다. 은행이 주식시장, 신용카드업계, 보험시장, 파생증권 시장, 해지펀드와 같은 관련 금융부문에서 발생하는 과잉변동사건이나 금융사고에 취약하다는 사실은 바로 그 때문이다.

이런 사정 때문에 은행 또는 금융을 규제, 감독해야 한다는 주장은 공감을 받기 쉽다. 특히 금융의 불안정성을 해소하고, 금융사기나 금융범죄를 막는 일이 공익에 부합하므로, 공적기관인 정부가 그 책임을 져야한다는 것이 금융공공성론의 핵심이다. 그 결과가 금융이 어느 나라에서나 가장 심한 규제를 받는 부문으로 만들었다. 그러나, 이들 규제는 금융의 불안정성을 방지해야 한다는 소극적 의미에 치중할 뿐, 금융불안정의 원인, 금융규제의 주체, 규제비용, 실효성 여부는 가볍게 보는 견해에 지나지 않는다. 정부주도의 금융규제 역사를 보면, 금융불안-규제강화-규제회피-금융혁신-금융불안-규제재강화라는 규제숨박꼭질(regulation rat race)의 악순환이었다고 해도 과언이 아니다.

| 금융규제의 실패와 원인 |

역사적으로 보면, 금융규제는 실패의 역사라고해도 지나친 표현은 아니다. 금융규제 실패의 가장 전형적인 사례는 1913년에 미국의 연방준비은행제도(연준, Federal reserve or Fed)의 도입 이후의 과정일 것이다. 연준의 도입은 1907년 은행 도산사태[54]에 기인한 금융불안에 대한 반응으로 도입되었다. 이후 연준의 통화정책 실패와 증시폭락

(1929) 및 대공황(1930-1937년), 예금보험제도(FDIC, Federal Deposit Insurance Corporation) 도입과 은행-증권업 분리 및 수신금리 제한을 도입한 글라스-스티걸법과 개정은행법(Glass-Stegall Act and Banking Act, 1933, 1935년), 수신금리제한 철폐, 은행에 단일 법정준비금비율 부과 및 양도성예금증서(CD, Certificate of Deposit or NOW account) 발행[55]을 허용하고, 예금보험액 증액을 도입한 수신금융기관 규제완화 및 통화조정법(Depository Institution Deregulation and Monetary Control Act, 1980), 글라스-스티걸법을 철폐한 금융서비스현대화법, 그림자 은행(shadow banking)[56]의 대두, 연준의 저금리 정책(2001-2006년), 서브프라임 사태(2007-2008년), 금융규제를 재강화한 도드-프랑크법(Dodd-Frank Wall Street Reform and Consumer Protection Act, 2010)으로 이어진 금융규제 변천과정은 이를 잘 드러낸다. 나라마다 사정에 차이가 있긴 하지만, 정부(중앙은행)가 통화발행 및 금융규제를 독점하는 현상과 금융규제가 규제강화-규제완화-규제재강화 사이클의 형태로 반복되어 왔다는 점에서 크게 다르지 않고, 한국도 예외가 아니기 때문이다.[57]

이런 규제실패가 반복되는 이유는 무엇인가? 먼저 금융불안이 조성되는 근원이 과도한 신용팽창이라는 점에 주목할 필요가 있다. 정부(중앙은행)는 화폐공급을 독점한 이래 늘 통화팽창을 선호해 왔다. 정

54) Banking Crisis of 1907.

55) 양도성예금 증서 및 계좌(CD and NOW account)와 뒤이어 허용된 화폐시장예탁계좌(MMDA, Money Market Deposit Account)는 화폐시장펀드의 등장으로 수신예금의 이탈사태에 직면한 은행산업의 위기를 타개하기 위해 수신금리제한 철폐와 함께 도입되었다. 한국에서도 1974년에 CD가 도입되었고, 1988년에 금리자유화 조처로 이자제한이 철폐되었다.

56) 그림자은행이란 전통적 은행방식의 여수신을 하지 않으면서도 사실상 은행과 같은 여수신서비스를 수행하는 금융상품내지 이를 취급하는 금융기관을 말한다. 화폐시장펀드, 자산담보부회사채, 콜시장, 환매부증권들이 여기에 속하고, 초기에는 주로 비은행금융기관인 투자은행, 펀드들이 이를 취급하였다.

57) 한국은 한국은행이 1950년에 설립된 이후 개발금융시대의 기간 중 엄격한 금융규제와 금융통제가 이어졌으며, 1980년 이후 금리자유화, 금융자율화 조처가 시행되면서, 미국과 비슷한 방식으로 금융규제가 시행되었다(한국의 금융제도, 한국은행, 2012년 참조).

부, 정치권, 중앙은행, 금융관료들이 통화긴축보다 통화팽창을 선호하는 경향을 이해하기는 어렵지 않다. 아래에서 보다 상세히 살펴보겠지만, 본원통화의 공급으로 통화팽창을 유도함으로써 경제활성화의 공로를 인정받을 수 있기 때문이다. 연방준비은행의 무용론을 주장하던 앨런 그린스펀이 총재 취임 이후에 적극적인 저금리 정책으로 통화팽창을 유도하였고, 사상 최장기 호경기를 이끌었다는 평가를 받았다는 사실은 시사하는 바가 크다. 역설적으로, 미국에서 터져 범세계적으로 확산된 2008-2009년의 금융불안과 후속된 대경기침체(Great recession)는 바로 그의 이런 정책에 기인하였다는 비판에서 벗어나지 못하고 있다.

화폐공급의 증가는 은행의 구조적 특성 때문에 신용팽창으로 이어진다. 이는 위의 예에서 설명한대로 은행의 수익을 확대할 뿐 아니라 보다 넓은 수익창출기회를 모색하게 만든다. 오스트리아학파의 경기순환이론에 따르면, 신용팽창은 투자비용을 낮춰 자본재에 대한 과잉투자를 부추기며, 자본재에 대한(잘못된) 자원배분이라는 지속가능하지 않는 상태에 이르게 된다. 이런 상태가 수정되어 정상상태로 복귀해가는 과정에서 경기후퇴가 일어난다. 결국 경기후퇴와 금융위축은 불가피한 교정과정이 끝나면 다시 신용팽창 및 경기회복 과정에 진입하는 사이클이 반복된다.

문제는 이런 교정과정과 경기후퇴를 반기지 않는 정치적 입장이다. 정부(중앙은행)이나 정치권은 오히려 경기부양을 위해 금리를 낮추거나 화폐공급을 늘리고, 이는 과잉투자 문제를 더욱 악화시킨다. 이렇게 풀려나간 돈은 증권이나 부동산과 같은 비생산적 자산의 수요와 가격을 상승시키고, 이런 지속가능하지 않는 자산가격은 하락할 수밖에 없다. 아래에서는 이들 문제를 보다 면밀히 짚어볼 것이다. 분명한 사실은 이런 금융에 대한 정치적 개입이 자산가격과 자산수입의 폭락, 금융수익의 하락과 급격한 신용위축, 금융불안정, 나아가서는 경제불황을 불러온다는 것이다. 결국 완만한 경기후퇴로 왜곡된 투자의 교정을 허용하는 대신 급격한 금융불안과 경기침체를 불러온 격이다. 마치 감기몸살로 때울 일을 중병에 걸리도록 만든 셈이다.

외환위기(1998) 직전의 한국의 금융권 상황과 이후 진행된 금융불안과 경기침체, 서브프라임 사태로 촉발된 미국의 금융불안과 대경기침체(2008-2010년)는 이런 사정을 여실히 드러냈다. 한국은 금융위기를 수습하면서 대대적인 금융구조조정과 함께 금융규제와 감독을 강화하는 금융위원회-금융감독원 체제를 발족시켰다. 미국도 대대적인 은행의 통폐합과 함께 금융규제를 강화하는 도드-프랑크법을 도입하였다.

그렇다면 이런 규제들이 얼마나 성공적이었는가? 일부 좌파경제학자들의 주장처럼 최근의 금융불안정이 규제완화 때문인가? 금융규제의 강화가 타당한 해결책인가? 결론부터 말하자면, 이런 주장들은 모두 틀렸다. 대표적인 경우를 살펴보기로 하자. 흔히 금융불안의 원인으로 지목받는 화폐시장펀드, 헤지펀드, 그림자 은행이나 파생증권과 같은 금융혁신은 모두 시대착오적인 금융규제를 극복하기 위한 금융진화의 산물이었다. 이자제한 철폐, 금융규제완화 조처들도 이미 무용지물이 된 금융규제를 사후적으로 추인해준데 불과하였다.

아래에서 논의하겠지만, 흔히 금융불안은 오히려 과도한 금융규제와 금융에 대한 정치적 간섭이 복합적으로 빚어졌다. 특히 금융에 대한 해악을 끼친 규제는 공적예금보험이다. 미국에서 1913년에 도입된 이래 전세계적으로 확산된 공적예금보험 제도는 금융규제완화 과정에서도 더욱 강화되었다.[58] 이 제도는 도입된 의도와는 정반대로 금융이 과도한 위험감수를 하도록 부추겨 금융불안정의 가능성을 증가시켰음은 분명하다. 만일 공적보험이 없었다면, 예금자는 보다 안전한 은행을 찾게 되고, 은행은 위험한 대출이나 투자를 경계할거라는 생각은 거의 진부한 진단이다. 모든 은행, 모든 예금자가 그런 행태를 보일 거라는 보장은 할 수 없겠지만, 모든 은행이 고위험 대출, 고위험 증권이나 펀드, 서브프라임 연계 증권에 대한 출자 또는 투자를 할 상

58) 초기에 전국단위은행(national banks)에 대해 계좌당 $50,000이던 FDIC보험금은 규제완화기간 중에 $100,000로 상향조정되었고, 적용대상도 은행업 전체로 확대되었다. 한국에서도 예금보험공사가 지급하는 예금보험은 계좌당 2천만 원으로 일부 은행에 대해 부분적으로 적용되었지만, 현재는 1억 원, 전 금융기간으로 확대되었다.

황[59]도 없을 것임은 의심할 여지가 없다. 공적예금보험이 없었다면, 한국의 저축은행들이 고금리의 예금이나 채권을 미끼로 조성한 자금을 부실부동산 투자로 날리고, 10만 명에 이르는 피해자, 28조 원에 이르는 공적보험지급이라는 후유증[60]을 남기지도 않았을 것이다.

공적예금보험이 없다면, 아마도 금융기관들은 보다 다양한 방식의 대출이나 투자, 보다 다양한 정도의 위험감수를 선택할 것이고, 다양한 성격의 민간예금보험상품 시장이 형성될 것이다. 공적예금보험은 구조적 결함을 금융기관들이 스스로 위험감수를 조절하는 자기규제, 금융시장의 감시나 견제를 통해 위험감수를 조절하는 시장규제의 기회를 없애고, 오히려 금융불안정의 가능성을 확대한다.

금융규제의 또 다른 측면인 금융감독(financial supervision)의 경우도 성적이 초라하긴 마찬가지다. 금융감독이란 정부가 정해진 금융규제를 충실히 이행해서 규제목적이 달성되는지를 감시하고, 필요할 경우, 제재하는 기능을 말한다. 금융규제의 목적은 금융시스템의 신뢰성 유지, 금융안정을 보호하고 증진시키는 일, 금융소비자 보호, 금융범죄의 감소를 포함한다. 따라서 금융감독은 사실상 이런 규제의 목표가 얼마나 충실히 달성될지, 즉 규제의 실효성을 결정하는 기능이다.

그러나 위에서 살펴본 금융규제 사례들이 보여주듯이, 금융감독은 늘 금융시장의 진화나 금융혁신을 따라가지 못했을 뿐 아니라, 중요한 금융사건이나 금융범죄에도 제대로 대응하지 못했다. 미국의 경우, 저축대부조합 위기[61](S&L (Savings and Loan) Crisis, 1986-1995), LTCM 도산사건[62](Long Term Capital Management Failure, 1997-1998),

59) 실제로 이와 유사한 상황이 미국의 서브프라임 사태에서 일어났다. 거의 모든 대형 투자은행과 다수의 상업은행이 이런 투자 행태를 드러내었다.

60) 국정감사자료(2012.6.).

61) 미국의 저축대부조합(은행)들의 부실 부동산 투자로 빚어진 사태로, 3,234개의 은행 중 1,043개가 도산하였다. 사건의 여파로 연방저축대부조합예금보험공사(FSLIC, Federal Savings and Loan Insurance Corporation)가 도산하고, FDIC에 흡수되었다.

62) 채권차익거래 전 헤지펀드가 투자실패로 도산한 사건으로, 다수의 대형은행들이 대출손실을 입어 금융권의 유동성위기로 이어졌다.

서브프라임 사태도 적기에 시정조처를 취하지 못했고, 엔론과 월드콤 회계부정 사건(Enron and WorldCom Accounting Scandal)[63], 메도프 금융사기[64](2008)도 뒤늦게 발각되어 심각한 금융손실을 초래하였다. 한국도 예외가 아니다. 근년에 발생한 대형 금융사고만 들더라도 부산저축은행 사태(2010), 동양종금 사태(2012년)에다, 최근의 모뉴엘 금융사고도 금융감독이 실패한 사례이다.

금융규제와 감독의 실패가 불거지면, 금융공공성을 강화해야한다는 식의 주장이 제기되었고, 그 때마다 새로운 금융규제법이나 규제기관을 도입하기를 되풀이 해왔다. 미국에서는 엔론사건 이후 회계기준을 강화한 사베인-옥슬리법(SarbaneOxley Act, 2002), 서브프라임 사태이후에 제정된 도드-프랭크법으로 금융규제의 대폭 강화와 금융소비자보호국(Bureau of Consumer Financial Protection)의 신설이 이루어졌다. 한국에서도 외환위기 직후인 1998년에 금융위원회-금융감독원이라는 새로운 금융규제 체제가 도입되었고, 저축은행 사태의 여파로 미국의 경우를 본떠 금융소비자보호처를 신설하였다.

한 가지 분명한 사실은 이들 규제사례들이, 초라한 실적에도 불구하고 항상 금융관료들의 입지강화, 규제기관의 난립, 중복 또는 신설, 규제비용의 증대로 이어져 금융권에 커다란 부담을 안겨주었다는 점이다. 주목해야할 점은 이런 규제비용의 증가에 대한 반응으로 새로운 금융수단이나 금융혁신이 일어났다는 사실이다. 화폐시장펀드, 자산유동화증권, 사모금융펀드(private equity fund), 헤지펀드의 등장이 그런 사례들이다. 현재의 추세와 같은 금융규제강화가 이런 금융의 진화를 예견하고 금융불안정을 예방할 수 있을 거라고 믿음은 아마도 지나친 낙관일 것이다. 규제실패의 주요인이 바로 금융관료에 의한 규제의 한계에 있기 때문이다.

---

63) 미국의 종합에너지거래회사인 엔론과 전기통신회사인 월드콤의 분식회계 및 회계부정 사건으로, 두 회사의 도산 및 재편으로 사상 최대의 투자와 대출손실을 기록한 사건에 꼽힌다.

64) Bernard Medoff의 폰지사기투자로 약 610억 달러에 달하는 사상최대의 피해를 불러온 투자사기 사건이다.

| 정치금융, 관치금융과 정부의 금융규제 독점 |

금융의 공공성론의 핵심은 결국 금융의 불안정성을 정부의 개입으로 해결해야 한다는 정치적 요구에서 나온다. 위의 논의에서 금융의 불안정성은 금융, 특히 은행의 구조적 약점과 정부(중앙은행)의 역할이 복합적으로 만들어낸다는 사실이 드러났다. 사실 중앙은행은 정치적 필요성에 의해 탄생되었다. 고대에서부터 정치지도자의 주요 관심사는 재정능력 확보이었고, 화폐주조권은 주요 방편이었다. 봉건시대 이후 막대한 전비조달의 필요성에 따라 정부와 거래를 주로 하는 공적은행(public bank)이 화폐공급권을 갖는 방식으로 발전하였다. 최초의 근대적 중앙은행으로 인정되고 있는 영란은행(Bank of England)은 민간은행으로 출발하였으나, 영국정부에 대한 대출을 전담하면서부터 은행권 발행의 독점권과 민간은행에 대한 신용공급기능, 금융규제기능을 점진적으로 갖게 되고, 이후 정부가 실질적으로 지배하는 중앙은행의 형태로 발전하였다.

이런 방식의 중앙은행의 설립은 이후 유럽에서 확산되었으나, 19C까지는 제한된 기능을 가진 공적은행, 자유은행 시스템(free banking system)이 혼재하였다. 그러나 1913년 미국에서 연방준비은행 제도가 도입되면서 현재와 같은 중앙은행의 역할을 갖게 되었고, 20C 중반에 이르러서 이런 중앙은행의 형태가 지배적인 체제로 정착되었다. 오늘날 전형적 중앙은행은 모두 독점적으로 화폐공급권, 금융규제권, 금융정책결정권을 보유하며, 금융권에 대한 최종대부자의 역할, 물가안정 및 금융안정성 유지의 책임을 맡고 있다. 무엇보다도 중요한 정책수단인 화폐발행, 공개시장조작, 법정지급준비율 결정, 정책금리 결정을 통해 통화공급량을 조절하는 역할을 수행한다. 이들 목적과 역할을 수행하려면, 정치적 영향력에서 벗어나야만 하므로, 중앙은행의 독립성은 가장 중요한 원칙이자 이상으로 남아있다.

그러나 현실에서 정치적 영향으로부터 자유로운 중앙은행은 존재하지 않는다. 우선 중앙은행장의 임명 자체가 대통령과 의회의 수중에 있고, 의사결정 기구가 정치권과 줄이 닿는 인사로 채워지기 때문이다. 대부분의 국가에서 중앙은행의 운영에 정치적 독립성을 부여하지만, 실제로 정치적 영향에서 완전히 벗어나는 경우는 거의 없다. 중앙은행이 정부의 직접적인 통제를 받지 않고, 명목상 정부기구가 아니라는 사실 자체는 큰 의미가 없다. 그 자체가 중앙집권적 권력기구이기 때문이다. 그런 까닭에 중앙은행은 항상 정치적 동향에 민감하고, 금융의 공공성을 옹호하며[65], 정치권의 압력을 무시하지 못하는 경향을 드러낸다. 위에서 논의한대로, 중앙은행은 스스로 경기부양에 나서거나 협조하기 쉽다.

정부의 통화신용 팽창에 대한 개입이 금융불안정을 불러온 경우는 오랜 역사를 가지고 있다. 최초의 금융거품 사건으로 알려진 18C 미시시피 버블도 프랑스의 국가채무를 해소시킬 목적으로 통화팽창을 조장한 것이 근원이었다.[66] 대공황 이전 1920년대, 존슨-카터 집권기간, 2011년 9.11 테러공격 이후의 그린스펀 저금리정책은 모두 과도한 통화신용 팽창과 금융불안정으로 이어졌고, 정치적 고려 또는 영향이 결정적 요인이었다. 또한 연준이 주도한 급격한 통화신용의 감축이 대공황의 직접 요인이 되었다는 사실도 정설이 되었다.

정부의 금융규제는 통화조절 실패와 못지않게 중요한 금융불안의 요인이 되어왔다. 오늘날의 중앙은행 자체가 정치적 산물이었을 뿐 아니라, 거의 모든 금융규제는 금융공공성을 요구하는 정치적 영향으로 도입되었기 때문이다. 글라스-스티걸법, 한국의 금산분리 규제와 저축은행의 성장, 공적예금보험 제도는 전형적인 정치금융의 사례이다. 대공황 이후 최대의 금융위기를 불러온 서브프라임 사태의 근원도 정치가 금융에 개입한 데서 비롯되었다.

미국의 공기업격인 정부후원기업(GSE, Government Sponsored

65) 다음의 김중수 한은총재의 기자회견 내용 일부(2012.4.)는 이런 시각을 잘 드러낸다., "금융자율화에 따른 금융기관의 경쟁으로 상업성에만 치중하고 공공성은 등한시…".

66) 김우택, "미시시피 거품, 시장의 광기였나, 정책의 실패였나?", 한국경제연구원, KERI컬럼 2009.10.9.

Enterprise)은 주택, 농업, 교육, 재향군인과 같은 부문에 신용공급을 원활히 하려는 정책적 목적으로 설립된 금융회사들이다. 명목상 민간기업의 형태지만, 정부가 재정적 보증을 하므로, 공기업의 성격이 강하다. 이들 중 규모와 영향력에서 단연 압도적인 비중을 차지하는 기업이 바로 연방모기지협회(Fannie Mae, Federal National Mortgage association)와 연방주택융자회사(Freddie Mac, Federal Home Mortgage Corporation), 정부모기지협회(Ginnie Mae, Government Mortgage Association)과 같은 주택모기지전문 기업들로서, 이들이 보유 또는 보증하는 모기지유동화증권은 약 7경 달러(7 Trillion dollar)로 전체 주택채권의 절반 이상을 차지한다. 이들 회사의 주영업은 주택채권을 매입하고, 채권풀을 유동화시켜 이를 매각하거나 보유 또는 보증하는 일로서, 사실상 주택모기지 시장을 주도한다.

이들 GSE의 규모와 비중이 확대된 것은 1970년대 후반부터인데, 민주당정권의 주택보유장려 정책, 특히 그들의 지지기반인 흑인 및 소수인종을 배려하는 정치적 압력 때문이었다.[67] 당시 카터정권에 의해 도입된 지역재투자법[68](CRA, Community Reinverstment Act)의 골자는 상업은행과 저축은행이 저소득층의 주택신용 공급을 장려하는 내용이었다. 이와 같은 소수인종 주택보유장려 정책은 클린턴, 부시정권에서 주택모기지대출 조건의 완화라는 형태로 대폭 강화[69]되었고, 그린스펀의 저금리 정책과 맞물려 서브프라임 사태의 도화선이 되었다. 이런 정치금융 성격의 정책은 오바마 정권에서도 고등교육기회법(High Education Opportunity Act, 2008) 제정, 지역재투자법 강화조처의 형

67) 당시 은행권 관계자의 증언에 따르면, 정부가 GSE의 소수인종 주택대출 비중을 20퍼센트 선에서 50퍼센트 이상으로 늘리라는 압력을 행사했다고 한다(Allison, J., Financial Crisis and the Free Market Cure, McGraw Hill, 2013).

68) 이 법은 카터정부에서 1997년에 통과된 주택 및 지역개발법(housing and Community Act)의 일부이다.

69) 클린턴 정권에서 부적격 신용등급의 주택모기지의 비율이 급증하였는데, 이전 기간 대비 증가율은 히스패닉계가 87퍼센트, 흑인 72퍼센트, 아시아계가 46퍼센트, 백인은 31퍼센트이었다고 한다(Allison, J., Financial Crisis and the Free Market Cure, McGraw Hill, 2013).

태로 계승되고 있다.

이런 금융의 정치화는 기본적으로 금융자원을 분배정의 차원에서 재분배해야한다는 사회주의적 이념에서 나온 재분배성 금융정책(DFP, Distributive financial policy)이다. 이들 정책은 금융의 특성을 이해하지 못한 무리한 정책이며, 대중인기영합적 정책에 지나지 않는다. 근년에 들어 한국에서도 경제민주화, 금융민주화의 구호아래 이런 정책들이 추진되거나 도입되고 있다. 각종 서민금융지원정책, 중소기업금융지원 확대에다 국민행복기금 조성, 가계부채감축지원 정책, 전세자금지원, 개인채무조정 범위 확대까지 등장하였다. 미국의 주택금융지원정책의 사례에서 드러나듯이, 이런 정책들은 금융자원의 왜곡으로 금융불안정의 요인이 될 수 있기에 경계해야 할 일이다.

금융공공성을 명분으로 한 정부의 금융개입이 가져오는 또 다른 불행한 현상은 관치금융이다. 이 문제는 특히 금융규제와 감독에서 잘 드러난다. 한국의 금융자율화가 진행된 1980년 이전, 소위 개발금융시기에 금융은 정부정책의 시녀노릇에 불과했음은 잘 알려진 사실이다. 이 시기의 금융정책은 정부(한국은행)가 독점하고, 금융규제와 감독의 영역은 금융관료들의 독무대였다. 이런 관치금융상황에서 금융관료와 그들의 인맥이 금융권의 인사나 운영을 좌지우지하였지만, 금융의 발전과 경쟁력은 극도로 위축되고, 금융비리가 만연했던 사실도 쓰라린 경험으로 남았다.

금융자율화가 진행된 이후에도 금융관료의 위세와 관치금융의 폐단은 이어졌고, 결국 금융규제와 감독의 실패가 1997-1998년의 외환위기를 불러왔다. 그 여파로 한국은행과 재무부에 분산되어 있던 규제감독 기능이 금융위-금감원 체제로 넘어갔다. 당시 규제감독 기능의 일원화와 탈관치금융의 필요성을 두고 격론이 있었지만, 금융정책을 전담하는 금융감독위원회를 민간이 참여하는 정부기구로 두고, 순수민간법인 형태의 금융감독원이 금융감독을 주로 하는 이원적 체제로 만들었던 것이다.

그러나 시간이 지나면서 금융위와 금감원은 모두 비대화, 권력기관화하였고, 관치금융과 금융관료들의 영향력을 배제하려던 당초의 기대를 무색하게 만들었다. 금융감독위원회는 정부인사와 민간인으로 구성된 위원과 업무보조를 위한 소수의 공무원으로 출범하였지만, 재정경제부의 일부와 통합하면서 금융정책과 규제를 총괄하는 막강한 중앙행정기관으로 변모하였다. 금융감독원은 금융기관의 출연과 운영비를 부담하는 무자본 특수 민간 기업으로 출발하였지만, 현재 2,000명에 가까운 임직원과 연간 2,800억 원의 예산을 쓰고, 국내외에 사무소를 가진 방대한 조직으로 성장하였고, 금융위원회의 산하회사로 되어 있다. 업무내용도 전 금융기관의 검사, 감독에서부터 서민금융지원, 금융소비자교육, 금융소비자 보호업무를 망라하고 있다.

금융규제기관이 비대화하고 권력기관화하는 것은 세계적으로 보편화된 현상이다. 금융위-금감원 체제가 중심이지만 한국은행, 예금보험공사, 기획재정부도 연관되어 있다. 미국은 특수한 사정 때문에 연준(Fed)과 통화관리위원회(OCC, Office of Comptroller and Currency), 증권거래위원회(Security Exchange Commission), 연방예금보험공사(FDIC, Federal Deposit Insurance Corporation), 금융소비자보호국(CFPB, Consumer Financial Protection Bureau)과 같은 연방정부 기구를 포함해서 10여개 넘는 규제기관들을 가지고 있다.

금융규제의 근본 문제는 금융규제 실패가 계속될 뿐 아니라, 그럴수록 규제기관이 커지고, 규제가 더욱 심해지는 경향이다. 그 이유는 금융관료들의 한계 때문에 규제감독의 실효성이 약할 수밖에 없는 데도 이를 규제 부족의 탓으로 돌리기 때문이다. 금융관료들의 약점은 그들의 현장지식이 얕고 직업안정성을 더욱 중시하는 유인구조를 갖는데 있다. 그들은 금융지식이 깊은 전문가이자 엘리트이지만, 그들의 지식은 피규제자의 성향과 행동을 예측하기에 턱없이 모자란다. 그들의 승진과 보수는 상위자의 인정을 받고, 금융위험이나 사고가 드러나지 않는 데 달려있으므로, 가능한 한 문제를 미리 노출시키거나 정치적 압력을 거역하려고 하지 않는 유인을 가질 수밖에 없다. 규제가 필요한 호황기에 규제가 느슨해지다가, 금융불안정 시기에 과잉규제 이유도 여기에 있다.

자연히 그들은 표면적인 규정준수, 서류와 보고서 위주의 감독에 집착한다. 그런 까닭에 금융사고의 적발이나 적기 시정조처가 항상 미흡하게 된다. 만일 금융기관의 직접적인 이해가 걸린 문제였다면 발견되고, 시정될 수 있는 문제도 지나쳐버리게 될 개연성이 커지게 된다. 최근 큰 파장을 일으킨 모뉴엘 부도사건은 단적인 사례다. 중견가전업체인 모뉴엘이 서류조작을 통해 엄청난 자금을 사기대출해 갔는데도 피해 당사자인 무역보험공사, 일부 관련은행, 금융감독원은 적절한 조처를 취하지 못하고 총 6,000억 원에 이르는 피해가 발생했다. 그러나 2012년까지 모뉴엘의 주채권은행이었던 우리은행은 매출액 자료를 미심쩍게 여기고 채권회수를 단행해서 피해를 면했다고 한다.[70] 규제감독의 실패가 일어나는 원인에서 규제포획의 문제도 뺄 수 없다. 금융의 경우, 규제감독자의 힘이 워낙 크므로, 로비나 뇌물공세에 넘어가는 가능성도 그만큼 커진다. 바로 그런 이유 때문에 규제감독과 관련된 부정부패의 사례가 끊이지 않는 것이다.

| 결론과 제언 |

금융공공성론은 주로 금융불안정의 해소가 공익에 기여한다는 소극적 공공성론과 정치적 목적으로 금융자원을 재분배해야 한다는 재분배성 금융정책의 산물이다. 기본적으로 금융의 정치화를 주장하는 입장에 지나지 않는다. 금융은 자원배분의 궁극적 수단이므로 이를 정치화하려는 의도나 정부와 정치권의 금융개입은 늘 엄청난 부작용을 동반했고, 금융불안정을 가중시킴으로서 오히려 공익을 해친다.

금융은 효율적인 자원배분을 가능하게 하고, 필요에 따라 위험감수를 지원함으로써 경제성장을 돕는 소중한 자원이다. 그러나 불행히

70) 파이낸셜 뉴스, 2014.10.28, 보도 자료.

도 금융은 구조적 취약성을 지니고 있고, 이는 금융시스템의 불안정과 경제후퇴로 이어질 위험을 지니고 있음도 사실이다. 그런 위험을 줄이고, 금융의 순기능을 극대화하는 일이 바로 금융의 공익성에 부합한다. 그러기 위해서는 정부나 정치권의 금융개입을 최소화 시키고, 금융에 시장규율을 복원시키는 일이 최선의 방책이다.

7.3 금융감독에도 경쟁체제 도입해야: 2011년 5월

저축은행 사태를 보면서 온 국민의 분노와 질책이 금융감독원의 무능과 부패에 모이고 있다. '고양이한테 생선을 맡긴 격'이라며 차제에 금융감독 체제를 개편해야 한다는 주장도 나온다. 이번 사태로 이미 내정된 신한은행 감사직을 사임한 전 금감원 임원이 "저축은행에서 언젠가는 사고가 날 줄 알았는데 이렇게 됐다"고 말한 것은 충격적이다. 그는 또 저축은행이 대주주 위주의 지배구조 때문에 부정의 소지가 컸는데도 금감원이 이에 맞는 감독체계를 만들지 못했으며, 저축은행을 담당하는 조직과 인력을 홀대했다는 사실도 털어놓았다.

저축은행 사태는 1980년대 중반 미국에서 터진 저축대부조합 위기 사태와 여러모로 닮았다. 그 사태는 일부 저축대부조합들이 부실 부동산 대출과 대주주의 사기대출 같은 불법을 일삼다가 연쇄적으로 무너지면서 시작됐다. 그 파장은 금융산업 전체를 위험에 빠뜨렸고, 엄청난 공적자금의 투입과 대대적인 구조조정, 주(主) 감독기관인 연방저축대부보험의 파산 및 흡수통합, 경기후퇴라는 막대한 비용을 치르고야 겨우 수습됐다. 위기의 주요 원인을 규제와 감독을 은행에 비해 소홀히 한 정책적 실수와 감독기관의 도덕적 해이, 그리고 이를 조장한 정치권의 압력에서 찾는 시각도 있다.

우리나라 저축은행의 원형은 서민금융을 담당하라고 만든 상호신용금고다. 열악한 영업환경에다 부실투성이던 상호신용금고를 여러 차례의 구조조정과 합병을 거쳐 저축은행이라는 옷으로 갈아 입혔다. 이런 상황에서 저축은행이 선택한 전략은 대형화와 고(高)위험·고수익 영업방식이었다. 은행보다 높은 금리로 유인한 자금을 끌어 모아서 PF 대출과 같은 고위험 자산에 투자한 것이다. 정책당국도 동일인 대출한도를 늘려주고, 무리한 합병을 승인해주는 식으로 고위험 전략을 눈감아 준 책임을 면할 수 없다. 부동산 경기가 하락하면서 저축은행들이 줄줄이 부실화되고 나서야 그런 부실영업이 제대로 감독을 받지도 않았음이 드러나게 됐다.

게다가 견제장치가 없는 독점적 금융감독 체제는 감독기관의 도덕적 해이 문제를 악화시켰다. 금감원 출신의 낙하산 감사를 연결고리로 감독기관과 피감독기관이 유착관계를 형성한 '회전문' 관행은 잘 알려진 폐단이다. 회전문 관행은 저축은행에만 국한된 것도 아니다. 은행·증권·보험 등 모든 부문이 마찬가지다. 설령 금감원 출신이 감사로 가지 않더라도 예보나 한국은행 또는 감사원 출신이 그 자리를 메우게 될 것이다. 미국의 28대 대통령인 우드로 윌슨은 "규제감독을 강화할수록, 피감회사들은 더욱 규제감독자와 친밀해지려 한다"고 단언했다.

감독기관의 도덕적 해이를 해소하는 문제는 쉽지 않다. 특히 감시자를 누가 어떻게 감시해야 하느냐는 문제는 경제학의 해묵은 난제 중의 하나이다. 완벽하지 않더라도 가장 효과적인 방법은 감독에 경쟁체제를 구축하고, 감사결과에 대한 무작위적·상시적인 검증을 도입하는 것이다. 그렇게 하려면 먼저 현재의 독점적 금융감독 체계를 개편해서 금감원과 별도의 독립적인 감독기관을 만들어야 한다. 한국은행에 감독 기능을 부여하는 방안도 생각해 볼 수 있다. 하지만 검사를 받는 금융회사 입장에서는 시어머니가 둘이 되는 셈이기 때문에 감독의 시차(時差)를 두게 하는 방식 등으로 중복감독의 폐단을 최소화해야 한다.

7.4 동양그룹사태에서 드러난 금융소비자보호 문제: 2014년 12월

동양그룹 사태로 다시 부실 금융감독의 문제가 불거진 가운데 금융소비자보호원(금소원)의 설립이 기정사실화 되었다. 금소원은 금융감독원(금감원)으로부터 금융소비자보호 업무를 떼내어 이를 전담하는 독립적 정부기구가 된다고 한다. 이는 대통령의 공약사항의 실천이자, 여야 정치권이 합의한 사항이다. 금소원이 앞으로 어떤 모습을 갖출지는 예단하기 어렵지만, 금감원에 버금가는 위상을 가지는 거대 금융규제기관으로 발전할 것 같다. 과잉규제라는 비판을 받고 있는 미국의 금융소비자보호위원회(CFPB, Consumer Financial Protection Board)를 닮았다는 인상을 지울 수 없다. 향후 금감원, 금융위원회(금융위)와의 역할을 조정하는 문제도 있지만, 중복, 과잉규제의 위험에다가 또 다른 유형의 감독 실패가 추가될지 모른다는 우려도 크다.

| 우리나라 금융감독체계의 실상 |

현 통합금융감독체계는 15년 전 외환위기를 극복하는 과정에서 금융산업 전반에 대한 감시, 감독을 강화하려는 의도에서 만들어졌다. 당초 금감원은 한국은행의 은행검사기능과 재경부에 산재해 있던 증권, 보험 감독 기능을 통합하여 금융산업 전반에 대한 감시, 감독을 수행하는 집행기구로서, 정부의 영향권에서 벗어나야 한다는 취지로 무자본 특수법인 형태로 출범하였다. 함께 설립된 중앙행정기관인 금융감독위원회는 금융정책의 수립과 집행을 주업무로 하는 합의체 정책기구로서, 금감원과 감독정책을 조율하기 위한 소규모의 사무국만을 산하에 두었었다. 동 위원회는 2008년에 재경부 금융정책국과 통합, 개편되어 국무총리 직속 금융위원회(금융위)가 되었다. 오늘날의 금융감독체계는 사실상 금감위와 금감원으로 이원화되어 있다.

한편 금감원은 2012년에 금융소비자보호 업무를 감독, 검사부문에서 떼내어 원장 직속기구인 금융소비자보호처(금소처)를 신설했는데, 이는 금융소비자보호를 강화하라는 정부의 권고를 따른 것으로 알려져 있다.[71] 그로부터 1년을 겨우 넘긴 시점에서 금소처를 확대, 강화하려는 정부기구가 바로 금소원이다. 금소원의 원장은 장관급이며, 이미 거대한 규모인 금감원의 1/3에 해당하는 인력과 자원이 투입될 거로 알려져 있다. 내년 초로 예정된 금소원의 설립이 이루어지면, 금융산업은 금융위, 금감원, 금소원의 3대 기관에 의해 규제와 감독을 받게 된다.

| 금융감독의 한계 |

역사적 경험은 금융의 부작용이나 금융불안이 늘 취약한 금융제도나 잘못된 금융정책에서 나왔고, 관료화된 금융감독이 별로 성공적이 못했음을 되풀이해서 입증하였다. 이는 현재의 금융감독체계 아래서도 두드러지게 나타났다. 지난 수년간 키코사태, 저축은행 부실, LIG 건설 CP사태에서 부실 금융감독의 문제가 대두된 데 이어, 최근의 동양증권의 CP사태에서도 재현되었다. 비대해진 금융감독체계에도 불구하고 이런 현상이 되풀이되는 원인은 관료화된 감독체계의 한계 때문이다. 즉, 감독의 방식이나 대상의 선정에서 좁은 시각이나 편견, 금융안정성에 대한 집착이나 보수적 태도, 규제목표에 대한 집착, 지나친 위험회피나 책임회피 성향, 부처 이기주의와 영역확장 주의, 감독대상에 의한 규제포획(Regulatory capture)의 문제가 감독실패로 이어지는 것이다.

금융감독의 실패는 금융의 안정성을 해치고 수많은 피해자를 만들기 때문에, 금융에 대한 감시, 감독은 이런 문제점에도 불구하고 없어서는 안 될 금융인프라이다. 그러므로 이들 문제점을 고려하여 금융감

71) 당시 국무총리실은 금감원에 금융소비자보호를 포함한 금융감독혁신방안을 이행할 것을 권고하였고, 권혁세 금감원장은 금융소비자보호 업무의 독립성을 강화한다는 취지로 원장 직속의 금융소비자보호처를 신설했다고 한다(5월 15일자 머니 투데이).

독의 범위나 수준을 적정선에서 통제할 필요가 있다. 금융감독기관에 대한 견제나 감시체제가 필요하고 금융소비자보호의 범위를 제한해야 하는 이유도 여기에 있다.

일부에서 금소원을 민간기관으로 만들고 별도로 민간주도의 금융감독위원회를 두는 대안을 제시하지만, 규제기관이라는 성격상 별로 현실성이 없어 보인다. 민간기구의 형태로 출발한 금감원의 요직이 모두 금융관료들이나 정치권과 연관된 인사들로 채워진 사실이 그 증거다.[72] 보다 큰 문제는 금융소비자보호가 감시, 감독업무와 병행될 수밖에 없으며 제재기능을 갖지 않는 한 쓸모가 없으므로, 금소원의 업무가 완전히 독립될 수 없다는 데 있다. 그렇기에 금소원 설립은 중복, 과잉규제나 책임전가의 위험에서 벗어나기 어렵다. 그러므로 금융소비자보호라는 업무자체도 금소원의 독립성의 여부와는 상관없이, 정부규제로서의 금융감독이 과연 어떤 방식으로 어느 정도까지 있어야 하는지, 얼마나 실효성이 있는지라는 차원에서 논의되어야 한다.

| 동양그룹 사태에서 드러난 금융감독의 문제 |

금융감독 실패와 금융소비자보호 문제를 이해하기 위해서는 현안 문제인 동양그룹 사태를 중심으로 살펴보는 것이 유용할 터이다. 동양그룹 사태는 멀게는 1998년 대우그룹의 부실 기업어음 사태에서 부터 최근의 LIG 건설 사태와 유사한 점이 많을 뿐 아니라, 부실 감독의 경우라는 데서 저축은행의 경우와도 공통점이 있기 때문이다.

동양그룹의 부실화는 건설경기의 부진이라는 외부적 요인에다가 무리한 기업확장이라는 경영실패가 겹쳐 발생하였다. 그런 연유로 금융권에서의 차입이 막혀 있었고, 회사채와 기업어음 발행으로 돌려막기에 급급하다가 상환부담을 감당하지 못하자, 5개 주력기업에 대한 법정관리를 신청한 것이 사건의 전말이다. 문제는 약 4조 원에 이르는

72) 2008년에 금감위 체제가 들어서기 전에는 정부기관인 금융감독위원회의 위원장이 금감원장을 겸임하였다. 이후에도 감독정책은 공무원조직인 금융위의 영향권 안에 있다.

동양그룹 부채의 절대다수가 회사채와 기업어음이며, 채권자의 거의 모두가 개인투자자들이라는 점이다. 이들은 저축은행의 경우와 달리 예금보험과 같은 보호막도 없으므로 투자금액 전부를 날리게 될 가능성도 크다. 더구나 이들의 상당 부분이 노후대책용이나 사업자금 마련용과 같은 저축성 투자인 까닭에 심각한 파장을 불러일으키고 있다. 사태의 중심에는 그룹계열사인 동양증권이 이런 편법 단기자금조달에 주역을 담당하였고, 불완전판매의 의혹까지 받고 있다는 점이 있다. 그렇기에 동양그룹 사태는 금소원 설립을 통해 금융소비자보호를 강화해야한다는 주장에 큰 힘을 실어주었다. 일부에서는 차제에 금산분리 입법을 포함한 경제민주화 입법을 확대해야 한다는 주장까지 나오고 있다.

동양그룹 사태는 부실의 원인, 과도한 부채비율, 회사채와 기업어음에 매달린 고금리 단기자금조달 방식, 기업집단 구조, 계열 증권회사를 통한 자금모집, 부실 금융감독과 금융시장에 끼친 악영향, 이런 모든 점에서 15년 전의 대우그룹사태와 유사하다고 볼 수도 있다. 그러나 다른 점도 많다. 특히 이 기간 중 사외이사제도 확대, 증권집단소송제도 도입과 같은 기업지배구조 강화정책이 도입되었고, 금감위-금감원체제의 강력한 감독기구도 정립되었다. 실제로 동양그룹에 대해서도 감시, 감독 장치가 겹겹이 쳐 있었다. 그럼에도 감독 실패가 되풀이되었다.

| 금융감시, 감독은 누가하는가? |

그렇다면 기업에 대한 감시, 감독은 누가 어떻게 해야 하는가? 이론상 모든 이해관계자가 될 수 있지만, 실질적인 권한과 책임을 가진 집단은 기업 자신, 자금공급자, 즉 투자자와 감독기관으로 좁혀 생각해 볼 수 있을 것이다. 먼저 기업내부에서 감시, 감독의 권한과 책임을 가진 집단은 이사회, 특히 사외이사들이다. 그룹총수의 무리한 지분확대와 기업확장으로 부채비율이 1,200퍼센트를 넘게 되고, 주가 하락과 신용등급하락과 같은 부실화가 드러났음에도, 계열증권사를 동원한 고금리차입을 방치한 동양그룹 주력기업의 이사회는 책임은 면할 길이 없다. 애써 도입한 사외이사 제도가 저축은행 사태, 웅진그룹, LIG 건설의 경우와 마찬가지로, 별로 쓸모없음이 다시 한번 입증되었다.

다음으로 감독기관의 책임이다. 위에서 논의한대로 금융위-금감원 금융감독체계는 지난 15년간 가장 직접적이고 강력한 감시-제재 기능을 갖춘 거대 금융감독기구로 성장하였다. 그럼에도 이번 동양그룹사태에서 늑장대응, 몸사리기, 책임 떠넘기기와 같은 관료적 폐단과 무능을 다시 한번 드러냈다. 동양그룹 기업어음의 위험성을 뒤늦게나마 인지한 금감원이 부적격 어음의 발행을 막는 조처를 금감위에 건의하였지만, 금융위가 관련 규정을 개정하고, 시행하는 데는 1년 4개월이 지난 올해 10월에야 이루어졌다. 저축은행 사태 이후 현 감독기구에 대한 견제를 강화해야 한다는 주장에 따라 한국은행(한은)에 자료제출요구권과 공동검사권이 주어졌다. 그러나 한은은 2011, 2012년에 자료를 받아 문제의 심각성을 알고 있었음에도 아무런 조처를 취하지 않아 책임회피의 비난에서 벗어날 수 없게 되었다.

동양그룹 사태의 직접적인 피해 당사자는 회사채와 기업어음의 투자자들이다. 법정관리 절차나 불완전판매에 대한 소송의 진행에 달려있지만, 안타깝게도 4만 여명에 달하는 이들 투자자가 피해를 떠안게 될 것은 불가피해 보인다. 차제에 금융소비자보호를 강화해야 한다는 주장도 타당성이 있어 보인다. 그러나 투자들에게 일차적 책임이 있음을 간과해서는 안된다. 동양의 부실화 조짐은 수년 전부터 알려져 있었고, 작년부터 주요 계열사의 기업어음이 투자부적격 판정을 받은 데이어 전 계열사의 신용등급 하락이 줄줄이 이어지고 있었음은 공공연한 사실이었기 때문이다. 동양의 기업어음이 3~6개월 만기의 단기어음이었고, 대부분의 투자자들이 이를 재매입했다는 점은 가장 적극적인 감시를 해야 할 당사자인 투자자들이 이를 소홀히 하였음을 보여준다. 이들 중 상당수는 은행금리의 3배에 달하는 7~8퍼센트의 고금리 유혹에 빠져, 위험부담을 외면했을 거로 보인다. 금융소비자보호의 목적이 고수익채권의 위험성을 잘 이해 못하는 투자자를 보호하는 데 있다면, 투자자들에 대한 사전교육을 강화하거나 투자위험에 대한 사전인식을 의무화하는데 촛점을 맞추어야 할 것이다. 금감원에 이미 설치되어 있는 금소처를 이용하거나, 제삼자 투자상담의 기회제공을 의무화하는 방식으로 해결할 수도 있을 것이다.

현재 거론되고 있는 금융소비자보호 정책이 금융 감시와 감독의 이런 특성과 사정을 무시한 채 이루어지는 졸속한 정책이 아닌지 걱정스럽다. 정책의 추진에 앞서 부실한 감시, 감독의 당사자에 대한 엄중한 문책이 선행되어야하고, 현존하는 감시, 감독체계를 보완한 방식으로 해결할 필요는 없는지, 새 정책의 실효성과 비용은 무엇인지를 꼼꼼히 따져보아야 한다. 무엇보다도 일이 터지면 새로운 정부기구부터 만들고 보자는 발상을 경계해야 한다.

7.5 가계부채 감축정책, 신중히 추진해야한다: 2013년 9월

우리나라의 가계부채는 현재 약 962조원, 작년 말 가처분소득 대비 136퍼센트(GDP 대비 81퍼센트)로 각각 사상 최고치를 기록하고 있다. 이는 OECD 평균치인 122퍼센트(GDP 대비 73퍼센트)나, 미국(107퍼센트), 일본(120퍼센트)의 경우[73]보다 훨씬 높다. 보다 우려스러운 점은 지난 1년 전에 비해 대폭 증가했을 뿐 아니라, 소득증가 속도를 앞지르는 추세를 보이는 데 있다. 취득세 감면 등 현 정부의 부동산 정책으로 주택담보대출이 일시 늘어난 점이 반영되었고, 최근 증가세가 다소 둔화되고 있다고는 하지만, 향후 우리 경제의 가장 큰 불안요인의 하나일 뿐 아니라, 경제성장의 걸림돌이 될 여지가 크다.

73) Economist, Household debt, June 1st, 2013.

우리경제가 안정적 성장궤도에 들기 위해서는 가계부채 감축(deleveraging)이 선행되어야 한다는 데는 이견이 없다. 그러므로 정부와 금융당국이 이를 최우선 과제로 삼고 있음은 바람직한 일이다. 금융위원회가 다양한 방법으로 가계부채 연착륙 전략을 추진하고, 가계부채의 증가속도를 안정적으로 관리하려는 노력도 타당해 보인다. 정부가 국민행복기금을 통해 가계부채의 조정내지 탕감에 나서는 일도 같은 맥락에서 이해하는 경향도 있는 것 같다.

가계부채 감축은 경기변동 경로에서 항상 발생하는 과정으로 거의 모든 OECD 국가들이 모두 경험하였다. 따라서 정책의 장단점, 정책수단의 효과나 부작용도 대부분 잘 알려져 있다. 특히 미국, 일본, 핀란드, 남부유럽 국가들의 경험을 잘 이해해서 타산지석으로 삼을 필요가 있어 보인다. 가계부채 감축이 궁극적으로 경기회복 속도와 금융기관의 안정성과 긴밀히 연결되어 있기 때문이다.

가계부채 감축(디레버리징 deleveraging)은 상환기간 연장, 채무대환, 이자율 인하, 채무감면과 같은 채무조정(restructuring)이나 채무불이행(default)에 의해 이루어지기 때문에, 금융기관의 수익성 내지 건전성을 악화시킬 수밖에 없다. 그 일부를 정부가 보전할 경우에는 가계부채가 공공부문으로 이전될 뿐이다. 어떤 경우든 신용위축, 국가채무증대, 물가와 이자율 상승 압력을 초래하여 경기회복을 어렵게 하고, 이는 다시 가계소득과 민간소비의 감소, 가계부채 증가라는 악순환으로 연결될 수 있다. 가계부채 감축을 단기간에 정책적으로 이루기 어렵고, 신중히 접근해야만 하는 이유이다.

각 국가들의 가계부채 감축의 사례를 자세히 논의한 대신, 비교적 성공적으로 진행된 경우를 중심으로 주요 시사점을 찾아보기로 하자. 최근에 진행된 사례들은 자산거품의 붕괴로 촉발되었다는 공통점을 가지고 있다. 미국, 유럽국가들, 일본의 경우, 근원에는 차이가 있지만, 모두 주택가격 하락과 부동산 시장의 붕괴에 따른 신용축소와 경기후퇴가 가계부채 감축의 필요성을 불러왔으며, 우리나라의 경우도 예외가 아니다. 가계자산이 주택과 같은 부동산 위주라서 대체자산이 빈약한 우리나라의 경우, 이 문제는 더욱 심각하다. 부동산은 기펜재(Giffen goods)의 특성을 가지고 있기 때문이다.

핀란드는 1990년대 자본자유화와 금융규제 완화로 자산가격과 물가의 급등, 수출경쟁력 약화를 긴축정책으로 대응하면서 자산가격 버블의 붕괴를 겪었다. 그러나 뒤따른 가계부채 감축 과정에서 민간소비 감소와 경기후퇴가 발생하자, 이를 적절한 환율정책에 의한 수출증대로 극복하였다. 미국의 경우, 2008년에 주택가격 폭락에 따른 신용경색, 경기후퇴가 이어지자, 부실자산 정리와 금융기관 구조조정을 적극적으로 추진하여 금융시스템을 안정시켰으며, 그 결과 비슷한 과정을 겪은 OECD 국가들 중 가장 큰 폭의 가계부채 감축을 이루었다.[74] 미국 가계부채 감축의 가장 큰 특징은 가계부채 조정 과정에 정부가 직접 개입하지 않았으며, 주택압류(foreclosure)에 의해 부실 모기지의 상당부분을 정리하였다는 점이다. 이는 미국의 효율적인 부실채무정리 절차에 힘입은 바 크다. 한편 상대적으로 부실 채무정리 절차가 보다 번거롭고, 정부나 금융기관이 보다 소극적인 영국, 네덜란드, 남유럽 국가에서는 가계부채 감축에 큰 진전을 보이지 못하고 있다. 현재 미국은 이들 국가들에 비해 훨씬 밝은 경기회복 전망을 보이는 것으로 평가되고 있다.[75]

가계부채 문제는 궁극적으로 경제성장에 따른 소득증가로 해결되는 것이 옳다. 정책적 개입은 가계부채를 직접 감면하거나 차주인 금융기관을 지원하는 방식으로 공공부문에 이전하는 과정에 불과하다. 그것이 악성 가계채무의 증가가 금융불안-경기후퇴로 연결되는 악순환의 고리를 끊기 위한 단기처방에 그쳐야하는 이유는 그 부작용이 크기 때문이다. 부작용은 채무자나 금융기관의 도덕적 해이를 유발하고, 역차별이라는 갈등을 초래하며, 그 범위가 확대되어 경제성장을 해치는

74) 2008년 이후 2011년 사이에 미국의 가계부채는 GDP 대비 75.2%에서 16.1% 하락한 반면, 이 기간 중 일본, 영국, 남유럽 국가의 가계부채비율은 오히려 증가하였다(자료: Mckinsey Global Institute).

75) Economist, Household debt, June 1st, 2013.

데 있다. 정부가 빚을 갚아준다면, 채무자는 빚을 늘리려 하고 금융기관은 부실채권을 늘리려하는 유인이 커지고, 성실히 채무를 상환하는 가계를 역차별 하는데 대해 불신과 갈등이 증폭될게 뻔하다.

정치권과 정부가 하우스푸어 해소나 가계채무 조정에 직접 개입하는 것은 자제해야 한다. 그 대표적인 경우가 바로 국민행복기금에 의한 가계채무 조정이다. 기본적으로 이런 포퓰리즘 정책은, 비록 사회취약 계층을 배려함으로써 사회안정을 얻겠다는 정치적인 필요성을 인정하더라도, 그 범위의 확대를 제한해야 한다. 이미 채무탕감을 당연한 권리로 인식하는 분위기가 번지고 있고, 국민행복기금 적용대상에 '미소금융', '햇살론', '새희망홀씨 연체자'까지 포함해야 된다는 주장이 대두하고 있음은 걱정스럽다. 미국의 경우에서 볼 수 있듯이, 가계부채 축소는 어디까지나 채무자-채권자의 차원에서 해결해야 효과를 발휘할 수 있을 뿐 아니라, 도덕적해이나 역차별이라는 부작용을 최소화할 수 있기 때문이다. 정부가 해야 하고 할 수 있는 역할은 채무자-채권자 간에 자발적 채무조정을 유도하는 공간을 최대한 확대하는 데 그쳐야 할 것이다.

7.6 쉴러 교수가 보는 금융과 좋은사회: 2013년 12월

로버트 쉴러 교수가 최근에 출간한 '금융과 좋은 사회(Finance and Good Society)'는 미국이나 유럽에서 뿐 아니라 국내에서도 많은 주목을 받았다. 그것은 2008년의 미국 금융위기-경기침체가 범세계적으로 확산되면서 금융과 금융산업에 대한 불신 내지 분노가 팽배해진 상황에다가, 그가 당대 최고로 꼽히는 금융경제학자[76]일 뿐 아니라 금

76) 그는 가장 영향력 있는 세계 100대 경제학자에 들어 있을("Economist Rankings at IDEAS". University of Connecticut) 뿐 아니라, 2011년 블룸버그 글로벌 금융에서 가장 영향력 있는 50대 인사(Bloomberg 50 most influential people in global finance) 명단

융시장의 과열과 거품붕괴를 줄곳 경고해왔다는 사실이 크게 작용했기 때문일 터이다. 이 책은 국내외에서 모두 호평을 받고 있다.

그는 금융이라는 목표지향적 건축물(goal architecture)이 좋은 사회를 만드는 가장 유효한 수단이며, 그 궁극적인 기준은 금융의 민주화(democratization of finance)에 있다고 본다. 그는 비록 되풀이되는 금융불안과 경기침체가 가져다 준 고통스러운 경험이 금융에 대한 불신을 불러왔지만, 금융이 가져다 준 기회와 혜택에 대한 과소평가, 금융인에 대한 지나치게 부정적 시각이 있음을 지적하고, 오늘날의 금융자본주의가 좋은 사회로 이끄는 유일한 대안임을 역설한다. 따라서 향후의 과제는 금융자본주의의 축소가 아니라, 이를 더욱 발전시켜 금융민주화를 이루는 일이다.

그는 금융민주화의 개념과 방안을 비교적 자세히 설명하고, 정부의 역할이 필요하다고 주장한다. 그는 이를 금융경제학, 경제사, 그리고 심리학과 신경과학, 정치와 철학에 대한 풍부한 지식으로 뒷받침하고 있다. 무엇보다 그는 정통경제학자로서는 드물게 금융의 이론과 실무에 밝고, 사회 취약계층이 금융의 혜택과 기회를 충분히 누리지 못하는 안타까운 현실을 진솔하게 염려해온 경제학자이다. 이 책은 이와 같은 그의 경력과 심성을 압축하여 표현하고 있다.

그러나 아쉽게도 이 책이 주는 메시지에는 몇 가지 점에서 중요한 결함을 발견할 수 있다. 그런 의미에서 이 책의 주제인 *'좋은 사회로 이끄는 금융'*이라는 주제가 성공적으로 전달되었다고 보기 어렵다. 그 바탕은 이 책에서 일관되게 흐르는 그의 두 가지 입장, 즉, 금융시장이 효율적이지 않다는 입장과 공공금융(public finance)의 부정적 역할을 중시하지 않는 입장이다. 상세한 비평에 앞서 이런 입장을 형성한 그의 학문적 성장배경을 간략히 살펴보는 것이 도움이 될 듯하다.

에 올라와 있다.

| 로버트 쉴러, 금융경제학자 |

그는 현재 예일대학의 아서 오쿤 경제학 교수(Arthur M. Okun Professor of Economics)로 재직 중이며, 같은 대학의 경제학과에서 30년이 넘게 강의를 해오고 있다. 그는 눈부신 학문적 업적과 학계에서의 공로 못지않게, 금융시장의 과열현상을 비판한 베스트셀러의 저자로서, 주택가격 지수인 케이스-쉴러지수(Case-Shiller National Home Price Index)의 창안자로서 명성을 떨친 학자이다. 리투아니아 이민 가족의 후예인 그는 온화한 성품의 소유자로 다양한 국적의 제자나 공동연구자를 둔 학자로 유명하며, 한국인 출신의 제자들도 많다. 나는 펜실바니아 대학의 박사과정에서 생애 최초로 그의 거시경제학 강의를 들었는데, 매우 친절하고 겸손한 성품을 가진 젊은 교수였다는 기억이 남아 있다. 무엇보다 인상적이었던 것은 그의 계량경제학 실력이었는데, 펜실바니아 대학의 노벨 경제학 수상자인 로렌스 클라인 교수도 그의 실력을 칭찬할 정도로 촉망받는 소장학자였다.

그는 미시간 대학에서 경제학 학사를, MIT에서 노벨 경제학상수상자인 프랑코 모딜리아니의 지도 아래 경제학 박사학위를 받았다. 그의 회고에 따르면, 당시 모딜리아니 교수는 금융경제학의 주류 이론인 효율적 시장이론(Efficient Market Hypothesis)을 반쪽 진실에 불과하다고 말하곤 했다고 한다. 쉴러 교수가 학계의 스타로 등장한 계기는 그가 1981년 미국경제학회지 AER에 발표한 논문 'Do stock prices move too much to be justified by subsequent changes in dividends?'에서 주식가격이 사후 배당의 흐름에 비해 과도한 변동성을 보인다는 점을 밝혀냄으로써, 효율적 시장 가설에 정면으로 도전한 것이었다. 그의 주장은 이후 치열한 논쟁의 대상이 되었고, 주식가격의 과잉변동성 분석은 금융경제학의 주요 과제로 자리 잡았다.

쉴러 교수는 이후 주식을 포함한 자산가격의 과잉변동성이나 거품현상의 주요원인이 투자자들의 비이성적 투자행위에 있다고 보고, 그 근거로 투자행위가 이성적 판단보다는 심리적 충동에 있음을 역설해 왔다.

이런 주장을 담은 그의 대표적 저서들인 '이상과열(irrational exuberance)', '야성적 충동(animal spirit)',은 모두 베스트셀러가 되었다. 그는 또한 2000년의 닷컴버블, 2008년의 주택시장 거품의 붕괴를 일찍부터 예견함으로써 전세계적으로 가장 영향력이 큰 경제학자라는 명성을 누리고 있다. 한편 그는 1991년부터 시카고대학의 리차드 탈러(Richard Thaler) 교수와 함께 당시까지 비교적 생소한 분야였던 행태금융학(또는 행태경제학 behavioral finance or behavioral economics)[77]의 연구와 보급을 주도해 왔다. 이런 학문적 업적으로 그는 탈러 교수와 함께 현재 노벨경제학상 후보의 일 순위에 올라와 있다.

| 금융자본주의의 배역들 |

이제 '금융과 좋은 사회'의 주제와 내용을 검토해보자. 서론 부분에서 그는 마르크스주의(자)의 자본주의에 대한 거센 비난, 특히 금융을 사회의 기생충쯤으로 여기는 부정적 시각, 금융이 부의 편중이나 경제불안을 초래하는 주요 원인으로 보는 대중적 인식이 있음에도 불구하고 금융자본주의 보다 우월한 대안이 없다는 강력한 근거를 제시한다. 오히려 금융은 우리들의 공통된 문제들을 해결해주는 가장 유효한 수단이 되어왔고 앞으로도 그럴 수 있을 것으로 본다. 그는 금융이 역사적으로 보험, 주택모기지, 저축계좌, 연금과 같은 금융수단의 발명으로 좋은 사회를 만드는 데 크게 기여하였음을 설명하고, 따라서 금융을 더욱 발전시키고 부작용을 최소화함으로써 보다 많은 사람들에게 금융의 혜택과 기회를 누릴 수 있도록, 즉, 금융민주화로 나가야 한다고 주장한다.

이 책의 내용은 두 부분으로 나누어져 있다. 전반부인 제1부는 금융과 연관된 모든 부문의 역할과 성격을 해설하고 있다. 특이하게도 그

---

77) 금융경제학자들이 투자심리나 행태금융학에 본격적인 관심을 갖기 시작한 계기는 1987년 10월의 주가대폭락 사건이었다.

는 이를 담당인물(기업 CEO, 투자관리자, 은행가, 변호사와 회계사, 금융정책 담당자 등에 이르기까지)을 중심으로 하고 있는데, 금융자본주의를 실질적으로 개선하는 구체적 방안이나 동기부여방식(incentivizing method)을 드러내려는 의도가 돋보인다. 예를 들어 법률서비스 제공자(변호사)의 경우를 보자. 그는 금융 거래나 계약이 상반된 이해관계를 포함할 가능성이 크면 이에 걸맞은 법률서비스를 필요로 하지만, 당사자의 경제적 형편에 따라 적절한 서비스를 받을 수 없을 경우가 있음에 주목한다. 그럴 경우에 영국과 같이 법률서비스지원단(Legal Service Commission)과 같은 기구를 통해 지원해주는 방안을 생각해볼 수 있다.

또 다른 예로서, 공공재부문 금융가(public goods financier)의 경우를 보자. 그는 공공재의 공급을 정부독점 방식으로 해결하는 대신 민간기업과 협력하게 하거나 민간기업을 고용하여 공급하는 방식을 확대할 것을 제안한다. 기본적으로 밀턴 프리드먼의 주장을 원용한 이런 방식은 국가독점방식으로 발생할 수 있는 불투명성이나 부정부패의 문제를 줄이고, 책임성을 보강해줄 수 있을 것이다. 그는 사례로 미국의 국가과학협회(NSF, National Science Foundation)의 경우를 들고 있다.

이처럼 제1부는 다소 진부한 내용을 교과서적인 방식으로 해설하고 있지만, 풍부한 사례와 유용한 아이디어들을 포함하고 있어서 즐길 수 있는 읽을거리이다. 어느 경우에나 그는 좋은 경제학자답게 정부개입의 당위성을 주장하기보다는 적절한 동기유인 방식을 먼저 찾고 있다.

| 쉴러의 금융민주화 |

쉴러의 핵심적인 주제는 책의 후반부인 제2부에 실려 있다. 여기서 그는 금융경제 이론의 성격과 한계, 그가 보는 금융자본주의의 장점과 문제점, 그가 주장하는 금융민주화의 의미와 방향을 서술한다. 먼저 그는 금융경제 이론들이 모두 합리성을 전제로 개발된 아름다운 논리적 체계임을 상기시킨다. 그러나 그 이론들의 진가는 모든 사람들이 금융의 혜택을 공유할 수 있어야만 나타난다는 공리주의적 가치관을 드러낸다. 다음으로 그는 부자들이나 금융업자들이 다른 직업을 가진 사람들과 유별나게 다르다는 인식은 환상에 지나지 않으며, 다른 사람들도 얼마든지 그들과 같은 가치관이나 성향을 지니거나 금융을 이용한 부의 축적에 동참할 수 있음을 설명한다.

그는 금융이 간혹 얄팍한 행위(sleaziness)나 범죄를 유발하고, 지나친 부의 편중을 일으킨다는 문제점을 인정하고, 이를 시정하여 금융이 사회의 자산을 증진하는 일(stewardship society's asset)이 궁극적인 목표이어야 한다고 주장한다. 그는 그 과정을 금융민주화라고 부르고, 이를 위해 정부의 역할이, 비록 정부의 직접적인 개입이란 용어는 피하려 하면서도 있어야 한다고 주장한다.

쉴러의 금융민주화의 핵심은 금융자본주의를 개혁을 통해 보다 균등한 부의 배분(more egalitarian distribution of wealth)을 이루자는 것이다. 그는 금융자본주의가 끊임없이 유지, 보수되어야 하며, 그 궁극적인 목표는 인간가치의 향상에 금융시스템이 부합되도록 해야 한다고 본다. 그것이 바로 금융이 좋은 사회를 만드는 일이다.

그는 금융의 혜택과 기회가 사회전체에 보다 넓게 확산되어야 한다고 주장할 뿐, 왜 그런 상태가 좋은 사회의 상태인지 설명하지 않으며, 정부의 역할을 강조할 뿐, 획기적인 정책방안을 제시하지도 않는다. 그가 제안하는 GDP 연계 국가부채, 소득 연계 모기지, 소득이나 물가연계 저축방안과 같은 일련의 지수연계금융(indexation-induced financial scheme)은 금융시스템의 취약점을 보완하는 유용한 방안일 수 있다. 그는 좋은 경제학자답게, 부자나 금융(인)을 매도하는 것을 경계한다. 대신 그는 이들의 박애심(philanthropy)을 적극적으로 유인할 수 있게 조세제도를 보완해야한다고 주장하는데, 이는 충분히 경청할 가치가 있다.

쉴러의 가장 적극적인 주장은 경제주체들의 비이성적 성향, 즉 야성적 충동(animal spirit)을 다스려서 부의 편중이나 주기적으로 발생하는 금융불안이 해소되어야 하며, 여기에 정부정책의 역할이 필요하다는 데서 발견된다. 바로 이점이 그의 주장을 케인즈주의적으로 만드는 특색이며, 그의 '금융과 좋은 사회', 그의 이른바 '금융민주화'의 이론적 바탕을 이루고 있다. 그는 위험감수의 충동(impulse for risk taking), 현상유지에 대한 집착(impulse to follow conventionality), 부채와 레버리지(debt and leverage)의 과용, 금융(인)의 천박한 행위(sleaziness), 투기(speculation), (금융)거품(financial bubble), 불평등(inequality)와 불공정성(injustice)을 모두 야성적 충동(animal spirit)에서 나온다고 믿는다. 그는 모든 경제주체의 실제행동이 이런 야성적 충동에 지배되며, 이를 뇌과학, 신경과학, 심리학의 실증적 연구결과나 설문조사의 결과를 활용하여 입증하려 한다.

그는 경제학이 합리성을 중시하는 나머지 이런 야성적 충동에 기인하는 비이성적 성향을 반영하지 않는 오류를 범하고 있다고 통박한다. 그는 야성적 충동이론에 의해서만 경기변동, 금융위기, 비자발적 실업, 물가상승과 실업률의 역상관 관계, 비계획적인 저축행위, 금융시장과 투자의 과잉변동성, 부동산 시장의 주기적 부침, 소수층의 빈곤 대물림에 이르는 모든 문제들을 설명할 수 있다고 주장한다.[78] 그러므로 이들 비이성적 성향의 문제를 교정하기 위해 중앙은행이나 정부의 역할이 있어야 한다고 주장한다.

그러나 그가 사례로 들고 있는 메도프[79]의 폰지방식 금융사기, LTCM의 투자실패[80], 또는 이들에 의해 피해를 입은 투자자들의 행위가 모

78) 애컬로프와 쉴러의 '야성적 충동'(Akerlof, G.A. and R.J. shiller, Animal Spirits, Princeton University Press, 2009) 참조.

79) 버나드 메도프(Bernard L. Madoff)는 미국의 주식 브로커, 금융상담사이며 NASDAQ의 비상임 의장을 역임한 금융인이다. 그는 2008년말 미국 역사상 최대의 폰지식 금융사기 사건의 주범으로 체포되어, 170억 달러에 달하는 자산의 몰수와 함께, 법정 최고형인 150년형을 선고받고 복역 중이다.

80) LTCM(Long Term Capital Market)은 1993년에 노벨 경제학상을 수상한 로버트 머튼과 마이론 숄즈 등이 주도하여 설립한 헤지펀드이다. 이 펀드는 설립 이후 거대 펀드로서 성장하고, 엄청난 투자수익을 올렸지만, 1998년 러시아 국채 디폴트 이후에 막대한 손실

두 비이성적 충동에 의해 저질러진 것인가? 전자의 경우는 투자손실을 만회하기 위한 은폐, 허위와 과장, 다단계식 투자모집의 사기에 해당하는 불법행위이고, 이를 감지하지 못한 투자자의 과실이나 금융감독의 부실을 모두 비이성적 행위로 간주하는 것은 지나친 단순화가 아닌가? 마찬가지로 엔론 회계부정 사건, 베링은행의 파생상품 투자손실과 같은 불법 금융사기와 금융감독의 실패로 봐야하지 않겠는가?

LTCM 투자실패는 후단(厚端)위험(fat-tail risk)과 체계위험(systemic risk)을 반영하지 못한 계산착오, 그 펀드의 과잉레버리지에 기인하였다. 이를 모두 자만심과 같은 야성적 충동의 탓으로 볼 수 있는가? 이 펀드의 투자자들이나 이들 금융사기의 피해자들은 대부분이 대형은행, 연기금과 같은 전문투자기관이었다. 이들의 투자행위가 모두 군집투자행위(herd behavior)이나 투기행위로 볼 수 있는지는 의문이다. 뒤이은 급속한 신용축소 역시 비이성적 충동의 누적으로 보기보다는 예측못한 위험에 대한 자연스러운 반응, 그리고 이를 증폭시킨 금융기관의 과잉레버리지로 보아야 한다. 또한 헤지펀드, 화폐시장펀드(money market fund), 설계투자수단(SIV, structured investment vehicle)과 같은 그림자은행(shadow banking)의 부작용을 과소평가하고 감시를 소홀히 한 금융감독의 실패 책임을 물어야 한다. 쉴러는 이런 금융시스템의 취약성에 대한 개혁안을 제시하고 있지만, 개혁안이 왜, 그리고, 어떤 방식으로 야성적 충동성향을 극복하는지는 설명하지 않는다.

쉴러는 야성적 충동의 문제가 가장 심각하게 드러내는 현상은 자산가격의 과잉변동성, 거품의 생성과 붕괴라고 본다. 그는 이를 주로 자만심(confidence), 공정성(에 대한 인식)(fairness), 부패(corruption), 화폐착각(money illusion)이라는 비이성적 성향으로 설명한다. 거품을 그는 다음과 같이 정의한다.[81]

을 입고 파산하였다.

81) Robert J. Shillerd의 Irrational Exuberance(2006).

…(투기적) 거품이란 가격상승이라는 뉴스가 투자자들의 열광을 불러오고, 이는 사람들 사이에 심리적 전염을 일으키며, 그 과정에서 가격상승을 정당시하는 이야기가 증폭되어가서, 투자대상의 진정한 가치에 대한 회의가 있음에도 불구하고, 다른 사람들의 성공에 대한 시기심이나 또는 부분적으로는 도박의 흥분에 힘입어 더욱 더 많은 계층의 투자자들이 몰리는 현상…

이는 그 자신이 인정하듯이 경제학적인 용어라기보다는 감성적, 심리적 표현이다. 그럼에도 그는 이런 비이성적 상황이 (개인적)정신적 병리현상이라기 보다는 비이성적 충동에서 나오며 일종의 사회적 전염병(social epidemic) 현상을 만든다고 본다. 이런 견해를 뒷받침하기 위해 그는 뇌과학, 신경과학, 심리학의 연구결과나 서베이결과를 인용한다. 심지어 그는 이들 비이성적 충동에 의한 거품은 금융시장 뿐 아니라 히틀러치하의 정치적 상황이나 모택동의 문화혁명과 같은 정치적 거품으로도 나타난다는 다소 엉뚱한 해석을 내놓는다. 그는 정치적 억압의 영향이나 공포분위기의 영향, 정부의 잘못된 경제, 금융정책을 과소평가하는 것처럼 보인다.

쉴러는 비이성적 충동이 대공황에서부터 2000년의 닷컴버블, 2008년의 서브프라임버블에 이르기까지 금융거품의 원인이었고, 금융자본주의를 위협하는 최대의 적이며, 이런 비이성적 충동을 반영하는 경제이론과 이를 통제하는 정책이 필요하다고 역설한다. 바로 그가 주장하는 금융민주화를 이루는 관건이라고 본다.

경제주체들의 행위가 비이성적 충동에 영향을 크게 받는다는 사실은 부인하기 어려울 것이다. 그러나 그런 충동의 역할이나 크기, 지속성 여부는 아직 밝혀지지 않았다. 더구나 계산착오, 금융사기, 금융제도에 부수되는 도덕적 해이나 대리인 문제들이 주로 비이성적 충동에 기인한다고 볼 수는 없다. 만일 그렇다면 쉴러는 비이성적 충동의 범위를 지나치게 확대할 수 있고, 역설적으로 합리성의 원칙에 대한 과도한 요구를 하는 셈이다. 그가 공격하는 효율적 금융시장의 가설이나 합리적 기대가설은 결코 전지전능이나 완전한 예견력(perfect foresight)을 의미하지 않는다. 쉴러가 거론하는 역사적 거품은 실제로 매우 과장되어 있었다는 사실[82], 소위 '거품' 생성의 주원인이 과잉유동성 공급이라는 정부정책의 실패, 자산가격의 기펜재적 특성에 기인한 바가 크다는 사실, 급속한 거품의 붕괴가 부분준비금에 기반을 둔 금융제도의 취약성에 있음을 간과해서는 안된다[83]. 이미 밝혀진 대로 서브프라임 버블은 과잉유동성 공급과 정부의 주택보유 장려정책의 합작품이었다는 사실은 야성적 충동이라는 해석이 설득력이 약하다는 것을 여실히 드러낸다. 쉴러는 이런 공공금융(public finance)의 실패를 의도적으로 과소평가한다는 인상을 지우기 어렵다.

| 맺는 말 |

쉴러는 온건한 케인즈주의자(mild Keynesian)이다. 그는 경제학과 금융이론이 합리성과 균형이론에 집착하며, 경제주체들이 실제로는 야성적 충동(animal spirit)에 지배된다는 사실을 무시하고 있다고 비난한다. 그는 금융시스템이 이런 야성을 다스릴 수 있게 고안되어야 한다고 주장하지만, 획기적인 개혁안보다는 비교적 온건한 개선안을 제안한다. 그는 또한 평등주의적 가치관(egalitarian view)을 선호하는 것 같다. 그는 비록 소수의 창의적 유인을 억제해서는 안된다는 점을 강조하지만, 금융이 보다 균등한 부의 배분에 기여하도록 개선되어야 한다고 주장한다. 이런 관점들이 쉴러가 주장하는 금융민주화의 핵심을 이룬다. 그러나 그는 비이성적 성향 때문에 발생한다고 보는 금융의 부작용이 사실상 화폐적 현상으로 설명할 수 있을 뿐 아니라 잘못된 통화금융정책이나 정부실패가 큰 원인이었음을 거의 고려하지 않는 점은 아쉽다.

나는 쉴러 교수의 학문적 역량과 포용성, 그리고 그의 인간애(人

82) Peter Garber(1990) (참고문헌).

83) Ferguson(2012), 김우택(2009), 안재욱(2013) (이상 참고문헌에 포함) 등 참조.

間愛)를 깊이 존경한다. 그가 무엇보다도 인간행동의 비이성적 성향을 드러내는 행태(행동)금융(또는 행태(행동)경제학, behavioral finance or behavioral economics)을 경제현상의 분석에 도입한 공로는 지대하다. 그의 '금융과 좋은 사회'는 이런 장점들을 반영하는, 사려 깊게 쓴 책이며, 필자와 같이 그의 주장에 선뜻 동의하지 않는 사람에게도 좋은 읽을거리이다. 그러나 인간의 비합리성과 균등배분의 가치관에 기반을 둔 그의 주장은 오직 반쪽의 설득력만 가졌다고 볼 수밖에 없다.

8. 교육과 사법역량의 강화

교육과 사법제도는 자유민주주의 체제에서 아마도 가장 중요한 인프라일 것이다. 교육은 우리가 자유로운 삶을 영위하는 데 필요한 지식과 기술을 가르쳐 주고, 시민으로서의 권리와 책임을 깨닫게 해준다. 우리는 교육을 통해서 자유의 소중함과 한계를 배우게 된다. 한편 사법제도는 우리의 기본권인 생명, 자유와 재산권을 보호하는 역할을 통해 사회정의가 실현되게 할 뿐 아니라, 계약과 거래질서가 유지되도록 하는 기능을 통해 시장경제가 제대로 작동할 수 있게 해준다. 무엇보다도 사법제도는 법치를 보장함으로써 우리가 자유를 누리는 데 필수불가결한 역할을 한다.

우리는 고도로 발달되고, 정교한 사법제도와 교육제도를 가지고 있다. 사법계는 우리 사회에서 최고 수준의 엘리트층이 집결해 있고, 일반적 교육수준은 세계가 부러워하는 높은 수준이다. 우리 청소년의 수학, 읽기, 과학 지식의 수준은 국제적 비교 순위에서 일관되게 최상위에 매겨져 있고, 세계 최고의 대학진학률에다, 인구 중 대학생수의 비율도 OECD 평균치를 넘는다. 이런 교육적 성취는 세계에서 유례를 찾기 힘든 교육열과 치열한 대학입시 경쟁의 결과다. 사법계도 어렵기로 유명한 사법고시 경쟁을 이겨낸 최고의 인재들로 채워져 있다. 사법개혁의 결실로 근년에 사법고시제도가 없어지고, 법학전문대학원으로 대체되었지만, 치열한 경쟁은 여전하다.

그러나 우리의 교육열이 우수한 학문적 역량으로 이어지지 않는다는 사실, 법조계 인력의 높은 자질이 우수한 사법역량을 의미하지 않는다는 사실은 자타가 모두 인정한다. 우리 학계가 창의적이고 우수한 학문적 성취를 잘 내지 못한다는 사실, 우리사회의 부정부패가 세계적으로 높고, 정의롭지 않다는 인식, 법조계가 늘 불신을 받는다는 사실은 그런 사정을 아프게 보여준다. 이런 현실을 한 마디로 진단하자면, 교육이 내실보다는 자격증따기(credentialism) 경쟁에 머물고 있기 때문이다. 명문대학, 법학전문대학원의 졸업장은 그 자체만으로도 좋은 신랑감, 좋은 신부감의 요건이고, 대기업 사원, 판검사나 유명 로펌과 같은 최상의 직장을 얻는 데도 가장 유리한 '스펙(specification)'이다.

우리 교육의 과열 경쟁은 매우 비싼 경쟁이자, 지극히 비효율적, 비효과적 경쟁이기도 하다. 경쟁은 사실상 유치원부터 시작하고, 공교육도 모자라 사교육 기관으로 확대될 뿐 아니라, 대학원까지 이어지고, 고시학원이나 취업준비 학원도 성업 중이다. 학부모들은 엄청난 경제적 희생을 감수하면서도 자녀교육에 매달리고, 학생들은 시험경쟁에 진저리를 친다. 교육비부담은 경제적 불평등을 가져오는 중요한 요인이자, 결혼과 출산을 미루는 중요한 이유다. 그럼에도 교육으로 만족스러운 결과를 얻는 사람은 극히 소수다. 경쟁의 궁극적 목표인 좋은 직장은 제한되어 있기 때문이다. 교육이 우리사회가 안고 있는 사회문제 중에서 으뜸으로 여겨지는 것은 전혀 놀랍지 않다.

그렇기에 교육은 늘 우선적 국가정책의 하나이고, 정부간섭이 제일 심한 부문이다. 입시제도는 가장 자주 바뀌는 국가정책의 하나이고, 과외수업 단속정책, 학군제도, 고교평준화 정책, 특목고와 자사고 정책, 대학지원과 구조조정 정책들에다 무상급식 정책과 반값등록금 정책까지 도입되었다. 하나같이 실효성이 적거나 첨예한 의견대립의 대상 이었다. 특히 입시경쟁을 제한하려는 정책들은 전혀 효과를 거두지 못했고, 사교육 시장의 이상과열이라는 부작용을 불러왔다.

교육부문의 경쟁을 탓해서는 안된다는 시각도 있다. 우리 젊은이들의 학업성취도나 노동의 품질이 세계적으로 높은 것도 경쟁의 덕택이고, 경쟁은 시장환경에 대한 자연스러운 반응이라는 견해다. 그러나 입시경쟁, 자격증 경쟁은 득보다 실이 훨씬 크다. 현재의 교육방식은 자원의 낭비와 부수적 사회문제라는 비용을 너무 크게 요구하는 데 비해, 사회의 지적 수준을 올리는 데도 별로 기여하지 못한다. 오히려 학력과잉의 문제를 일으키는데다가, 우리가 갈망하는 노벨상 수준의 학자를 배출하기도 어렵게 하고, 교육계와 법조계에 반자유적 이념을 확산시키는 데 기여하기도 한다.

이런 부작용은 경쟁의 범위가 너무 좁고, 품질이 떨어지는 데서 나온다. 학부모와 청년층이 선호하는 직종을 보면 대기업 사원, 의사, 판검사나 변호사, 금융업과 공무원이 항상 상위에 있다. 이런 현상은 선비나 관직을 귀한 신분으로 여기는 사회문화적 전통에도 일부 기인한다. 예로부터 관직진출은 사회적 신분상승의 상징이었고, 사법고시 합격은 '개천에서 용난다'라고 표현되어 왔다. 오늘날까지 이런 현상이 이어지는 까닭은 상대적으로 높은 보수에다 고용안정이 보장되기 때문이다. 또한 이들 직종은 공통적으로 까다로운 선발시험을 거쳐야 하거나, 자격증을 필요로 하는 직종이다. 그러나 일단 선발되면, 특별한 개인적 사유가 없다면, 경쟁과 고용불안에서 해방된다. 이들 직업에 대한 격심한 경쟁은 경쟁을 피할 수 있기 위한 경쟁을 하는 셈이다.

문제는 이런 일자리가 정책적 의도에 의해서 인위적으로 만들어진 장벽이나 업종의 기술적 특성으로 인해 공급이 제한될 수밖에 없다는 점이다. 공무원 수를 늘리는 데는 한계가 있고, 그 부작용도 가볍게 볼 수 없다. 정보통신기술의 발달은 멀지 않아 법률서비스, 의료서비스, 금융서비스에 대한 일반적 수요를 줄이고, 점차 고급 서비스 부문에 집중되어 갈 것으로 보인다. 따라서 이들 직종에 대한 경쟁은 한층 심화되어 갈 수밖에 없다.

교육부문에서 과당 경쟁을 줄이려면, 문제의 근원을 보다 정확히 살펴보아야 한다. 사실 교육부문의 경쟁 과열은 교육부문 자체의 문제라기보다는 왜곡된 시장구조에서 나왔고, 경쟁제한적 정책의 책임이 크다. 우리나라에서 서비스업, 중소기업이 잘 성장하지 못하고, 생산성이 낮은 것은 이들 업종을 보호한다는 명분으로 한 진입규제가 크기 때문이다. 이들 업종은 대기업이 진출할 수 없고, 자본과 기술의 투입이 안되다 보니, 저생산성, 저임금, 고용불안정이라는 한계로 좋은 일자리를 제공하지 못한다. 노동에 대한 과잉보호도 문제의 중요한 원인이다. 대기업과 공무원 노조원은 생산성에 비해 지나치게 높은 보수를 받지만, 수적으로 제한될 수밖에 없고, 이런 혜택에서 소외되는 중소기업 직원, 비정규직 직원의 규모는 더욱 커지고, 그들의 사정은 더욱 어려워진다.

이런 상황이 지속되는 한, 한정된 직종을 목표로 한 입시경쟁, 자격증 경쟁이라는 비정상적 교육은 해소될 수 없다. 정부가 대기업 규제, 중소기업 보호정책, 노동보호 정책을 강화할수록, 그런 사정은 더욱 악화되고, 왜곡된 교육은 더욱 심화될 것이다. 진보교육감들이 학교교육 정상화라는 명분으로 추진하는 경쟁줄이기 정책, 평준화 정책은 경쟁자체를 문제로 보는 어리석은 발상이다. 사교육과 비명시적 방식의 경쟁은 더욱 치열해 질 것이다. 정부도 노동정책, 기업정책으로 사회적 약자를 보호하겠다는 환상에서 벗어나야 한다. 오히려 그들의 사정을 더 어렵게 만들고, 또 다른 특권층을 만들 뿐이다. 이런 사고의 전환이 없이는 교육의 정상화는 기대할 수 없다.

8.1 대학교육 과열과 등록금인하 정책: 2012년 5월

우리 대학교육이 과열양상을 보이고 있는데도 주요 공공정책의 대상이라는 사실은 역설적이다. 우리나라 대학교육 부문은 정치권과 정부의 과도한 간섭을 받아왔다. 지금 여야가 경쟁적으로 공약한 대로 등록금 인하정책이 실현되면, 대학교육에 대한 수요와 사회적 부담은 크게 늘어난다. 이런 정책은 그 목적이나 효과가 불투명한 반시장적 개입정책일 뿐 아니라, 커다란 부작용이 예상되므로 매우 불행한 일이다.

이 정책의 배경에는 크게 보아 다음의 세 가지 믿음이 자리 잡고 있다. 첫째, 대학교육의 공공성이 크다는 시각이다. 대학교육은 공공재가 아님에도 불구하고, 초중등교육의 확장쯤으로 여기는 대중적 오해는 여전히 남아있다. 둘째, 대학교육이 인적자산에 대한 투자이므로 국가적 지원이 필요하다는 견해이다, 따라서 빈곤타파, 사회복지 증진, 국가경제력 향상과 같은 사회적 목적을 이루기 위해서는 대학교육에 대한 공적 지원은 필수사항이라고 주장한다. 셋째, 대학교육의 기회확대를 사회정의 차원에서 지원해야 한다는 주장이다. 대학교육을 선택사항이 아닌 대중적 권리로 여기는 이런 믿음은 대학정책이 포퓰리즘적 성격을 띠게 만드는 주요 요인이다. 이런 연유로 우리 사회는 늘 대학교육에 대한 정부개입을 허용해 왔다. 대학은 입시제도, 입학정원, 교원 인사정책, 교육이나 연구의 내용, 재정문제에 이르기까지 끊임없이 정부의 규제를 받아 왔다. 이제 반값등록금 정책을 넘어 공짜 대학교육, 사실상 대학국유화를 주장하는 황당한 주장까지 나오고 있다.

그러나 조금만 찬찬히 살펴보면, 이들 믿음의 근거가 취약하고 허점이 많다는 사실이 금방 드러난다. 그럼에도 그것들이 가지는 정서적인 호소력은 크므로, 대학교육의 대중화에 대한 욕구는 외면하기도 어렵다. 대학교육과 같은 고등교육은 그 목적이나 취지, 교육의 성과가 이루어지고 확산되는 방식도 초중등교육과는 다르다. 대학 교육의 이상은 기본적인 교양이나 기초지식 또는 단순한 직업적 소양을 전수하는 수준을 뛰어 넘는다. 대중적 대학교육의 욕구를 수용하는 정책이 필요하더라도, 그것은 어디까지나 이런 대학교육의 이상을 훼손하지 말아야 한다.

| 사적이익, 공적이익과 대학교육의 관계 |

대학교육이 사적 또는 공적으로 이득이 될 수 있는 경로는 그리 단순하지 않다. 대학교육이 개인적 차원에서 소득, 직업 안정성, 자부심을 높여주고 개인의 경제적 성공과 정의 상관관계를 보이는 것은 사실이고,[84] 이는 통계적 수치로도 확인된다. 경제협력개발기구(OECD)의 2010년 자료에 따르면, 한국의 학력 간 임금격차는, 고졸을 100으로 할 때, 대졸이상, 전문대졸, 중졸이 각각 177, 118, 69이다. 이런 임금격차는 평균치에 비해 다소 크다. 그러나 대학졸업 이상의 고용률은 OECD 평균치 보다 낮음을 감안하면, 개인당 평균 임금격차는 보다 작을 것이다. 통계청의 자료에 따르면, 실업률 격차는 대졸이상이 4.0퍼센트, 고졸 4.5퍼센트, 중졸은 3.2퍼센트로 나타나는데, 대졸 출신이 눈높이를 맞춰 취업하는 경우를 감안하면 학력 간 실업률 차이가 클 거라는 인식도 과장되어 있음을 알 수 있다. 즉, 학력에 따른 소득격차나 고용효과는 과장된 측면이 있고[85], 개인의 입장에서 보면, 대학교육이 경제적 성공을 보장하거나 충분한 조건도 아님은 분명하다.

고등교육이 공익을 증진시킬 수 있는 근거는 두 가지이다. 하나는 대학졸업자가 발명이나 창의적인 활동을 통해 사회전체에 경제적 기회를 확대시킬 가능성이다. 즉 대학교육이 가져올 수 있는 양의 외부성

84) 수많은 연구, 조사 결과들은 이를 보여준다. 예를 들면, Goldin and Katz, Long-run changes in the U.S. Wage structure, NBER working paper 13568, 2007. 또는 The U.S. College Board report, Education Pays, 2010.

85) 이런 사실은 OECD 국가들에 대한 통계적 조사에서도 확인된다(McIntosh, S., Education and Employment in OECD countries, UNESCO, 2008).

(positive externality)이다. 다른 하나는 대학교육이 개인의 인적자산을 늘려주고, 이는 경제 전체의 생산성 향상으로 이어질 거라는 가설이다. 바로 일부 학자들이나 정치인들이 대학교육에 대한 공적지원 확대를 미래에 대한 투자라고 주장하는 근거들이다.[86] 그러나 이런 주장의 타당성은 그리 명확하지 않다.

| 최선의 경우를 가정하더라도, 불분명하다 |

고도의 교육을 받은 개인이 사회전체에 유익한 공헌을 할 수 있는 개연성은 커질 수 있겠지만, 그런 천재들은 극히 제한된 소수이고, 반드시 대중화된 대학교육에 의해서 배출되지도 않는다. 역사는 수많은 에디슨이나 제임스 왓트, 빌 게이트나 스티브 잡스, 카네기나 정주영을 길러 내었다. 대중적 대학교육의 확대가 국가경제의 성공으로 이어진다는 보장도 없다. 이들의 인과관계는, 수많은 연구에도 불구하고 확연히 입증되어 있지 않다. 분명한 사실은 경제적 번영을 누리는 국가가 반드시 높은 대학졸업자 비율을 필요로 하지 않는 점이다. 독일, 일본, 스위스, 오스트리아의 대학진학률이나 대졸자 비율은 한국이나 미국, OECD 국가들의 평균치보다도 훨씬 낮다.

| 대학진학률의 상승의 원인과 낭비적 신호주기 교육 |

한국, 미국, 핀란드와 같이 대학교육열이 높은 경우는 어떻게 해석할 수 있겠는가? 우리나라의 경우를 중심으로 살펴보기로 하자. 우리나라의 대학진학률, 대학졸업률은 세계최고 수준이다. 교과부의 2010년 교육기본지표 통계에 따르면, 고교졸업생의 대학진학률은 82퍼센트로 60-70퍼센트의 미국이나 50퍼센트대인 일본, 유럽선진국의 40-50퍼센트를 크게 앞지른다. <표 1>이 보여주는 대로 진학률은 2000년대

86) 미국의 예를 들자면, 폴 크루그만이나 로버트 라이시와 같은 좌파경제학자들, 오바마 대통령이 이들 입장을 취한다.

중반 이후 최고수준에 달했는데, 이는 1980-1990년대의 두 배 수준으로 상승한 것이다. 실제 대학 재학생 숫자는 1999년의 159만 명에서 2000년대 중반에는 200만 명으로 약 25퍼센트 증가하였다.

이런 증가세는 1990년대 중반이후에 대학설립이 자유로워지면서 일어난 현상이다. 같은 기간에 1인당 실질 GDP는 약 두 배, 대학 등록금은 5배 증가하였다. 대학설립 자유화 이후에도 정원은 계속적으로 규제되었기 때문에 대학재학생 수의 증가를 대학교육의 수요증가로 보기는 어렵지만, 대학진학률의 증가는 수요 증가를 어느 정도 나타낸다고 볼 수 있다. 이런 수요 증가는 대학교육의 가격탄력성이 매우 낮기 때문에 주로 소득증가 효과를 반영한 것으로 생각된다. 좀 더 자세히 살펴보면, 급격한 수요증가는 주로 1990-2005년의 기간 중에 이루어졌음을 알 수 있다. 이 기간 중 실질소득은 2.09배 증가한 반면, 대학진학률은 2.47배, 일반계 고교생의 진학률은 1.88배, 전문계 고교생의 진학률은 8.1배 증가하였다.

대학 학비는 주로 학부모가 부담하며, 교육이 취업에 선행하므로, 진학률 상승의 인과관계는 소득상승에 따른 대학교육의 수요증가를 반영한다고 볼 수 있다. 즉, 대학진학률의 증가는 소득상승에 따라 보다 보수가 높고 안정적인 직업에 대한 수요가 증가하였음을 보여준다. 경제학적인 용어로는 대학교육에 대한 수요가 높은 소득효과를 반영하는 사치재의 성격이 있다는 것을 의미한다. 같은 기간 중에 실업계 고교생들이 취업대신 대학진학에 몰리기 시작하였고, 대학졸업자들의 정규직 취업 비율이 40퍼센트 수준으로 떨어진 반면에 중소기업의 구인난이 심화되었으며, 대학원 진학이 급격히 늘어난 사실들은 모두 그런 경향을 간접적으로 확인시켜 준다(<그림 1> 참조).

〈표 1〉 대학진학률과 GDP

연도	고등교육기관 진학률 %	일반계 고교 진학률 %	전문계고교 진학률	1인당 실질 GDP, 만원
1970	26.90	40.20	9.60	200
1980	27.20	39.20	11.40	377
1990	*33.20*	*47.20*	*8.30*	*859*
2000	*68.00*	*83.90*	*42.00*	*1471*
2005	*82.10*	*88.30*	*67.60*	*1796*
2006	82.10	87.50	68.60	1884
2007	82.80	87.10	71.50	1973
2008	83.80	87.90	72.90	2014
2009	81.90	84.90	73.50	2005
2010	79.00	81.50	71.10	2116

자료: 교과부, 한국은행

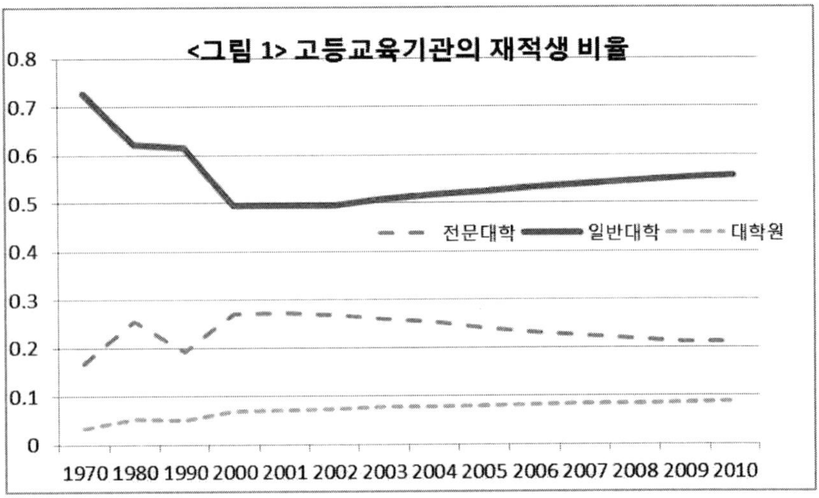

이런 사정 때문에 대학진학의 주목적은 취업준비가 되고, 소비자를 의식할 수밖에 없는 대학은 교육프로그램이나 내용, 학사관리도 졸업생의 취업에 유리한 방향으로 이루어지게 된다. 대학교육이 창의적인 엘리트의 양성보다는 취업률 향상에 유리한 학과를 만들고, 자격증

취득에 유리한 교육을 확대하는 방향으로 전환하게 된다. 대학평가에서 졸업생 취업률이 주요 항목이 되고, 정부도 재정지원의 근거로 이를 활용한다. 하바드와 같은 미국의 유명대학에서도 학점 부풀리기가 문제가 되고, 서울의 일부 명문대학에서 A학점 취득자가 70-80퍼센트에 이른다는 사실도 이를 반영한다.

문제는 일자리를 제공하는 기업의 능력이 제한되어 있고, 좋은 일자리일수록 일자리 숫자는 적고, 사정은 경기하강기에 더욱 나빠진다는 데 있다. 한정된 숫자의 좋은 일자리를 제공하는 기업일수록 보다 유능한 인재를 뽑으려고 하는 반면, 대학졸업자의 수준을 선별하기가 더욱 어려워지게 되므로 보다 높은 학력, 보다 수준 높은 자격증을 추가로 요구하게 된다. 그럴수록 대학원 진학이 늘어나고, 명문대학 입시경쟁, 자격증 취득경쟁은 더욱 치열해지는 헛교육경쟁(education rat race)이 심화된다. 한편, 대학은 명성유지를 위해 시설과 교수자원을 늘리는 경쟁에 빠지고, 이는 대학교육의 비용의 증가와 대학교육의 학비부담의 증가로 이어졌다. 이런 대학교육은 불필요하게 자원을 낭비하면서 학력과잉 현상을 일으키는 낭비적 신호주기 교육(dissipative-signaling education)이다.

| 등록금 인하정책의 허실 |

'반값등록금' 논쟁으로 촉발된 등록금인하 정책은 되돌리기 쉽지 않아 보인다. 과중한 교육비부담에 시달리는 학생, 학부모의 염원이 크기 때문이다. 일각에서는 한 술 더 떠서 무상 대학교육에다 대학국유화라는 무책임한 주장까지 한다. 또한 그 근거로 사회적 정의차원에서 대학교육의 기회를 개방해야 한다는 주장을 펴기도 한다. 불행히도 이런 정책은 다음과 같은 이유에서 정당성이 없고, 전혀 실효성이 없을 뿐더러 문제를 더욱 악화시킬 것이다.

먼저 사회정의의 문제를 보자. 이 주장은 아마도 사회적 약자에게 힘을 실어주어 대학교육을 받을 수 있게 해야 한다는 취지와 교육기회의 상실로 인한 인적 자원의 낭비를 최소화해야 한다는 논리에 근거하는 것 같다. 대학교육은 초중등교육과는 달리 교육의 성과가 개인의 자질, 성취동기와 의욕, 경제적 여력에 크게 의존하는 개인특이적(individual specific) 성격을 지닌다. 이를 무시한 획일적 교육비 깍아주기는 어떤 정의 개념과도 부합하지 않는다. 자질과 의욕이 있는 경제적 약자의 경우라면 장학금지원을 확대하는 것이 올바른 일일 터이다.

등록금인하 정책이란 실은 대학교육에 대한 보조금 지급정책을 의미한다. 대학교육의 구조나 방식의 개편을 전제로 하지 않기 때문이다. 교육수요가 가격에 대해 비탄력적인 까닭에 보조금은 주로 교육소비자에게 돌아갈 것이다. 위에서 논의한대로 대중적 대학교육의 혜택은 주로 개인에게 돌아갈 뿐, 공익증진에 별로 기여하지 않는다. 등록금 인하라는 보조금은 수혜자의 가처분 소득을 늘려주지만, 이는 대학교육에 대한 과소비를 더욱 부추기게 될 것이다. 대학진학률이 더 커지고, 재학기간은 더욱 길어지는 반면, 명문대나 대학원 진학에 대한 경쟁은 더욱 치열해질 것이다. 소모적인 학력과잉 현상이 나타나는 반면에, 대학의 재정사정 악화, 대학교육의 자율성과 교육내용의 질적저하로 이어질 것이다. 결국 대학교육에 대한 소비는 교육비 절감의 효과보다 크게 증가하는 낭비적 신호주기 교육이 될 공산이 크다. 이런 효과를 내는 대학교육에 공적자금을 동원해 보조금을 주어야 할 명분이 있는가?

대학교육비 부담을 줄이는 유일한 방법은 대학의 비효율적 비용구조를 개선하고 대학교육이 취업준비 과정이라는 굴레에서 보다 자유롭게 만드는 방법뿐이다. 단기적으로는 연구중심 대학과 리버럴아트 대학의 구분을 강화하고, 전문대학의 교육내용을 보다 충실하게 만드는 방안을 찾아야 할 것이다. 장기적으로는 대학이 스스로 재정확충 방안과 엘리트 양성과 직업적 소양 교육을 적절히 조화시킬 수 있는 방법을 찾아야 하고, 기업은 외형적 학벌 위주의 단순한 선별방식 대신 보다 정교한 인재발굴 방식을 개발해야 하며, 학생, 학부모와 언론은 대학교육의 효용성을 보다 장기적인 관점에서 평가하는 훈련을 해야만 한다. 정부가 해야 할 일은 대학에 대한 일체의 간섭을 풀고, 이런 노력들이 자생적인 질서로 진화될 수 있도록 참을성 있게 기다려주는 일이다.

8.2 반값 등록금과 불편한 진실: 2011년 6월

등록금이 지나치게 비싸서 서민들에게 큰 고통을 주고 있다는 데 공감하지 않는 사람은 없다. 그렇기에 사회진출을 앞둔 청년들이나 그들의 부모님들이 '반값 등록금' 정책에 뜨거운 호응을 보내는 것은 당연해 보이기도 한다. 이 문제로 우리와 비슷하게 골치를 썩고 있는 미국에서도 '대학 갈 자녀가 둘이면 쪽박찬다'는 말이 나온다. 그러나 대학교육비의 성격이나 대처방식에 대해서는, 특히 우리나라에서, 오해나 편견이 많은 것도 사실이다. 그러므로 등록금 정책을 성급하게 추진하기에 앞서 이런 불편한 진실(inconvenient truth)을 잘 살펴보아야 한다.

사립대학교의 등록금은 중간값이 연간 평균 740만 원, 국공립 대학은 421만 원이다. 전문대학의 경우는 605만 원에서 285만 원이다. 평균 20퍼센트의 각종 장학금 혜택을 고려하면, 소비자의 실제 등록금 부담은 이보다 낮고, 대학 유형에 따라 크게 달라진다. 등록금 부담이 실제보다 훨씬 무겁게 느껴지는 것은 대학입시준비와 연관성이 큰 사교육비 지출이 엄청난 데 있을 수도 있다.

우리나라의 대학 진학률은 81퍼센트로 전세계에서 제일 높은 수준이며, 50년 전에 비해 근 4배로 뛰었다. 수도권의 4년제 대학의 경쟁률은 등록금이 가장 비싼데도 제일 높다. 물론 이들 대학의 졸업장이 사회적 성공과 높은 소득을 가져다준다는 믿음이 있기 때문이다. 실제로 명문 4년제 대학졸업자는 소득과 고용안정의 수준이 월등히 높고, 대기업, 고위관리직에 진출할 확률이 상대적으로 훨씬 크다. 국민소득이 증가가하면서 이들 '고품질' 대학에 대한 선호가 더욱 빠르게 증가한 것이다. 즉, 비싼 등록금의 실체는 4년제 대학교육이라는 사치재의 가격이 비싸다는 것이다.

등록금인하 정책이란 정부가 나서서 등록금을 깎아주되, 대학의 수입결손은 정부의 재정지원으로 막아 주겠다는 발상이다. 재정지원의 보장은 절실한 대학경쟁력 향상을 위한다는 명분을 살리려하기 때문일 터이다. 현재 반값등록금 정책은 약 7조 원의 소요자금을 정부예산의 재조정이나 기부금 세액공제 확대와 같은 방법으로 확보하려고 한다. 참여연대와 같은 일부 시민단체들은 한 걸음 더 나아가 세금 증액으로 무상등록금 제도를 도입해야 한다고 주장하기도 한다. 세금이란 함부로 쓸 수 없는 소중한 자원이고, 국가안보나 치안유지, 사회안전망 유지에 필요한 복지지출과 같이 쓸 데가 많다. 왜 이런 국민세금으로 대학교육이라는 사치재의 소비를 보조해 주어야 하는가? 대학교육은 개인의 위신과 소득을 높여주는 지름길이지만 어디까지나 개인의 선택사항이지 권리가 아니다.

정부가 대학등록금을 보조해야 할 이유를 대학교육의 공공성에서 찾는 견해도 있다. 대학교육의 혜택은 대부분 개인의 몫이고 개인수준에서 비용을 계산할 수 있으므로, 공공재가 될 수 없음은 분명하다. 공공성이 있다면, 지식과 교육의 사회 파급효과(spill-over effect), 즉 경제학에서 말하는 긍정적 외부효과(positive externality) 때문일 것이다. 그러나 최근의 연구결과에 따르면 대학교육의 확대는 경제성장이나 사회성숙도와 상관관계가 극히 약함을 보여준다. 대학교육 확대 경향은 오히려 개인능력의 차이를 드러내기 위해 비싼 비용을 들여가며 학교교육을 연장하려 한다는 신호(signaling) 또는 선별(screening) 이론이 더욱 잘 설명한다. 그렇다면 학력이나 학점 인플레와 같은 비효율적인 교육선택이 증가하고, 등록금인하 정책은 교육비용을 줄임으로써 이를 더욱 악화시킬 것이다.

등록금인하 정책은 보편적 복지정책이며, 포퓰리스트 정책이다. 따라서 이런 정부개입 정책에서 필연적으로 나타나는 의도하지 않은 부작용의 법칙(law of unintended consequences)에서 자유로울 수 없다. 정책이 실행되면, 교육공급자인 대학의 정부예속이 증대되거나 실질적인 대학국유화로 발전할 것이다. 학문에 대한 자발적 관심보다는 남눈치 보기나 시간끌기를 목적으로 하는 대학진학이 증가하고, 이는 대학교육의 질적저하를 초래할 것이다. 학력 인플레, 학점 인플레, 전문대학 기피가 만연하고, 고학력실업자 양산, 대학별 수준의 양극화, 그리고, 대학의 전반적 경쟁력의 쇠퇴로 이어진다는 사실은 유럽 대학의 경우에서 이미 확인된 바 있다.

정부개입을 기회균등의 입장에서 찾는 주장도 있다. 그렇다면 능력과 의욕을 가진 학생, 저소득층 학생에 대한 장학금지급을 늘려주는 것이 낫다.

8.3 입학사정관 제도가 성공하려면: 2013년 12월

입학사정관제가 확대 실시되면서, 대학과 학생, 학부모들에게 새로운 골칫거리가 생겨났다. 면접 절차와 제출서류가 훨씬 까다롭고 복잡해졌고, 이를 심사, 평가하는 데에도 많은 시간과 비용이 들기 때문이다. 수험생과 학부모들은 사정관 전형에 맞춘 새로운 형태의 사교육에 대한 걱정으로 불안해 한다. 벌써 일부 입시학원들은 사정관 전형 대비 진학지도 과정을 개설하고, 수강생을 모집 중이다. 학생선발에 드는 막대한 비용과 평가의 공정성과 객관성이 확보되기 어렵다는 점 때문에 이 제도의 전망을 어둡게 보는 전문가들도 적지 않다.

입학사정관제의 명분은 "학생의 현재 성적뿐 아니라 잠재력과 성장가능성까지 종합적으로 판단해 합격자를 선발한다."는 것이다. 정부가 대학에 수백억의 예산지원을 해가며 이 제도를 밀어붙이는 의도는 성적위주의 입시경쟁을 해소하고, 공교육을 정상화시키며, 엄청난 사교육비 부담을 줄여줄 수 있는 효과를 기대하기 때문이다.

입학사정관 제도는 원래 미국에서 유태인들의 명문대학 입학 급증을 막기 위해, 학업성적 이외의 다양한 선발기준을 적용하려는 의도로 시작되었지만, 대학사회에 다양성을 가져오고, 학생의 잠재력 개발에 기여하고 있는 것으로 평가되고 있다. 우리나라의 입학사정관 제도가 성공하려면, 이런 긍정적 측면을 살릴 수 있어야 한다.

학생의 자질이나 재능의 정확한 평가는 매우 어렵다. 노벨 경제학상 수상자인 스펜스 교수의 신호이론을 원용하면, 교육은 직접 관찰할 수 없는 자질에 대한 신호이다. 신호가 자질과 직접 연관되어 있지 않더라도, 자질이 보다 큰 사람이 보다 적은 비용으로 수능성적이라는 신호지표를 얻을 수 있다면, 수능점수는 훌륭한 자질 평가의 기준이 될 수 있다.

그러나 대학입시의 성공이라는 혜택이 수능성적 향상에 드는 비용의 개인 간 차이에 비해 지나치게 크면, 자질과 상관없이 모두 수능점수라는 신호지표를 얻으려할 것이므로, 수능성적은 자질의 평가기준으로서 적합성을 잃게 된다. 따라서 수능성적 위주의 사교육과 같이 사회적으로 비생산적인 신호 획득에 과잉 투자하는 문제가 발생한다. 면접점수, 봉사실적 점수와 같은 모든 외형적 단순지표에서도 같은 문제가 발생할 수 있다.

입학사정관 제도가 성공하려면, 학생의 자질이나 잠재적 재능과 상관관계가 큰 정교한 지표를 개발하고, 평가함과 동시에 선정기준이 베끼기 쉬운 신호로 단순화되는 것을 막아야 한다. 이 제도를 운영하기 위해서는 유능한 사정관의 확보가 필수적이고, 커다란 비용이 드는 이유가 여기에 있다.

그렇다면, 성공적인 사정관 전형이 지켜야할 원칙들은 무엇인가? 먼저, 다양성과 재량성의 원칙이다. 다양한 선정기준은 이 제도의 출발점이므로, 선정기준을 사정관의 재량에 따라 신축적으로 적용할 수 있도록 하는 데 초점을 맞추어야 한다. 객관성을 의식해서 선정기준을 지나치게 점수화하거나, 서로 다른 성격의 점수를 합산하여 평가하는 것과 같은 어리석음은 피해야 한다. 다음은 불투명성의 원칙이다. 선정기준이나 방식의 원칙은 공개하더라도, 현재와 같이 입시요강으로 전형 기준과 방식을 세세히 밝히는 것은 제도의 근본취지와 어긋나며, 불필요한 공정성 시비만 불러올 수 있다. 또한 전형기준은 각 대학의 사정에 맞게 설정될 수 있어야 하고, 선정기준의 사후평가에 의해 수시로 바꿀 수 있어야 한다. 특정 기준의 최소반영비율 지정과 같은 획일적 방식은 바람직하지 않다.

학부모나 수험생들에겐 불확실성이 강조되는 이런 전형방식이 단기적으로 부담스러울 수 있다. 그러나 장기적으로 이런 전형방식은 단순화된 신호를 보내기 위해 과잉경쟁하기 보다는 자신이 비교우위를 갖는 부분을 계발하도록 유인하게 할 수 있다. 전형방식의 합리성이나 공정성은 대학에 맡기고, 그것에 대한 평가는 사후적으로 시장이 판단하도록 할 일이다. 정부는 그러한 사회적 공감대가 형성되도록 하는데 힘써야 한다.

8.4 인정이 있는 법: 2013년 12월

후보 매수혐의에 대해 서울시 교육감은 그것이 "선의에 입각" 한 금품 지원이었다는 변명을 내놓았다. 그는 법학 교수 출신답게 "제가 배우고 가르친 법은 인정이 있는 법이자 도리에 맞는 법"이라면서, "합법성만 강조하고 인정을 상실하면 몰인정한 사회가 되고 그것은 법의 절반에도 미치지 못하는 것"이라는 '가르침'까지 덧붙였다. 역설적으로 이 발언은 그의 행위가 합법적이지 않음을 자기 스스로 고백하게 만든 셈이다.

놀랍게도 그는 인정있는 법이란 논리로 자신의 입장을 변호하려 한다. 그러나 개인적 인정을 공직선거와 같은 공공의 영역과 연계시킬 수 있는지 의문이다. 드러난 전후사정을 보아 그의 행위는 자신의 이해관계와 밀접한 연관성을 가지고 있고, 의도가 무엇이든 간에 공익을 해칠 수 있기 때문이다. 여기서 공익의 훼손이란 뒷거래에 의해 유권자의 선택권을 박탈하는 불공정 또는 부정부패 행위를 말한다. 따라서 개인적 선의 여부보다는 사회적 이성의 기준으로 판단하는 것이 옳을 터이다. 그렇기에 실정법은 공직선거에서 금전적 뒷거래에 의한 담합은 엄중히 금지(공직선거법 제57조의 5(당원 등 매수금지), 제230조의 매수 및 이해유도죄)하고 있다.

곽노현 교육감의 행위가 실정법을 위반했다면 그것은 '인정이 있는 법'이 적용될 수도 있는 개인적 범법행위를 벗어난다. 그는 자신의 행위가 오로지 선의와 인정상의 행위일 뿐이라고 주장하고 있고, 그렇게 믿고 싶어 하는 것 같다. 그러나 그런 생각을 가진다는 사실 자체가 공직자의 자격을 잃게 한다고 봐야 한다. 법학자인 곽 교육감이 이런 사정을 몰랐다고 보기 어렵고, 이를 무시했다면 엄청난 지적 오만이다. 그의 말대로 이런 법정신을 배우고 가르쳐왔다면 우리 사법계에 나쁜 영향을 끼치는 불행한 일이다.

우리사회의 인간관계는 개인적 특성에 따라 결정되므로 이해관계나 가치관의 차이만큼 다양한 모습을 띨 수밖에 없고, 서로 상충되기도 한다. 사적인 인간관계일 경우에 인정이나 정리가 개입하는 것은 자연스럽고, 흔히 미덕으로 여겨진다. 부모가 자식을 편애한다든가 고향친구를 자기회사에 취직시켜 주는 것은 전혀 나무랄 일이 아니다. 그러나 장관이 자기 딸을 요직에 특채하거나, 교육감이 경쟁후보의 사퇴와 연계될 수 있는 금품제공을 했다면 얘기가 달라진다. 여기에는 인정의 논리가 아닌 공정성의 기준을 적용하는 것이 마땅할 것이다. 그런 행위가 공직자 자신의 이해관계가 걸려있거나 자신의 친소 또는 대립 관계에 따라 이루어진 경우라면, 인정상이라는 논리는 더 이상 설 땅이 없다. 그것은 범죄이거나 최소한 공직자 윤리를 위반하는 행위이다.

공공의 영역에서 인정의 논리가 우선하면 공정성은 후퇴할 수밖에 없다. 인정의 논리는 개인적 인간관계나 친소관계에 주로 적용된다. 따라서 본질적으로 편파적이며, 그런 인간관계는 개인적 이해관계로 변질되기 쉽기 때문이다. 공정성이 훼손되면 법치주의의 근간이 흔들리고 사회적 갈등이 증폭될 수밖에 없다.

공정성은 늘 우리사회의 심각한 문제로 여겨져 왔다. 최근의 여론조사 결과를 보면 우리나라의 사회결속 지표는 다른 OECD 국가들에 비해 현저히 낮다는 사실이 확인된다. 타인에 대한 신뢰는 30개국 중 25위, 국가제도에 대한 신뢰지수는 34개국 중 32위에 불과하다. 조사에서 타인에 대한 신뢰는 다른 대부분의 사람이 믿을 만한지, 그리고 국가제도에 대한 신뢰지수란 군대, 사법부, 정부에 대한 믿음을 가지고 있는지에 대한 응답을 지수화한 수치를 말한다. 같은 방식으로 조사된 부패인식도지수(CPI, corruption perception index)도 이들 국가의 평균 수준보다 현저히 낮은 수준에 머무른 채 개선되지 않고 있다. 이들 나쁜 성적표는 대부분이 공공부문에서 학연, 지연에 따른 인사, 매관매직, 제식구 봐주기와 같이 불공정 행위가 만연한데서 연유하는 것으로 생각된다. 정권이 바뀔 때마다 터지는 편중인사나 특혜시비, 부실한 금융 감독, 고질적인 전관예우 관행이 그런 사례들이다. 모두 공직자가 개인적 인간관계를 공공의 영역에서 남용한 데서 나온다.

8.5 부패해소가 공정사회의 관건이다: 2013년 12월

우리사회에서 부패는 정부나 정치부문 뿐만 아니라, 기업, 교육, 문화를 포함하는 사회의 전 영역에서 만연해 있다는 인식이 강하다. 부패해소는 지금 최대의 화두로 떠오르고 있는 공정사회의 문제와도 직결되어 있다. 공정은 철학적 성찰을 요하는 복잡한 개념이지만, 현실적으로는 흔히 분배정의의 문제, 또는 경제적 기회와 과정의 공정성으로도 이해된다. 그러므로 특별히 주목해야할 부분은 공적 부패, 즉, 정치적 부패(political corruption)이다. 비정치적 부패(non-political corruption)는 부정적 이웃효과(negative externality)인 사회적 비용이 크지 않거나 당사자 간에 해결될 여지가 크기 때문이다. 따라서 공정한 사회란 부패, 특히 공적 부패가 해소된 사회와 거의 동일한 개념이다.

우리는 반세기만에 세계 13위 규모의 경제를 가진 민주국가를 이룩했다는 사실을 자랑스럽게 생각하고, 이는 외국에서도 경탄의 대상이다. 그럼에도 우리나라의 경제적 기회와 번영은 부끄러운 수준에 머물러 있음은 자타가 인정하는 현실이다. 한국리서치의 최근 여론조사 결과에 따르면, 응답자의 73.8퍼센트가 우리 사회가 공정하지 않다고 생각하고 있다.[87] 또한 우리 사회가 공정한 사회로 발전하기 위해 가장 중요한 과제로 응답자의 29.0퍼센트는 '사회지도층의 솔선수범', 24.2퍼센트는 '사회의 불공정한 법령과 관행의 정비', 23.2퍼센트는 '사회의 학연, 지연, 혈연의식의 타파'를 꼽았다. 이들 모두 우리사회가 공정한 룰이 지켜지지 않는 사회, 부패가 심각한 사회라는 인식의 표현으로 볼 수 있다. 어느 외국 기자가 우리나라의 교육(열)은 선진국 수준, 경제(시장)는 중진국 수준, 정치는 후진국 수준, 부패는 야만국 수준으로 평가한 것을 단순한 과장으로 보기 어려운 것이 사실이다.

| 불공정과 부패의 수준은 어느정도인가? |

이런 인식은 어느 정도 객관적인 타당성을 가지고 있다. 해리티지 재단과 월스트리트지는 경제적 기회와 번영의 정도를 보여주는 지표로서 경제적 자유도지수(IEF, Index of Economic Freedom)를 매년 조

87) 한국리서치, 공정한 사회에 대한 국민인식조사 결과 보고서, 2010.10.

사하여 발표한다. 이 지수는 자유주의적 관점에서 기업, 정부정책, 투자, 금융, 재산권, 노동, 부패수준을 포함한 10개 부문의 자유수준을 평가한 것으로서, 각 부문별 및 전반적 수준을 지수로 나타내며, 100점 만점에 가까울수록 높은 자유수준을 의미한다. 최근 발표된 2011년 지수에 따르면, 우리나라는 69.8의 점수를 얻어 '그런대로 자유로운 편(moderately free)'이며, 조사대상 180개 나라 중에서 35위이다. 그러나 이 성적표를 OECD 국가들과 비교해보면, 점수는 이들 국가들의 평균치보다 낮고, 순위는 34개국 중 22위로 중하위권으로 처진다. 우리나라는 지수 항목 중 노동시장의 자유도(46.5점)와 부패로부터의 자유(55.0점)에서 최하위권의 나쁜 점수를 받았을 뿐, 나머지 8개 항목에서는 모두 평균치 이상의 높은 점수를 받아 상위권에 들고 있다. 따라서 부패가 우리사회가 공정사회로 가는 커다란 걸림돌이라는 인식을 확인해주는 객관적 지표의 하나로 해석될 수 있다.

비슷한 평가는 국제투명성기구(Transparency International)가 매년 발표하는 부패인지도 지수(CPI, Corruption Perception Index)에서도 나타난다. 이 지수는 법과 규정의 투명성, 사회, 정치, 기업 부문에서의 연고주의 성향, 이들 각 부문에서의 견제와 균형의 정도에 대한 전문가들의 평가를 지수화한 값으로 만점인 10점에 가까울수록 부패정도가 낮다는 뜻이다. 우리나라의 2011년 CPI는 5.4로서 OECD 국가의 평균치인 7에 훨씬 못 미치고, 이들 국가 중 26위로 최하위권에 속한다. 이들 지수순위는 0.76의 높은 상관관계를 나타낸다. 따라서 이들 지표는 우리사회가 부패로부터 자유스럽지 못하며, 경제적 기회와 번영을 공정하게 누리지 못하고 있음을 보여준다고 해석할 수 있을 것이다. 이런 개관적 인식은 위에서 인용한 한국리서치의 여론조사 결과와도 일치한다.

| 부패의 원인과 치유방법은 있는가? |

더 큰 문제는 부패에 대한 이런 인식이 과거에 비해 크게 개선되지 않았다는 데 있다. 우리나라의 CPI 지수는 과거 10년간 별로 변동하지 않았고, IEF 지수의 부패항목 점수는 근년에 더욱 나빠졌다.[88] 가장 심각한 부분은 여전히 정치적 부패이다. 정치적 부패는 주로 고위공직자나 사회지도층과 같이 화이트컬러 계층의 범법행위나 불공정 행위로 나타난다. 그 유형은 뇌물수수, 배임, 횡령, 불공정 청탁이나 로비, 상납, 매관매직, 선거부정, 정경유착 및 후원 행태, 족벌이나 연고주의 행태로 나타난다. 모두가 사회적 자원을 낭비할 뿐 아니라 정부나 정치에 대한 불신을 증폭시키고, 우리 사회에서 신뢰와 관용의 정신을 파괴시키는 주범들이다. 최근에도 이런 사례들은 일일이 거론하기 어려울 만큼 자주 터지고, 도둑정치(kreptocracy)라는 혹평까지 받는다. 정치권은 늘 부패해소를 내세우는 데도 그 성과가 지지부진한 근본원인과 치유책은 무엇인가?

노벨 경제학상 수상자인 시카고대학의 베커 교수와 법경제학자 포스너 교수는 부패가 발생하는 요인을 여러 각도에서 분석한 바 있다.[89] 그들은 부패가 확대되는 가장 중요한 요인의 하나로 정부역할의 증대를 지목하고, 부패근절이 잘 안 되는 주요 원인을 사법제도의 품질에서 찾고 있다. 여기서 사법제도의 품질이란 법체계의 내용 뿐 아니라 법적용의 공정성(impartiality)과 법실행의 유효성(effectiveness)을 포함한다고 강조한다. 우리사회의 부패해소에 대해서는 어떤 함의를 얻을 수 있는가? 먼저 최근에 진행되고 있는 정부역할의 확대가 부패의 영역을 증대시킬 수 있음은 경계해야 한다는 점일 터이다.

88) Heritage Foundation, Index of Economic Freedom Report, 2011.

89) Becker-Posner Blogs on economics of corruption, August-September, 2005. 이글의 논의는 그들의 분석 대상 중 공적 부패(Public corruption)와 관련된 부분이다.

| 사법제도의 역량강화가 관건이다 |

그러나 이에 못지않게 중요한 현실적인 과제는 부패해소에서 사법제도의 역량을 강화하는 일이다. 민주화의 진전과 함께 우리나라의 사법체제는 정치적 독립, 로스쿨 제도의 도입과 사시제도의 개선, 양형기준의 제정과 같은 성과를 이루었다. 그러나 사법제도의 역량이 이런 외형적 성과에 걸맞게 향상 되었는가 하는 문제는 여전히 의문이다. 특히 우리사회의 부패해소와 공정사회의 건설에서 사법제도가 제 기능을 한다고 보기는 어렵다.

그 원인은 현 사법제도의 내부에 있다. 바로 법조인력과 법률서비스의 공급이 부족한 점과 사법부 내부에 견제와 균형 장치가 없다는 점이다. 법조인력은 정관계에 대한 로비나 대형 민형사 사건에서는 공급 과잉일지 모르지만, 대중이 필요로 하고 감당할 수 있는 수준에 이르기에는 턱없이 부족하다. 또한 사법부는 정부조직과 기능의 중요한 축이지만, 선거로 선출되지도 않고, 별다른 견제장치도 가지고 있지 않다. 그런 이유로 사법부는 다른 어떤 정부 부문보다도 독립성이 강하다. 이런 독립성은 정치적 중립성을 갖게 하는 장점도 있지만, 독선과 폐쇄성이라는 단점을 노출하기도 한다.

그런 까닭에 법조계는 전관예우의 악습이 가장 심하고, 검찰은 무소불위의 권력기관으로 여겨지며, 정치적 범죄나 부패의 진원지가 되는 경우도 흔하다. 보다 심각한 문제는 수사나 판결이 법관의 정치적 견해나 성향에 지나치게 의존하는 경향을 드러내지만, 이를 견제하기 어렵다는 점이다. 특히 부패와 같은 화이트 컬러 범죄에 대해서는 법관의 재량이 너무 크고, 집행유예나 사면과 같은 선심성 감형이 너무 많다는 비난을 받는다.

처벌의 수위는 범죄근절을 위한 가장 유효한 수단이며, 정치적 범죄나 부패에 대해서도 이 원칙은 같다. 부패는 명시적 부패행위 뿐 아니라, 부패로 발전하기 쉬운 정치인이나 공무원의 행위도 포함시킬 수 있어야 한다. 따라서 부패를 줄이려면, 먼저 부패행위의 범위, 처벌수위를 보다 명확히 규정해서 사법적 처벌의 재량범위를 줄이는 것이 바람직하다. 또한 부패에 대한 처벌은 처벌의 비율(punishment rate) 보다는 제재의 수위(punishment level or size of fines)를 늘리는 것이 더 효과적이다.[90] 그러나 이 원칙은 우리나라에서 잘 적용되지 않는 것 같다.

부패해소를 위해 사법부가 해야 할 역할은 이런 방식으로 사법역량을 키우는 일이다. 그러기 위해서는 사법부 스스로가 자체감시기능을 강화시켜야 하고, 무엇보다도 부족한 법조인력의 공급확대에 협조해야 한다. 준법지원인 제도를 도입해 법조인력 수요를 늘리기 보다는, 인력확충으로 유전무죄, 무전유죄와 같은 말이 나오지 않을 수준으로 확대하는 것이 사법부에 대한 신뢰를 회복하는 최상의 방법이다.

9. 공익, 공공성과 공기업

공공성이란 말은 사적(영역)이 아님을 뜻한다. 우리가 투표라는 행위를 통해서 정치과정에 참여한다든가, 교회, 도서관이나 관공서에서 큰소리를 하거나 소란을 피우지 않고 질서를 지키는 것은 나만에 이롭거나 해를 끼치는 일이 아니기 때문이다. 그래서 공공성의 문제란 개

90) 이 함의는 베커의 고전적 분석(Becker, G.S., 1968, Crime and punishment: An economic approach, *Journal of Political Economy* 76, 169-217)에서 나온다. 이에 대한 반론과 수정이론도 있지만, 이후의 연구들은 이 결론이 기본적으로 타당함을 보여주고 있다(Silva et al., Crime and Punishment and Corruption: Who Needs "Untouchables?", *Journal of Public Economic Theory*, 9(1), 2007).

인적 자유의 범위와 성격을 규정하는 일로 볼 수 있다. 그 방식은 주로 법령이나 사회적으로 수용된 도덕적 규범에 따르고, 공익에 부합하는지가 중요한 기준이 된다.

근대적 자유의 개념이 정치적, 종교적, 사회적 자유를 쟁취하는 과정에서 나왔으므로, 그런 의미에서의 공공성이나 공익에 대해서는, 명시된 사안이 아닌 경우까지도 별로 이견이 없다. 예를 들어 배우자의 선택은 공공성의 문제가 아니지만, 가정을 돌보지 않는 행위는 공공성을 해치는 행위로 지탄을 받고, 법적 제재를 받을 수도 있다.

공익의 개념이 애매하고, 오류를 범할 수 있는 부문은 경제적 자유이다. 자유민주주의 체제의 근간인 시장경제는 개인 간의 거래행위로 이루어지고, 거래는 사유재산제도에 기반을 둔 개인적 동기에서 나온다. 고전 경제학에서 공익이나 정부의 역할은 공공재라는 한정된 영역을 제외하면 없다. 아담 스미스는 사적동기에 기반을 둔 개인적 경제행위가 어떤 사회적 의도로 한 경제행위보다도 공익에 잘 부합하게 된다는 위대한 발견을 하였다.

개인적 경제행위를 개인적 영역을 떠난 사회의 문제로 보는 사회주의, 공산주의 이념이 등장한 것은 19세기 후반이었다. 이들 이념에 기반을 둔 정치체제가 실패하거나 한계를 드러내었지만, 공익을 명분으로 정부가 경제적 자유를 침해하는 일은 줄어들지 않았다. 세계도처에서 정부가 주도하는 각종 공익사업과 사회복지 정책은 정부의 역할을 지속적으로 확대해 왔다. 우리나라도 마찬가지다.

공공성은 사적이익에만 국한되지 않는다는 이유로 이의를 제기하기 어렵고, 대중적 호감을 얻기 쉽다. 현실적으로 공공정책을 실행하는 주체는 정부라는 독점적 기구일 수밖에 없으므로, 정책의 실패를 제재하기가 매우 어렵다. 그런 이유로 특정 이해집단의 집단이기주의가 공공성으로 위장되는 일이 흔하고, 이를 교정하기도 쉽지 않다. 그러므로 공공성 개념의 확대는 신중히 따져야 하고, 이를 근거로 한 정부 역할의 확대는 경계해야만 한다. 그런 오류를 범한 사회가 예외 없이 정치적 혼란과 경제적 후퇴를 겪고 있다는 사실로부터 교훈을 얻어야 할 터이다.

9.1 공공성의 역설: 2014년 12월

공공성(publicness 公共性)은 우리 사회에서 오남용이 가장 심한 말 중 하나다. 철도공공성, 방송공공성, 교육공공성, 금융공공성, 의료공공성 등이다. 공공성은 좌파 성향의 언론인, 지식인, 시민운동가들이 단골로 이용하는 명분이자 선동 수단이기도 하다. 철도나 방송의 경우에는 노조가 자신들의 복리를 유지하려는 집단이기주의를 공공성의 이름으로 은폐하려는 의도도 엿보인다. 전교조나 진보교육감들은 이념적으로 편향된 역사교육을 강행하고, 무상급식 확대, 특목고 폐지와 같은 선심성 정책들을 공공성의 명분으로 밀어붙였다. 최근 의사협회, 약사협회, 간호사협회가 공동으로 벌인 의료민영화 반대 운동의 명분도 공공성이었다.

일부 학자들, 정치인들은 금융 공공성을 이유로 금융규제 확대나 서민금융 지원 확대를 역설하기도 한다. 금융소비자 단체를 포함한 시민단체들은 정부가 가계부채 감축을 지원해주어야 한다는 주장까지 한다. 다음의 인용들은 이를 잘 드러내는 사례들이다.

> "은행들이 수익사업으로 거둔 수익은 소비자에게 일정부분 돌려주는 형태로 금융의 공공성을 되찾아야 한다.", "금융 소외계층에 대한 금융접근기회 확대에도 유념해야한다."[91], "금융자율화에 따른 금융기관의 경쟁으로 상업성에만 치중하고 공공성은 등한시"[92],

91) 최근의 금융소비자협회 성명

92) 김중수 한은총재의 기자회견 내용 일부, 2012.4.

"…은행들은 각자 내부적으로 당기순이익의 일부를 사회에 환원한다는 기본 룰을 정해 놓고 이를 적극 실현하는 한편 이를 사회에 널리 알릴 필요…", "…금융의 공공성·공익성에 대한 요구수준을 충족시키지 못하고 있는 상황…"93.

이런 주장들이나 사례들의 저변에는 공공성은 사적이익의 추구보다는 공적이익, 즉 공익이 더 좋고, 그렇기에 공적기관 즉, 정부가 이들 사업의 주체가 되어야 한다는 인식이 깔려 있다. 공공성의 사전적 정의는 (개인에 국한되지 않고) 사회구성원 전체에 공통적으로 관련된 특성이나 상태를 말한다.[94] 흔히 공공성은 공공재(public goods), 공익(public or common interest), 공적영역(public sphere)을 의미하기도 한다. 그러나 공공성의 개념은 대비되는 개념인 사적이익(private interest) 또는 영리추구(private profit seeking)와는 반대로, 그 주체가 불분명한데다가 매우 추상적이고 애매한 개념이라서 영미권에서는 잘 사용되지 않고 사회주의 성향이 강한 국가에서 주로 사용되는 용어이다.[95] 한편, 공공성은 실행 주체인 관료나 노조, 또는 관련된 정치인이나 특수 이익단체의 집단이기주의로 쉽게 변질된다는 사실은 이미 공공연하게 알려져 있다. 우리나라에서도 공무원과 공공기관의 임직원들은 공공성이라는 보호막 안에서 안정적인 고용과 보수라는 혜택을 누리지만, 늘 방만한 경영에서 벗어나지 못하고 각종 부정부패 사건에 연루되어 왔다.

실제로 우후죽순처럼 늘어난 공공기관의 임직원들은 비효율적 경영에서 벗어나지 못하면서도 최고수준의 보수를 받고, 엄청난 적자와 공공부채를 누적시켜 왔다. 공영방송은 막대한 수신료를 지원받으면서

93) 금융연구원, 2014.4.

94) Webster's dictionary definition

95) 프랑스는 공공성을 공공서비스 개념으로 보고, 그 범위를 법률로 규정하고 있다. 그러나 공익의 정의는 프랑스를 포함한 어느 나라에서도 명백히 규정하고 있지 않다(은재호, 공공성 개념 연구, 한국 거버넌스 학회보, 2008.12).

도 공익과는 동떨어진 편행되고 불공정한 보도를 일삼고, 공교육기관은 극단적으로 편향된 이념성향을 가진 전교조의 영향권에서 벗어나지 못하고 있다. 금융위원회와 금융감독원이라는 막강한 공적규제기관을 가졌음에도 금융사고와 금융비리는 끊임없이 발생하고 있다. 모두가 공익증진과는 거리가 멀다. 이런 사정에도 불구하고 공공성의 회복, 공공성의 확대가 필요한 것인가? 과연 공익은 좋고, 사익은 나쁜 것인가?

공공성은 대중의 정서적 호감을 사기 쉽다. 사익보다는 공익이 더 선하다고 여기기 때문일 터이다. 인간은 태생적으로 자신의 이익을 챙기려는 욕구, 즉 사익추구의 동기와 자신의 이해와 상반되더라도 타인의 필요를 배려해주는 충동을 동시에 가지고 있다.[96] 우리는 이타심이 결여되고 사익추구가 과도한 상태를 탐욕(greed)이라고 부르고, 비도덕적이라고 생각한다. 그 반대의 경우는 이타적인 성향으로 부르고, 이를 도덕적이라고 여긴다. 사람들은 대체로 사익추구를 탐욕과 동일시하고, 공익추구를 개인적 이타심이 집단적 성향으로 확대된 결과로 생각한다. 사익보다는 공익이 도덕적으로 우월하다는 선입견은 여기에 기인하는 것으로 보인다.

그러나 대부분의 개인들은 사익추구와 이타심이라는 양면적 성향을 가지고 있으므로, 사익추구라는 자연스러운 성향이 탐욕으로 이어져야할 당위성은 없다. 자유민주주의-시장경제 체제는 경쟁, 자유선택, 상호감시의 과정을 통해 일방적으로 탐욕적인 성향을 억제하거나 도태시켜줄 수 있다. 반면에 개인의 사적활동 영역을 집단화하여 정부 또는 공적기관에 맡긴다고 해서 탐욕적 성향이 줄어들고 이타적 행위가 충만한 상태가 될 거라고 믿는다면, 이는 잘못된 생각이다. 탐욕적 성향의 인간은 어떤 정치체제, 어떤 사회환경에서도 탐욕적으로 남기 마련이다.[97] 라인홀트 니버가 지적한대로 정치적으로 집단화된 공간, 즉

96) Reinhold Niebuhr, Moral Man and Immoral Society, (1932).

97) Tom G. Palmer, Realizing Freedom, Cato Institute, 2009에서 인용.

공적기관에서 오히려 탐욕적, 비도덕적, 위선적 성향은 더 강화될 개연성이 커진다.[98] 공적기관은 특성상 독점적 권력이 주어지게 되고, 그럴 경우, 경쟁, 자유선택, 상호감시의 기회가 감소하기 때문이다.

따라서 공공성 강화가 탐욕을 억제하고, 공공복리를 증진시킬 거라는 믿음은 착각이다. 그런 상황은 역설적으로 정부의 간섭이나 공공부문의 범위를 줄여야 얻어질 가능성이 커진다. 우리 사회에서 위에서 열거한 사례에서 드러난 대로 무분별하게 제기되는 공공성 확대요구는 매우 걱정스럽고, 냉철하게 재인식되어야 할 문제들이다. 필자를 포함한 대부분의 자유주의자들은 공공성 영역의 존재 자체나 최소한의 정부개입의 필요성을 부정하지 않는다. 그러나 공공성의 영역은 치안이나 국방, 특정 사회인프라와 같은 공공재의 공급, 최소한의 사회안전망의 유지, 금융정보의 비대칭성 문제와 같은 명백한 시장 실패의 경우, 민간영역에서 이루어지기 불가능한 경우에 제한되어야 한다고 생각한다.

9.2 관료 독점체제의 틀이 문제다: 2014년 5월

세월호 참사는 우리 모두에게 커다란 슬픔을 안겨준 비극일 뿐 아니라, 안전관리에 대한 경각심을 다시 일깨워 주었다. 이번 사건이 기본적으로 인재인데다가, 되풀이해서 발생해 온 안전사고들의 연장선상에 있기에 마땅히 분노해야 할 일이다. 원인규명과 책임추궁, 사고예방과 위기관리 대책의 수립에 엄중해야 함은 새삼 강조할 필요조차 없을 터이다.

그러나 대통령의 '진정성 있는' 사과를 요구하거나, 관련 기관장의

98) Reinhold Niebuhr(이전 각주)에서 인용, 필자의 보완 설명 추가.

퇴진, 진상조사 특검 실시, 재난기념일의 선포와 같은 정치적 행위들이 과연 얼마나 문제 해결에 도움을 줄지는 다시 생각해 볼 일이다. 이런 정치적 제스쳐에 대한 집착이 문제의 근원을 바로 보지 못하게 하기 쉽기 때문이다. 오히려 이번 사건을 계기로 정부의 안전관리 방식이 타당한지, 실효성이 있는지, 나아가서는 정부의 역할이 무엇일지를 냉철하게 따져보아야 한다.

좁게 보면, 이번 사건은 부적격 해운회사가 강행한 부실운항, 승객구조를 포기한 승무원의 범죄행위, 이를 조장해온 해양수산부와 해경의 관련 공무원들, 즉, '해피아'의 도덕적 해이가 원인이다. 모두가 선진국 수준이라면 있을 수 없는 부끄러운 행태들이다. 더욱 심각한 문제는 연안 해운관리 시스템이라는 정부기능의 실패에 있다. 사건 당사자인 선박회사의 전신이 과거에 수차례 해난사고를 일으킨 전력을 가졌고, 구원파라는 사이비 종교집단-사업체 그룹과 연루되어 있으며, 그들과 정관계 일부와 유착도 공공연히 알려진 사실이다. 또한 그들을 감시, 감독하는 주무관청으로서 해수부 체제[99]가 갖추어진 지도 18년이 넘었다. 전형적인 정부실패, 정치실패의 사례다.

우리는 정부에 국민의 생명과 재산을 보호해야 하는 임무를 맡기고, 이 업무를 직접 수행하게 하든가, 즉 국영사업체를 만들게 하거나, 민간업체에 위탁하고 이를 규제, 감독할 권한을 준다. 연안 해운, 지하철, 철도, 원자력 발전소의 안전관리, 금융기관의 건전성 관리도 당연히 이 범주에 속한다. 그러나 이번 세월호 사고나 이전의 한강유람선 사고, 최근의 서울 지하철 사고, KTX 철도 사고, 한수원 스캔들, 저축은행 부실화나 동양증권 사태 등과 수많은 사례들은 예외 없이 규제, 감독의 실패, 나아가서는 정부실패를 드러내었다.

이런 문제들이 터질 때마다 많은 사람들은 정치적인 해결방식이나

99) 해수부는 1996년 김영삼 정부 때 해양정책, 해운, 항만 관리, 수산업 진흥 등의 업무를 관장하는 부서로 발족하고, 김대중 정부에서 노무현 장관시절에 확대되었다가, 이명박 정부 때 업무이관 및 폐지에 이어 박근혜 정부에서 재설립되었으며, 해운업을 감시, 감독하는 해양경찰청(해경)을 산하에 두고 있다.

정부역할의 확대를 주문하는 경향이 나타난다. 대통령이 직접 나서야 한다거나, 규제강화 입법이 필요하며, 정부조직을 개편해야 한다는 식의 주장이 여론의 힘을 받기 일쑤이다. 그러나 적어도 지난 수십 년간 빈발한 사고들이나 부정부패 사례들은 정부실패의 연속이라는 비판을 면할 수 없다. 이런 문제가 정권이 바뀌고 담당자가 바뀐다 한들 없어질지 의문이다. 문제의 근원이 관료체제가 규제나 감시, 감독 서비스를 독점하는데 있기 때문이다.

관료체제는 소비자 보호보다는 자신의 이득을 우선시하는 도덕적 해이 문제에서 자유로울 수 없고, 규제대상인 특수이익집단(special interest group)의 로비에 넘어가 공동이득관계를 만들기 쉽다. 즉 규제포획(Regulatory capture)의 위험에서 벗어나기 지극히 어려워진다. 그들은 철밥통 유지, 뇌물 수수, 독점이익 챙기기라는 기득권을 공유하는 반면, 그 비용은 흩어져서 집중적인 거부권을 행사하기 힘든 납세자들에게 전가한다.

한편 정치인의 이해관계는 흔히 관료들의 이해관계와 일치하므로, 정치적 방식으로 이런 문제를 해결하기란 사실상 기대하기 어렵다. 이런 관료-정치인-특수이익집단에 편중된 이득이 원체 큰데다가, 공익의 명분으로 보호막을 치기 쉽고, 납세자라는 든든한 자금줄을 쥐고 있기 때문이다. 그들은 사업실패가 있더라도 민간기업처럼 신속한 구조개혁이나 폐업을 하기보다는 일시적인 문책 기간을 넘긴 후에 이런 저런 명분으로 오히려 사업이나 조직확대[100]로 기득권을 키워나가기 십상이다. 즉, 규제실패가 규제확대로 이어질 가능성을 키우게 된다. 이 점이 정부가 문제의 해결책이기 보다는 문제의 근원이라는 밀톤 프리드먼의 주장의 핵심이다.[101]

정부의 역할에서 국민의 생명과 재산을 보호하는 임무를 뺄 수 없

100) 저축은행 사태 여파로 금융소비자보호원, 그리고 세월호 사건 이후 중앙안전관리위가 각각 국무총리 직속의 독립기구로 설립되고 있다.

101) Friedman, Milton, 'Why Government is the Problem', Hoover Institution Essay, February, 1993.

다는 데 이견을 찾기는 어렵다. 그러나 그 임무의 수행을 위해서 관료독점체제나 관료기득권 체제의 유지를 반드시 정당화해야 할 이유는 없다. 가장 중요한 기준은 다음과 같은 정부역할 한계의 원칙을 지키는 일이다.102

정부는 민간 시민들이 스스로 수행할 수 없거나, (공공부문보다) 더 잘 수행할 수 없는 영역의 일만 해야 한다.

그러므로 규제실패의 문제를 푸는 열쇠는 규제나 감시, 감독 서비스를 관료체제에 의한 독점적 공급방식에서 가능한 한 해방시키는 데 있다. 해운업의 관리, 감독 업무로 문제를 좁혀보면, 선박운항허가나 선박안전성 검사에서 현재와 같은 독점방식을 경쟁체제로 전환시키는 것이 바람직해 보인다. 넓게 보면, 모든 영역의 규제나 감시, 감독에서 관료독점의 영역을 최소화하는 방안을 찾는데 지혜를 모아야 한다. 어떤 방안이든 모든 사고나 위기를 차단하기를 기대할 수는 없겠지만, 안전관리를 관료독점식 규제가 아닌 시장경쟁체제103에 맡겨두는 경우가 흔하고 가장 효과적인 방안으로 입증된 바를104 잊지 말아야 한다.

9.3 시급한 공기업 민영화: 2013년 7월

과도한 팽창과 비효율적 경영으로 여론의 질타를 받고 있음에도

102) Leonard Read, 'Let Freedom Reign', 1969, Digital Issue by Ludwig vo Mises Institute, 2012.

103) 실제로 해운 선진국에서는 영국의 경우처럼 운항권 허가나 선박검사가 시장경쟁체제로 된 경우가 많다.

104 중요한 사례로 1978년에 단행된 미국의 항공산업 탈규제의 경우(Robson, J., 'Airline Deregulation: Twenty years of success and counting'), *Regulation,* 22(1), Cato Institute, 1999.)를 참조.

불구하고 공기업 부문은 별로 달라지지 않고 있다. 이미 알려진 대로 우리나라 공기업 문제는 매우 심각한 수준이다. 우리나라에는 101개의 공기업과 197개의 기타 공공기관 또는 사업체가 있으며, 전기, 수자원 이용과 개발, 항만, 주택, 자원개발, 토지, 도로, 유통, 운송, 관광 등 광범위한 사업을 영위하고 있다. 공기업의 총자산 규모와 고용 인원은 각 420여조 원, 11여만 명에 달한다. 이는 기획예산처에서 보도하는 정부 투자 및 출자기관 현황이며, 지방 공기업까지 포함하여 사업체 수와 자산규모를 보다 정확히 집계하면, 공기업의 수와 규모는 이보다 훨씬 더 클 것으로 추정 된다. 이들 공기업 중에는 수많은 자회사를 거느린 기업집단도 있는데, 그들 중 7개가 자산 규모로 상위 30대 대기업집단에 들어 있다.

공기업의 최고경영자는 대부분이 전직 관료나 정권실세와 연줄을 가진 인물로 채워지는 소위 낙하산 인사의 관행이 이어지고 있고, 자질이나 전문성이 부족하거나, 이념적 편향성 때문에 공공복리의 증진이나 효율성과는 거리가 먼 경영을 하는 경우도 많다. 이런 공기업 경영자들이 사업영역이나 규모를 확장하고, 종업원의 고용유지 및 보호를 통해 자신들의 고용유지나 영향력 확대에 치중하는 경향은 자연스러운 결과일 뿐이다. 감사원 감사에서 거듭해서 지적되고 있는 바와 같이 공기업의 방만한 경영은 인력의 과잉고용, 위로 채용, 지나친 임금인상, 과도한 휴가나 경조사금 지급, 낭비적인 연수비용 지출과 같은 인사관리 문제에서부터 이익의 종업원에 대한 편법 배분, 분식 회계, 무분별한 부동산 투자나 자회사 확대로 나타난다. 평균 연봉이 국내 최고 수준인 산업은행, 자기 사업과 무관한 투자를 추진하다가 거액을 날린 철도공사, 엄청난 적자를 내는대도 과도한 상여금을 임직원에게 지급하면서 정부의 추가보조를 받는 KBS와 같은 구체적인 사례들은 무수히 반복해서 나타난다.

이런 유형의 공기업의 폐해는 우리나라에서만 나타나는 특이한 현상은 물론 아니다. 공기업은 재산권의 소재가 모호하고, 사업목표의 다중성과 성과측정의 어려움, 중층적 대리인 문제(multi-layered agency problem), 사업의 독점적 성격 때문에 소유지배구조를 변경해서 경쟁체제를 도입하기 전에는 해결되지 않는다. 이는 공공부문의 비효율성 때문에 커다란 경제적, 사회적 비용을 치른 후에 진입장벽 제거, 민영화를 통해 공기업 문제를 해결한 외국의 사례에서 잘 드러난다. 잦은 파업으로 경제를 마비시켰던 영국의 대처정권 집권 전후 상황, 관제사 파업으로 항공산업의 파탄 위기에 처했던 레이건 정권 하의 미국의 사례, 우체국 금융의 민영화 문제로 정권의 명운을 걸어야했던 일본의 고이즈미 정부의 경우는 모두 누적된 공공부문의 비효율성에 대한 개혁시도와 이에 대한 저항의 결과였다. 반면에 이들 개혁의 성공이 향후 이들 국가의 경제발전에 크게 기여하고 있음은 눈여겨보아야 할 사안이다. 그렇기에 많은 전문가들이 일찍부터 공기업의 비대와 비효율성을 해결하기 위해서는 민영화와 경쟁도입이 반드시 이루어져야함을 역설해왔으며, 외환위기 이후 구조조정 시기에 기업지배구조의 개혁과 공기업의 민영화가 중요한 정책과제로 채택되기에 이르렀다.

그러나 김대중 정부의 등장과 함께 추진하던 공기업 구조개편 및 민영화 계획은 포스코, 한국중공업, KT의 민영화와 같은 초기 성과 이후에 지지부진하다가 참여 정부가 들어서면서 백지화되고, 공기업의 역할은 오히려 확대되어 왔다. 이러한 정책기조의 변화는 시장경제의 편익을 평가절하하고, 정부의 역할을 강화하려는 정권의 이념 성향을 그대로 반영한다. 참여정부 공기업 정책의 골자는 시장화 대신 관리, 평가 시스템의 강화를 골자로 하는 소위 "내부혁신"을 통해 공기업의 체질과 역할을 강화하려는 것이다. 내부혁신의 기본 아이디어는 시장규율을 내부화하려는 것이지만, 이런 대체적 규율로 공기업 문제의 해결에 성공한 경우가 없음은 잘 알려진 사실이다. 위에서 언급한 공기업 감사의 결과가 제시하는 공기업의 방만한 경영은 이러한 공기업정책의 결함을 뼈아프게 확인시켜 준다.

그렇다면 공기업 정책의 실패로 치르고 있는 비용은 무엇인가? 먼저 공기업의 사업 영역은 대부분이 국가 기간산업이며, 우리 사회와 경제의 인프라를 형성하고 있으므로 그 생산물은 양적 질적으로 모두 국민생활 전반에 지대한 영향을 준다. 이들 공공부문 생산물이 양질로 충분히 공급되어야함은 우리 생활수준의 향상을 위해 빼 놓을 수 없는 필수 조건이다. 또한 지속되는 공기업의 비효율성은 결국 세금으로 메꿔나가야 하므로, 민간 경제활동의 위축, 나아가서는 소중한 자본과 인력자원의 낭비라는 치유하기 어려운 국면으로 발전하게 될 것이다. 따라서 공기업의 비대화와 비효율성은 그대로 방치될 경우 심각한 잠재적 비용을 초래할 뿐 아니라 해결을 미룰수록 공기업 종사자들의 기회주의적 행동, 일탈적인 행태와 개혁에 대한 저항 가능성을 그만큼 크게 할 것이다.

이미 비대해진 우리나라의 공기업들을 현재와 같은 소유지배구조 아래 방치할 경우, 향후의 부작용이 어떻게 확대되어 갈지 예측하기는 쉽지 않다. 분명한 사실은 그럴 경우의 기회비용이 엄청나게 크고, 민영화와 경쟁도입과 같은 시장규율 중심의 지배구조 없이 문제해결을 기대하기 어렵다는 점이다. 다행히 공기업의 주 생산물의 공공재적 성격은 시장의 발달과 더불어 근년에 들어 많이 퇴색되었고, 양질의 대체재가 등장하게 되었다. 우편, 철도, 전력, 방송은 그 사례들이고, 주요 선진국들이 이들 사업부문을 민영화하여 좋은 성과를 거두고 있다.

공기업정책은 어떤 방식으로 추진하는 것이 바람직할 것인가? 요약하자면 내부 혁신을 통한 공기업 개혁 정책은 즉각 폐기하고, 외부규율 중심, 시장규율 중심의 공기업 지배구조를 확립해야 한다. 민영화의 경우는 시장규율이 지배구조의 주축이므로 이 문제는 해결된다. 민영화가 현실적으로 불가능하거나 별 이득이 없는 공기업 사업부문에 대해서는 이들의 평가와 관리 업무를 정부와 독립적인 민간기구가 맡는 방향으로 지배구조를 개편함이 바람직할 것이다. 이미 민영화에 대한 공감대가 형성되어 있는 철도, 전력, 가스와 같은 사업 부문은 즉시 민영화를 재추진하고, 우편, 방송 사업과 같이 민영화의 혜택이 비용을 상회하는 부문은 최소한 부분적으로라도 민영화를 추진해야 한다. 이러한 공기업정책은 작은 정부, 큰 시장을 지향하는 현 정부의 정책기조와 부합하며, 단기간에 가시적 성과를 얻을 수 있을 뿐 아니라, 혜택이 경제 전반에 퍼진다는 점에서 매우 바람직한 정책 선택이다. 이런 공기업정책은 최우선순위에 올려놓아야 마땅하다.

9.4 공공기관 선진화의 성과와 과제: 2011년 6월

공공기관선진화 정책이 시행된 지 4년차인 지금은 정책의 성과를 평가하고 향후 과제를 가늠하기에 적절한 시점으로 생각된다. 이명박 정부는 공공부문 개혁을 규제개혁, 능동적 개방과 함께 3대 핵심국정과제의 하나로 내세우고, 그 일부로서 이 정책을 적극적으로 추진해왔다. 이 정책을, 명칭에서도 나타나듯이, 우리나라가 선진 일류국가로 도약하기 위해 반드시 해결되어야 할 필수 과제로 인식하였기 때문이다.

역대 정부에서도 공공부문 개혁을 추진하였는데, 사실상 공기업 민영화와 동일시되어 있었다. 그러나 제1차 민영화(1968년)에서 제2차(1980년), 제3차(1987년), 제4차(1993년)에 이르기까지 민영화는 범위나 방법, 성과가 제한적인 것이었다. 민영화는 주로 정부보유주식의 일부매각을 통한 부분적 매각에 그쳤다. 가장 두드러진 성과는 김대중 정부(1998-2002)가 외환위기 상황에서 불가피하게 추진했던 제5차 민영화에서 나타났다. 이 기간 중 11개 공기업과 55개 자회사를 대상으로 지분 및 자산매각과 같은 방식으로 민영화가 추진되었는데, 한국중공업, KT, KT&G, 포항제철, 국정교과서, 한국종합기술금융, 한국종합화학, 대한송유관이 부분 또는 완전 민영화를 이루었다. 뒤이은 노무현 정부는 공공기관운영에 관한 법률을 제정하여 공공기관을 체계적으로 분류하고, 이들의 관리를 기획예산처 소속의 공공기관운영위원회에 맡김으로써 일관된 관리체계를 도입했지만, 경영개선에 초점을 맞추어 민영화는 중단되었다.

이명박 정부의 공공부문 선진화 정책은 공공부문 개혁을 포괄적이고 체계적으로 접근했다는 점에서 이전과 구별된다고 볼 수 있다. 기획재정부는 2008년 8월에 공기업 선진화 추진방향을 발표한 이래 지금까지 6차례의 공공기관 선진화 계획을 수립하여 공공기관의 구조개혁, 소프트웨어 개혁과 공공기관 평가제도 개선이 추진되었다. 구체적인 내용을 보면 총 319개의 대상 공공기관에 대해 민영화와 통폐합, 기능조정과 출자회사 정리와 같은 구조개혁에서부터 경쟁도입, 인원감축, 보수체계 합리화와 같은 경영효율화 정책들, 노사관계 선진화와 같은 인프라구축이 포함되어 있다.

현재까지 정책의 추진성과는 긍정적으로 평가할 수 있는 부분이 적지 않다. 정부가 발표한 추진 상황 점검결과에 따르면, 통폐합은 당초 대상인 36개 공공기관을 16개 기관으로 하는 통합과 5개 기관의 폐지로 100퍼센트 달성되었다. 특히 역대정권의 해묵은 숙제였던 대한주택공사와 한국토지개발공사가 한국토지주택공사(LH 공사)로 통합출범한 것은 특기할 만하다. 기능조정대상기관 총 20개중 12개가 기능조정을 완료하여 60퍼센트 달성되었고, 민영화와 지분매각은 24개 대상기관의 6개가 완료된 25퍼센트의 진척도를 보였다. 출자회사 정리부문에서는 35개 공공기관의 131개 출자회사 중 58개 회사가 지분매각, 청산 또는 통폐합되어 44퍼센트 완료되었다.

경영효율화를 보면, 총 129개 대상 공공기관의 정원조정이 완료되어 2008년 대비 2만 5천명이 감축되었고, 2012년까지 초과인원을 모두 해소할 것이라고 한다. 보수체계합리화 부문에서는 과도한 임직원 임금체계와 복리후생비에 대해 조정하고, 비핵심사업 폐지나 여행경비 기준 조정과 같은 경비감축조처가 단행되는 등 방만한 경영에 대한 수술이 진행되고 있다. 이 밖에 공공기관에 대한 외부 경영평가와 피드백이 이루어지고 있으며, 특히 노사관계 선진화가 주요 항목으로 경영평가에 반영되도록 하고 있다. 또한 개혁성과를 점검하는 워크숍이 매년 개최되고, 경영정보공개시스템(Alio system)을 도입하여 상시적으로 감시하는 시스템이 구축되었다.

이런 가시적인 성과와 노력에도 불구하고 미흡한 부분이 적지 않고, 향후 개혁성과에 부정적으로 작용할 수 있는 부분을 주목해야한다. 가장 경계해야 할 점은 정부가 경제운용의 편의를 이유로 공공기관선진화의 정책기조를 훼손하는 일이다. 정부는 물가관리, 일자리 창출이나 친서민정책에 치중하면서 '작은정부, 큰시장'으로 전환하고, 질좋은 공공서비스 제공으로 '국민편익을 증대'한다는 초기의 정책기조에서 후퇴내지 충돌하는 조치를 종종 취해왔다. 정부는 공공부문개혁에 대한 개혁의지를 다시 강화해야 한다.

9.5 공기업의 도덕성: 2014년 7월

공공기관이란 공익사업을 하거나 공공성과 연관된 업무를 하는 기관으로 정의할 수 있을 것이다. 우리나라에는 지나칠 정도로 공공기관이 많다. 기획재정부가 공식적으로 지정, 발표하는 공공기관은 정부가 투자, 출자 또는 재정지원 등으로 설립, 운영하는 공기업과 준정부기관 및 기타 공공기관을 말한다. 현재 총 295개나 되는 이들 기관은 (<표 1> 참조)[105] 근년에 정부역할의 증대에 따라 범위가 확대되었고, 그 만큼 국민부담도 커졌다. 이들이 쓰는 예산은 2013년에 약 575조원으로, 정부 일반회계 예산의 1.7배, 2012년 GDP 대비 44퍼센트에 달한다. 문제는 이들 중 상당수가 공익과 연관성이 적거나 정부기관으로 남아 있을 명분이 별로 없을 뿐더러, 부실하게 운영될 수밖에 없는 구조적 문제를 안고 있다는데 있다.

특히 문제가 되는 공공기관은 공기업이다. 정부가 발표하는 공기업은 현재 30개이지만, 사실상 공기업 성격의 회사들이 준정부기관 또

105) 이들 공공기관은 공공기관의 운영에 관한 법률 제4조 1항 각호의 요건에 해당하여 기획재정부장관이 지정한 기관에 한정되어 있다. 준정부 기관과 기타 공공기관에는 정부부처에서 관장하는 각종 위원회와 공익재단, 연기금과 공단, 산하연구소가 다수 포함되어 있다.

는 기타공공기관으로 분류되어 공기업 명단에서 빠져있다.[106] 또한, 공영방송사, 일부 금융회사, 지방공기업[107] 등은 기획재정부의 공기업 지정에서 제외되어 있음을 감안하면 실제 공기업은 이 보다 훨씬 많다. 이들 공기업들은 무리한 사업확장, 비효율적이고 방만한 경영행태로 해마다 적자를 누적시키고, 그 적자를 부채로 메워 왔다. 그 누적된 결과가 총 500조 원에 육박하는 부채 규모인데, 이미 정부 총부채 규모를 넘어선 수준으로 악화되었다. 현재와 같은 공기업의 사업구조상 이는 결국 국민의 부담으로 남을 수밖에 없다.

| 공기업의 개혁과 공기업민영화 |

공기업이 일반 사기업과 달리 소유자가 명확하지 않고, 가치창조에 집착하지 않으며, 법적으로 보장된 독점적 지위라는 진입과 퇴출 장벽을 가지고 있다. 그렇기에 대다수의 공기업이 국민의 희생인 세금으로 지탱하면서도 비효율적이고 방만한 경영행태에서 벗어나지 못하는 것이 바로 공기업 문제의 핵심이다.

이런 문제점 때문에 현 정부가 야심차게 공기업 개혁을 추진하고 있지만, 경영혁신 차원에서 해결될 가능성은 크지 않다. 진정한 공기업 개혁을 이루려면 오직 민영화만이 대안이라는 주장들이[108] 설득력이 있다. 그러나 공기업의 개혁이나 민영화는, 역대 정권의 실패경험이 보여주었듯이, 엄청난 저항에 부딪쳐 이루어지기 어려운게 사실이

106) 예를 들면, 준정부기관으로 분류된 한국주택금융공사, 한국농수산식품유통공사와 같은 회사나 한국거래소, 한국예탁결제원과 같은 금융기관, 기타공공기관으로 분류된 강원랜드㈜, 한국수출입은행, 한국투자공사 등이다(〈표 1〉 참조).

107) 지방공기업법에 따라 현재 총 379개 기관이 설립되어 있는데, 지방직영기업 245개(상하수도, 공영개발, 지역개발기금 등), 지방공사, 공단 및 제3섹터(주식회사형) 134개가 그들이다. 여기에는 각 지역 지하철 공사, 지역 개발공사 등이 포함되어 있다.

108) 송대희, '우리나라 기업의 민영화 정책', KDI, 1997., 현진권, '공기업 부채, 민영화가 해법이다', KERI column(2011.4.27.). 박동운, '빚더미 공기업 개혁: 민영화가 해법이다'. KERI column(2013.10.11.) 등.

다. 공기업의 3대 수혜계층인 공기업 종사자, 관료와 정치권의 일부가 격렬히 반대하는데다가 일부 여론이 가세하기 때문이다. 민영화 가능성을 사전에 차단하기 위해 장기간의 파업을 일으킨 최근의 철도노조 파업사태의 전말은 이를 적나라하게 드러냈다. 그러므로 공기업 민영화는 올바른 여론조성을 바탕으로 한 정치적 결단만이 이루어낼 수 있다. 바로 영국의 대처 수상이나 일본의 고이즈미 수상이 공기업 개혁에 사용한 방법이다.

〈표 1〉 2013년도 지정 공공기관(295개, 2013.8월말 현재)

공기업: 30개
시장형 (14개) 한국가스공사, 한국남동발전(주), 한국남부발전(주), 한국동서발전(주), 한국서부발전(주), 한국석유공사, 한국수력원자력(주), 한국전력공사, 한국중부발전(주), 한국지역난방공사, 인천국제공항공사, 한국공항공사, 부산항만공사, 인천항만공사
준시장형(16개) 한국조폐공사, 한국관광공사, 한국마사회, 대한석탄공사, 한국광물자원공사, 대한주택보증(주), 제주국제자유도시개발센터, 한국감정원, 한국도로공사, 한국수자원공사, 한국철도공사, 한국토지주택공사, 여수광양항만공사, 울산항만공사, 해양환경관리공단, 한국방송광고진흥공사
준정부기관: 87개
기금관리형 (17개) 사립학교교직원연금공단, 공무원연금공단, 국민연금공단, 한국자산관리공사, 한국무역보험공사, 신용보증기금, 기술신용보증기금, 예금보험공사, 한국주택금융공사, 영화진흥위원회, 한국언론진흥재단, 한국방송통신전파진흥원, 한국방사성폐기물관리공단, 근로복지공단, 중소기업진흥공단 등

〈표 1〉 계속

위탁집행형(70개)
한국교육학술정보원, 한국장학재단, 한국농수산식품유통공사, 한국농어촌공사, 대한무역투자진흥공사, 한국보건산업진흥원, 국립공원관리공단, 한국환경공단, 교통안전공단, 한국거래소, 한국예탁결제원 등
기타공공기관 (178개)
한국과학기술원, 산업연구원, 한국개발원, 한국여성정책연구원, 한국문화관광연구원 등의 55개 연구원 서울대학교병원, 국립중앙의료원, 강릉원주대학교 치과병원 등의 15개 의료기관 한국수출입은행, 한국투자공사 등의 8개 금융기관, 및 (주)강원랜드, 주택관리공단㈜ 등의 9개 회사 광주과학기술원, 한국폴리텍 등의 4개 교육기관 및 대한체육회, 예술의전당 등의 17개 문화체육 단체 시장경영진흥원, 한국보육진흥원, 한국발명진흥회, 한국사회적기업진흥원, 한국잡월드, 기타

공기업 개혁을 가로막는 주요 장벽은 '공익보호(protection of public interest)'라는 명분이다. 이 용어는 오남용될 여지가 매우 크지만, 우리사회에서 유난히 자주 거론된다. 좌파 논객들은 이를 '민주주의'라는 말에 못지않게 남용한다. 일단 내세우면 공동체의 이익에 부합한다는 착각을 일으키거나 정서적 호감을 불러오기 쉽기 때문일 터이다. 그 덕택에 절대다수의 국민이 거부하는 정당에 국고 보조금이 지급되는가 하면, 일부의 편향된 이념성향을 방영하는데 집착하는 공영방송사를 위해 시청료를 강제 징수하며, 우후죽순처럼 난립한 공기업들이 부실경영으로 세금을 축내는 일이 지속되고 있다. 공익성에 대한 이런 개념적 혼란을 없애지 않고서는 공기업개혁이 성공할 가능성은 없다.

| 공기업은 공익에 부합하는가? |

그렇다면 공기업의 유지는 얼마나 공익에 부합하는가? 사전적 정의에 따르면, '공익'(또는 '공공성', public interest)은 일반대중의 복리(The welfare of general public)와 같은 의미를 갖는다. 공기업의 경우, 대부분의 사람들은 이를 공기업이 생산, 제공하는 재화나 서비스를 일반대중이 고르게 소비하기 때문이라고 생각하는 경향이 있다. 이런 사업영역만을 기준으로 하더라도 우리나라의 '공기업'에 마사회, 강원랜드, 한국거래소나 예탁결제원이 들어가야 할 당위성을 인정할 수 없을 것이다.

우리나라의 공기업은 시장이 성숙되지 못한 상황에서 경제성장을 추진해온 유산이기도 하다. 그러나 이미 고도화된 우리 경제는 공기업 부문과 대체성이 큰 사업과 사업역량을 가진 민간부문을 가지고 있다. 그러므로 철도, 방송, 금융, 전기통신, 에너지와 같은 사업영역에서도 공기업 체제를 고수해야 할 당위성은 없다. 이 점은 공기업이 거의 없는 미국의 경우를 보면 금방 알 수 있다.

공기업의 정당성은 공익적이라는 사업영역만으로 판단해서도 안된다. 공공기관이 공익 또는 공공성에 부합하는가의 여부는 이를 운영하는 공직자와 분리할 수 없다. 우리가 그들에게 높은 윤리수준(ethical standard)이나 도덕성을 요구하는 이유는 그렇지 않고서는 공공복리가 증진될 수 없기 때문이다. 비효율적으로 운영되는 공공기관이 국민의 희생을 가중시킨다면, 그것은 공공복리의 훼손이다. 따라서 일반 대중은 공직자에게 독점적이고 안정된 지위를 부여하고 그 비용을 부담하는 조건으로 도덕성을 요구하는 것이다. 마찬가지로 납세자로서의 일반대중은 공기업의 임직원에 대해서 같은 수준의 도덕성을 요구해야 한다. 도덕성 기준을 어긴다면 공기업이 공익성을 증진한다는 논리는 설 땅이 없다.

불행히도 대다수의 공기업들은 공익의 이런 도덕성 기준에 부합하지 않는다. 공익보호라는 미명아래 공기업들의 이해관계자들이 그들의 집단이기주의 실현에 치중하는 것이 현실이다. 부실경영을 한다는 지탄을 받으면서도 과도한 보수, 성과급, 복지혜택을 챙기거나 심지어 고용승계까지 서슴지 않는 공기업 임직원들, 영향력 확대와 퇴직 후 일자리 확보에 급급해하는 일부 관료나 정치인들, 공기업 노조의 편을 들어 정치적 이득을 챙기려는 정치권이나 대중적 인기를 얻으려는 일부 지식인들의 행태는 공익의 도덕성 기준에 부합될 수 없다.

사실 이런 공기업의 폐해는 우리나라의 경우에 국한된게 아니고 외국에서도 어김없이 나타나는 현상이다. 그렇기에 사회주의 성향의 나라에서도 공기업 개혁과 민영화는 국정개혁의 중요 이슈가 되고 있다. 어느 사회든 공기업의 공익성에 대한 성찰이 없이는 그런 국정개혁의 목적을 이룰 수 있는 가능성은 없다고 단언한다.

10. 위기에 처한 자본주의

전세계에 커다란 충격을 준 2007-2008년의 금융위기 직후 영국의 이코노미스트지는 '궁지에 처한 자본주의(capitalism at bay)'라는 특집 보도를 내놓았다. 친자유시장 성향의 이코노미스트지 뿐 아니라, 다수의 자유주의 성향의 학자들도 자본주의 체제의 유지보수가 필요하다는 인식을 드러내었고, 이후 정부의 시장개입을 옹호하는 케인즈주의 학자들이나 카레츠키의 자본주의 4.0과 같은 견해가 여론을 지배하고, 신자유주의는 끝났다는 선언도 나왔다.

정치적으로는 미국에서 오바마가 집권하고, 프랑스에서 급진좌파 성향의 올란드 정권이 성립되면서, 이들 국가에서 정부의 시장간섭이 확대되어 갔다. 비교적 여파를 덜 받았던 한국에서도 경제민주화의 바람이 불어, 친기업정책이 친서민정책으로 선회하는 현상이 일어났다.

미국에서는 사회복지 지출이 증대, 도드-프랭크 금융개혁법이 제정되었으며, 은행과 주요기업에 대한 구제금융이 주어지는가 하면, 지역활성화와 공공사업에 대한 재정투자가 추진되었다. 이런 전통적 케인즈식 처방이 효력을 발휘할거라는 기대가 컸다. 대공황 이후 뉴딜정책의 상황이 재연되는 것처럼 보였다.

그러나 경기회복은 지지부진하고, 재정적자, 국가부채는 눈덩이처럼 불어났다. 이런 상황은 대부분의 유럽국가에서도 대동소이하게 벌어졌다. 특히 남유럽과 일부 서유럽국가 국가들은 극심한 경제불황에서 벗어나지 못해 사회불안이 이어지고 있다. 최근 미국과 일본을 중심으로 경기가 살아나는 조짐을 보이고 있지만, 이를 정부의 케인즈식 처방의 덕택으로 보는 해석은 거의 없다. 마치 '별수 없는 일에 요란을 떤(much ado about nothing)' 상황을 보는 것 같다. 오히려 심각한 수준으로 늘어난 국가부채와 과중한 사회복지비용 부담의 부작용을 우려해야 할 형편이다.

자본주의에 대한 회의적 시각은 새로운 현상이 아니다. 사회주의 이념이 득세한 20세기 초반 이후, 특히 대공황(great depression) 시기나 대불황(great recession)으로 불리우는 근년의 상황처럼 경제불황기에 힘을 얻었다. 그 때마다 불황으로 악화된 경제적 불평등을 자본주의 체제의 탓으로 돌리고 정부의 개입확대를 주문하는 상황이 되풀이 되고 있다. 잘못된 정부의 시장간섭이 불황의 큰 원인이었고, 정부의 단기처방이 큰 효험이 없으며, 부작용을 불러온다는 사실이 밝혀졌는데도 그런 경향은 여전하다. 정부개입 옹호론자들은 부유세, 기업에 대한 증세로 정부의 재정투자, 사회복지 지출을 늘리고, 소득재분배를 해야 한다는 낡은 처방을 내놓는다. 그들은 자본주의를 살리기 위해 정부개입이 필요하다는 주장을 한다. 피케티의 21세기 자본론, 한국의 경제민주화론도 그런 경향을 반영한다.

그들은 그들의 처방이 임시방편적 단기처방이라는 한계를 벗어나기 어렵다는 사실, 정부가 전지전능하지도, 유능하지도 않으며, 정부실패로 이어지기 쉽다는 지적에 대해 제대로 응답하지 못한다. 그들의 이념은 시간개념이 없고, 만들어진 성과를 나누는 방식에 집착한다. 그들은 누가 어떤 방식으로 경제적 부와 번영을 만들었는지, 어떻게 지속될 수 있는지에 대해서는 침묵한다. 그들의 처방은 자본주의를 살리기 보다는 더 큰 위기에 몰아넣을 것 같다.

10.1 시장경제 몰락 아니다: 2008년 10월

전 세계적으로 산불처럼 번지던 미국발 금융위기가 소방 당국의 진압작전에 힘입어 일단 주춤해 있는 형국이다. 그나마 다행인 것은 1930년대 경제공황의 경우와 달리 신용경색의 위험을 꿰뚫어본 소방 당국, 즉 각국의 중앙은행과 정부 당국자들이 과감한 응급조치를 취했다는 점이다. 그러나 잔불의 불씨들이 여전히 도사리고 있고, 불똥이 실물경제로 옮겨 붙는 조짐마저 보인다.

금융불안이 해소되고 세계경제가 정상 성장궤도에 진입하기까지 시일이 걸리겠지만, 그 속도와 범위는 향후 금융산업의 개편과 통화신용정책의 행방이 좌우할 것이다. 구체적으로는 상업은행과 투자은행의 구조 개편, 금융감독의 강화, 유동성 조정과 같은 문제가 핵심 과제로 등장할 것이다. 우리나라도 예외가 아니다.

먼저 이번 사태가 미국식 금융자본주의의 파산을 의미한다는 견해를 따져보자. 사태 초기에 유럽 국가에서 제기되고 반미 성향의 인사들이 선호한 이 주장은 부실 주택금융, 느슨한 통화신용정책, 과잉 가계부채와 같은 '미국 문제'가 유럽 국가나 다른 개발도상국에서도 비슷한 상황임이 드러나면서 설득력을 잃었다. 파생상품 시장의 과열을 탓하는 시각도 있지만, 그것이 부실 주택금융의 단초를 제공하지도 않았고 위험 상쇄 기능도 가지고 있음을 간과해서는 안 된다.

또 다른 오류는 이 금융위기가 국제화와 탈규제로 고삐가 풀린 금융시장의 실패, 나아가서는 시장경제와 신자유주의의 몰락을 입증한다는 견해다. 일부에서는 이제 자유시장 경제체제는 더 이상 유지되기 어렵고, 국가 개입이 불가피하다고 주장한다. 그간 수세에 몰려있던 좌파 논객들은 이를 국면 전환의 기회로 보는 듯하다.

이는 터무니없는 왜곡이다. 부동산시장의 거품 가능성은 십여 년 전부터 제기되어 왔고, 시장지표가 비이성적 환호(irrational exuberance)를 경고하고 있음은 이미 알려진 사실이었다. 다수의 경제학자·전문가들은 현 사태가 경기둔화를 우려해 신용확대로 시장의 자율 규제 기능을 봉쇄해온 통화신용정책의 실패에 있음을 알고 있다. JP 모건의 조지 쿠퍼가 지적한 대로 시장 침체기에만 개입하고 과열시장은 방치한 중앙은행의 비대칭적 개입정책이 거품을 진정시키는 시장의 정상적 작동을 봉쇄해 왔고, 이는 미국에만 국한된 현상이 아니다.

이런 시장환경은 금융기관들이 과도한 위험을 감수하도록 부추기는 도덕적 해이 문제를 심화시키고, 고수익 부실 주택금융의 양산으로 이어진 것이다. 대다수 학자·전문가들의 실수는 금융시장 왜곡의 파장이 이토록 심각할 수 있음을 몰랐다는 점이다. 작금의 사태는 시장이 누적된 왜곡 현상을 한꺼번에 몰아서 해소하는 과정이며, 시장의 작동을 보여주는 무서운 증거로 볼 수 있을 것이다.

그렇다면 현재 각국에서 도입하는 구제금융조치(Bailout Plans)가 시장에 대한 정부의 상시 개입을 예고하거나 이를 정당화하는가? 전자에 대한 대답은 전적으로 해당 국가의 정치적 선택에 달려 있지만, 후자는 '아니다'일 것이다. 이러한 구제금융 조치들이 시장을 왜곡해온 정책을 정상 상태로 되돌리려는 긴급조치임을 감안하면 이는 자명하다. 긴급조치는 불을 끄는 데 국한되어야 한다.

일각에서는 미국이 은행의 부분적 국유화를 단행한 조치를 보고, 금융시장에 정부가 직접 개입하는 영국식 모형으로 회귀하는 것으로 보기도 한다. 그러나 영국의 브라운 총리는 "한시적 긴급조치며, 가능한 한 빨리 민영화할 것"이라며 이 같은 시각을 부인한다. 우리가 걱정해야 할 일은 이들 긴급조치가 가능한 한 빨리, 후유증 없이 원상회복되는 일이다. 특히 구제금융이 초래할 수 있는 도덕적 해이 문제를 최소화하는 일, 보다 정교하게 금융감독을 강화하는 문제, 통화신용정책에 대한 정치적 압력을 차단하는 문제에 대한 논의가 본격적으로 이루어져야 한다.

10.2 자본주의 위기론: 틀린 진단과 바른 처방: 2015년 2월

근년에 자본주의가 위기에 처했다는 주장이 부쩍 늘었다. 그 계기를 마련했던 사건은 2008년의 금융 불안이었고, 이후 선진경제에서 경제성장이 지지부진했던 데다가 경제적 불평등이 심화되었다는 사정이 자본주의 위기론을 강화시켰다. 이들 주장은 본질적으로 정부의 역할을 강화하여 시장을 대체하거나 보완해야 한다는 사회주의 이념의 재등장을 의미한다. 그들은 자본주의 체제가 불평등을 만들 수밖에 없다고 진단하고, 부자증세와 취약계층 지원이라는 재분배 정책, 금융자본주의 체제의 개혁과 정부 주도의 투자정책이라는 낡은 처방을 제시한다.

모든 시장거래에서 금융이 필수불가결한 수단이라는 점에서 오늘날 자본주의는 금융자본주의라고도 불리운다. 자본주의가 개인이나 사회의 경제적 번영을 보장하는 가장 유효한 체제이지만, 번영의 성취과정이나 분포가 고르지 않다는 것은 사실이다. 그러나 금융자본주의가 경제적 불안을 일으키고 불평등을 심화시키는 내재적 속성을 가지고 있다고 보는 시각은 틀렸거나 지나친 단순화이다. 흔히 문제의 근원으로 지적되는 금융의 구조적 결함은 자본주의의 실체인 시장경제가 성장하기 이전부터 정착되어 있었고, 극심한 금융불안이나 금융위기들은 거의 모두 정부의 통화금융정책 독점과 실패가 주된 원인이었다.

금융자본주의가 논란이 된 경제적 불평등 문제 또는 부익부 빈익빈 현상의 주범이라는 인식은 더욱 잘못되었다. 최근 피케티의 (부정확하게 지적된) 자본의 과잉수익론, 언론의 선동적 표현인 1퍼센트 대 99퍼센트 양극화 현상, 월가 점령 운동 등은 모두 그런 시각을 반영한다. 선진 경제에서 고소득층과 저소득층간의 소득과 부의 격차가 확대되고 중간층의 비율이 줄어든 것은 사실이다(<그림 1>, <그림 2>). 금융위기 이후 이어진 경제성장의 둔화로 일자리가 감소하고, 경제력이나 적응력이 약한 계층이 상대적으로 더 큰 소득과 부의 감소를 겪었기 때문이다. 경기진작 정책으로 유입된 통화량 증가의 혜택을 먼저 받기에 유리하고, 경제적 여유가 큰 상위계층의 소득과 부가 더욱 커진 것도 소득 격차의 확대에 크게 기여하였다.

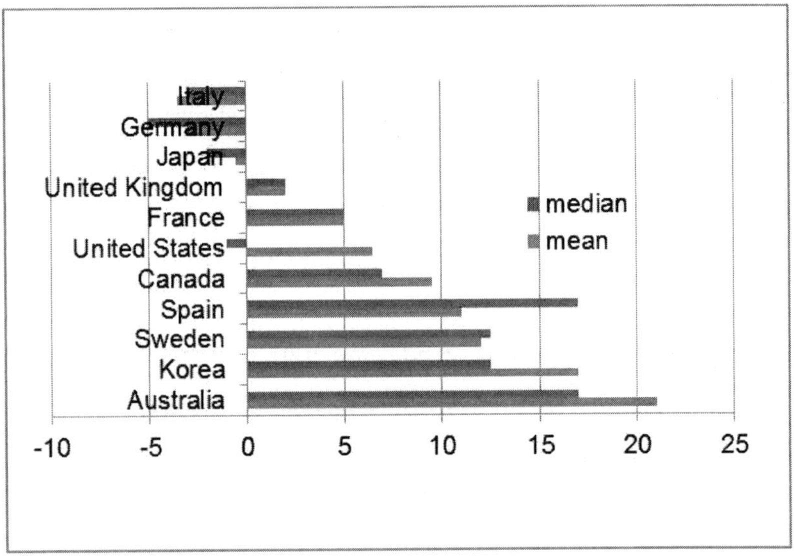

〈그림 1〉 실질임금 증가율, 2002-2012

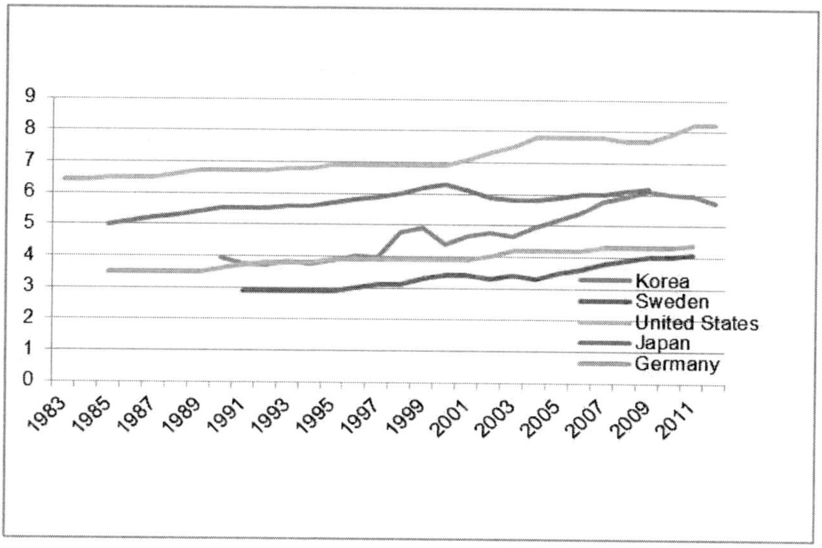

〈그림 2〉 10분위 소득 배율 (P10/P1)

주목해야 할 점은 경제적 소득과 부의 격차가 하위 계층의 비중이 늘었다기보다는 중산층의 비중이 줄었다는 데 있고, 이는 한국의 경우에도 잘 나타난다(<그림 3>).[109] 중산층 감소 현상은 금융위기 훨씬 이전인 1970년대부터 나타났지만, 1990년대에 들어 가속화되었다. 주된 원인은 정보통신기술(ICT, Information and Communication Technology)의 확산[110]이었고, 중국을 중심으로 하는 신흥경제로 산업이전이 이루어진 점도 큰 몫을 차지하였다. 이 기간 중, 주요 선진경제에서 저임금, 고임금 일자리의 비중은 각각 2-7퍼센트, 4-13퍼센트 증가한 반면, 중간임금 일자리의 비중은 4-13퍼센트 감소하였다.[111] 한국도 이런 추세에서 예외가 아니다.

109) 최하위 소득계층의 비중은 공적이전소득, 저임금 일자리의 증가에 힘입어 지난 십수 년간 거의 변동하지 않았다.

110) Economist, Special Report, The Third Great Wave, October 4, 2014.

111) Goos, Manning, and Salomons, 2014, 'Explaining Job Polarization: Routine-biased Technological Change and Offshoring.', American Economic Review, 104(8), 2014. 미국의 경우 변화율은 이들 국가의 중간 정도의 수준이다.

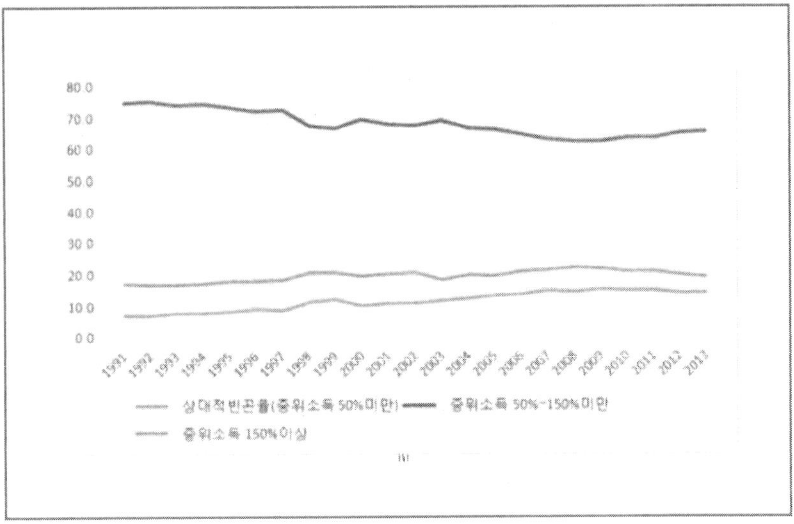

〈그림 3〉 소득계층의 인구비율

중간층 일자리의 감소는 ICT에 민감한 생산직, 사무직에서 두드러졌지만, 유통, 금융과 같은 서비스 부문으로 이어지고 있고, 머지않아 교육, 의료보건, 전문 서비스 영역까지 확대되어갈 걸로 보인다. 이런 기술여건의 변화는 반복적 업무능력을 필요로 하는 저숙련이나 중간숙련 수준의 단순직종 또는 중간지식수준의 전문직종의 수요를 줄이지만, ICT가 대체할 수 없는 단순직종이나 창의적 사고를 필요로 하는 직종에 대한 수요를 늘리는 U자형의 수요형태로 발전할 것이다.[112] 그러나 ICT가 인간 능력의 보완에 머물 수밖에 없다는 제약 때문에, 새로운 형태의 지식과 업무능력을 필요로 하는 일자리를 확대시킬 수 있는 여지도 크다. 노동시장은 이런 필요성에 대처해 나갈 것이고, 이를 앞당기기 위해서는 교육과 사회환경이 보다 큰 역할을 해야 한다.

기술과 고용환경의 변화와 경제적 불평등 심화는 어떤 관계를 가지는가? 위에서 본대로, 이는 중산층의 소득과 부를 감소시키고, 중하

112) Autor, D.H. 'Polanyi's Paradox and the Shape of Employment Growth', Symposium Paper, Federal Reserve Bank of Kansa City, 2014.

위직 노동력의 공급을 늘린다. 따라서 중하위 계층의 임금과 소득이 감소하는 현상은 단기적으로 해소되기 어렵다. 특히 중산층은 지속적인 주거비용과 교육비용의 증가로 저축이나 부의 축적에 어려움을 겪고, 주로 하위계층에 집중될 수밖에 없는 공적소득이전의 혜택도 기대하기 어렵다. 물론 현 상황에서도 높은 소득과 부를 누릴 수 있는 상위계층도 있다. 그들은 대기업인이나 자산가, 고숙련 전문직, 특정 스포츠인 또는 연예인, 일부 금융인이나 금융관료, 정치인이나 고위 관료들이다. 이들은 숫적으로 제한될 수밖에 없기에, 높은 임금이나 소득을 받을 뿐 아니라, 현대적 금융기술의 도움으로 지속적인 부의 축적도 이루고 있다. 앞의 두 계층은 투자위험을 감수하면서 고용기회를 만들거나 기술환경의 변화를 이끌어 가는 계층이고, 뒤의 두 계층은 부의 증식을 돕거나 주로 생산물을 재분배하는 실력을 행사하는 계층이다. 시장과 금융에 대한 정부간섭의 증대는 전자의 활동을 위축시키고, 후자를 더욱 부자로 만들기 쉽다.

이것이 경제적 불평등, '자본주의 위기'의 실상이다. 기술적 환경변화는 시장이 의도적으로 만들어 내지도 않았고, 이를 되돌리거나 피할 수 있는 사회는 없다. 불평등은 자본주의가 만들었고, 사회적 강제력을 이용해서라도 시정되어야 한다는 주장도 어리석기는 마찬가지다. 일부 좌파학자들이 주장하는 대로 징벌적 또는 몰수적 세금으로 경제적 불평등 해소를 강행하려 한다면[113], 투자위축, 경제쇠퇴가 이어지고, 사회는 낙후된 사회, 자유가 없는 사회로 접어들게 될 것이다. 그런 사회는 이전의 수많은 경험이 보였던 대로, '정치적 인간'들이 득세하고 빈곤이 만연하는 피곤한 사회일 뿐이다.

지금의 급격한 환경변화는 흔히 제1차, 제2차 산업혁명에 버금가는 제3차 산업혁명으로 비유된다.[114] 아마도 인류사회는 이전의 산업

113) 이런 주장은 한국을 포함한 일부 국가에서 흔히 거론되는 부유세나 기업에 대한 증세, 최근 피케티가 제안한 90-95퍼센트의 초누진과세, 그리고 이를 이용한 저소득층 지원 정책에서 드러난다.

114) (앞에서 인용한) Economist, Special Report, The Third Great Wave, October 4, 2014.

혁명이 그랬던 것처럼, 환경에 적응해서 새로운 교육이나 직업훈련 방식, 새로운 기회, 새로운 일자리, 새로운 번영의 길을 찾을 것이다. 개인이나 기업의 창의력이 그 원동력이고, 사회적 힘의 사용은 그런 역량이 발휘되도록 도와주는 데 그쳐야 한다. 정부의 급선무는 불필요한 시장간섭을 줄이고, 무모한 투기를 부추기는 금융정책[115]을 없애는 일이다.

11. 보다 자유로워지려면

대한민국은 처음부터 자유민주주의 국가로 출발하는 행운을 누렸다. 건국하면서부터 자유민주주의 체제로 시작하였고, 이는 헌법에도 명시되어 있다. 그러나 자유민주주의는 외국에서 들여온 수입품이었지, 힘든 정치과정을 통해 체득된 것이 아니었다. 우리사회는 자유의 의미를 깊이 성찰해 보지도 않았고, 이를 얻기 위해 투쟁해온 경험도 가지고 있지 않다. 현재도 대중적 인식은 말할 것도 없고, 지식층까지 자유의 원래 의미와 민주주의의 역할을 제대로 이해하지 못하는 경우가 많다.

오늘날, 미국이 대표적 자유민주주의 국가이고, 자유주의 이상을 정치체제로 실현하려 한 최초의 국가이었음을 부정하는 사람은 없다. 미국 건국의 기초가 된 독립선언서와 헌법은 지금도 미국정치에 막대한 영향력을 행사하고 있고, 그 가치는 세계적으로 인정받고 있다. 그러나 이 두 문서가 시민의 자유에 대해 명시적으로 언급하고 있지만, 민주주의라는 단어를 쓰거나 언급한 경우는 단 한 번도 없다는 사실을 아는 사람은 드물다. 그것은 18세기 유럽의 계몽주의 사상에 정통했던

115) 가장 대표적인 경우는 은행에 대한 구제금융지원과 예금자보호정책이다.

건국의 주역들이 그들의 의도를 반영시킨 결과이었다. 그들은 당시로서는 혁신적인 인신보호, 선거에 의한 정권 교체, 양원 의회제도, 삼권분립과 같은 민주적 정치제도를 도입하였고, 무엇보다도 정부가 시민의 자유를 침해할 수 없도록 하는 제도적 장치를 마련하고자 애썼다. 그들은 동시에 절제되지 않는 민주주의가 다수의 독재(tyranny of majority)로 발전하지 않도록 염려하였던 것이다.

근대적 의미의 자유가 원래 인간의 천부적 권리는 어떤 정치적 힘으로도 제약해서는 안된다는 가치의 개념인데 비해, 민주주의는 가치 개념이 아닌 통치방식, 권력의 사용방법 또는 권위가 어디에 있는가를 규정하는 말이고, 흔히 인민에 의한 지배(rule by people)라고도 정의된다. 민주주의(democracy)란 말은 사람들(*demos*)과 통치(*kratia*)라는 그리스어 낱말을 조합한 용어다. 글자 그대로 군주나 귀족처럼 특권을 가진 소수의 통치(*aristokratia*, rule of elite)가 아닌, 다수의 사람들에 의한 통치(*demokratia*, rule of people)를 의미한다. 최초로 이를 도입한 그리스에서, 전제군주제가 발달하기 어려운 지리적, 문화적 조건을 가졌던 탓에, 통치체제에 정통성을 부여하기 위해 만들어낸 정치체제이었다.

그러나 이런 체제가 대중의 편견과 변덕에 휘둘리는 중우(衆愚)정치, 소수의 정치선동가가 조종하는 군중에 의한 통치(mob rule)라는 역설적 상황으로 변질하기 쉽고, 오래 가기 어려운 불안정한 체제라는 사실은 당시에도 잘 알려져 있었다. 이런 정치체제를 극도로 싫어한 플라톤이 현인(賢人)정치를 옹호한 것도 자신이 사랑하던 스승 소크라테스를 죽음으로 몰고 간 타락한 아테네의 민주정치를 목격한 데 있었다고 전해진다. 점차 타락한 모습을 드러내는 한국의 민주정치가 '천민(賤民)민주주의'란 지적을 받고 있는 것도 그런 인식을 보여준다. 여기서 '천민'이란 비이성적 군중 또는 떼거리(mob)라는 경멸적 표현이고, 천민민주주의에 가장 가까운 용어는 군중정치(ochlocracy, or rule by mob)이다. 자유민주주의와는 거리가 멀다.

근대적 의미의 민주주의란 말도 처음부터 긍정적인 의미를 가지지 않았음은 미국의 경우를 보면 알 수 있다. 그것은 사실 민주주의의 위험성을 극도로 우려한 건국 주역들의 의도가 반영되었기 때문이다. 미국 건국의 주역들, 특히 독립선언서를 작성하고 헌법을 기초한 인물들은 모두 고전과 계몽주의 사상을 잘 이해했던 지식층이었다. 조지 워싱턴, 존 아담스, 토마스 제퍼슨, 존 제이, 제임스 매디슨, 알렉산더 해밀턴, 제임스 먼로는 모두 존 로크의 정치철학, 그리스 민주정치와 로마 공화정의 경험과 문제점들을 꿰뚫고 있던 사람들이었다. 그들은 자연권으로서의 개인자유를 정부가 침해하지 못하도록 하는 정치제도를 만들고자 하였지만, 군중의 힘이 다른 시민의 권리를 빼앗는 가능성도 커다는 사실을 경계하였다.

그렇기에 행정부, 법원, 의회로 구성되는 철저한 상호견제-권력분산 체제에다가, 오직 의회의 의원만 직접선거로 선출하는 정치체제를 수립했던 것이다. 투표권은 일정한 수준 이상의 재산과 지적 수준을 가진 사람에게만 주어졌고, 실제로 건국초기에는 전인구의 3퍼센트를 넘지 않았다. 의회가 인구비례대로 선출하는 2년 임기의 하원과, 인구수와 상관없이, 주마다 2명씩 선출하는 6년 임기의 상원으로 구성된 것도 다수가 소수를 지배하거나, 단기적 민의(民意)가 장기적 국익을 해치는 정치상황을 막으려는 의도로 도입된 제도였다. 건국초기의 미국에서는 민주주의자(democrats)라는 말을 정치적 선동을 일삼는 사람이라는 경멸적 뜻으로 사용되었을 정도다.

이처럼 근대적 자유의 원래 의미는 인간의 타고난 권리를 존중한다는 가치의 개념이었고, 민주주의라는 정치제도는 이를 쟁취하고 유지하기 위한 방편의 개념이었다. 특히 주목해야 할 점은 자유가 개인적 권리이며, 자신에게만 적용되지 않는 보편적 가치라는 사실이다. 개인적 권리를 확대하면, 필연적으로 타인의 권리를 침해하게 된다. 그러므로 자유의 범위는 누구도 침해할 수 없는 권리로 제한되어야 하는 소극적, 방어적 자유(negative or defensive liberty)를 의미한다. 이 자유는 개인의 사적(私的) 영역을 보호함으로써 인간이 도덕적 행위, 창조적 역량과 생산 의욕을 발휘하게 한다. 그런 사정은 사회를 개방적으로 만들고, 개방(된)적 사회(open society)는 사회적 부와 번영을 가져오게 하는 원동력임이 경험적으로 입증되었다. 자유의 보호는 개방된 사회가 되기 위한 필요조건이다.

반대로 적극적 자유(positive liberty)의 개념은 개인의 권리를 사회의 힘으로 확대해 주어야 한다는 이념이다. 교육, 의료 서비스, 고용보장, 보육, 노후생계나 개인의 복지는 선택이나 거래의 대상이 아닌 권리이고, 사회가 책임져야 한다고 주장한다. 이런 사회정책은 평등사상, 복지국가 이념으로 발전하고, 국가 개입정책으로 실행된다. 즉, 국가가 강제로 세금을 거둬서, 이런 서비스를 배급해 주는 것이다. 자연히 사적(私的) 영역을 침해하는 무리가 따르고, 개인이 창의와 생산의욕을 발휘할 기회를 없앤다. 자유는 보편적 권리로 대체되고, 이들을 공급해주는 관료가 득세하며, 사회는 정체하고 폐쇄적이 될 수밖에 없다. 사회(국가)가 만들어 준 틀에 맞출 수밖에 없으므로, 진취적 사고가 억제되기 때문이다. 아세모글루[116]는 '왜 국가가 실패하는가'라는 최근 저서에서 폐쇠(된) 사회, 즉 사회의 정체성, 폐쇄성이 가장 큰 원인이며, 오직 개방된 사회만이 번영할 수 있음을 보여주었다.

사회정책, 국가개입을 옹호하는 사람들은 스스로를 진보주의자, 복지주의자, 사회적 민주주의자, 케인즈주의자 등으로 자처 하지만, 모두 사회주의 이념을 공유하고 있다. 그들은 개인자유의 원래 의미를 모르거나, 의도적으로 왜곡한다. 그들에게 민주주의는 편리한 수단이다. 대중의 지지를 받아 이런 정책을 정치적으로 결정해버리면 그만이기 때문이다. 그들은 대중의 선전, 선동을 공공연히 활용하고, 대중의 환심을 사기 위해 사실을 왜곡하거나 거짓말하기를 주저하지 않는다. 그들은 공공성, 사회정의, 공동체주의, 민족주의와 같이 좋게 들리지만 공허하고 애매한 용어로 대중을 혼란시키려 한다. 공산주의 혁명가 레닌의 선동전술의 핵심은 '먼저 용어의 개념을 혼란스럽게 만들고', 이런

116) Daren Acemoglu and James Robinson, 'Why Nations Fail: The Origin of Power, Prosperity and Poverty', Crown Business, 2012.

선동에 앞장서는 '쓸모있는 바보'들을 지원한다는 것이었음은 상기해 볼 일이다.

이처럼 민주적 정치체제에서 자신의 주장을 민중의 뜻으로 둔갑시키려는 세력은 있게 마련이다. 그들은 주로 일부의 정치인, 교회 지도자, 시민운동가, 교수, 언론인들이며, 원래 직업이 무엇이든, 늘 평등지향적이고, 나누어 주기와 민주화를 주장하는 사회운동가들이다. 문제는 그들이 공통적으로 자기 것이 아닌 남의 것을 나누어 주려 하고, 사회를 자신의 입맛대로 고치려 하며, 결과에 대한 책임을 지지 않는다는 점들이다. 그들의 방식대로 설계된 사회는 자유로울 수 없고, 폐쇄사회가 된다.

그럼에도 그들과 그들의 선동을 쉽게 믿는 일반대중, 그들의 눈치를 보기에 급급한 정치인들이 '천민(賤民) 민주주의'를 만들어 낸다. 그런 경우는 아르헨티나의 페로니즘, 베네주엘라의 사베스 정권, 유럽식 사회민주주의, 남유럽 사태에서 전형적으로 드러났고, 영국과 미국에서도 수시로 찾아왔다. 모두 민주적 정치체제를 가진 나라들이었고, 엄청난 후유증을 불러왔거나, 국가 파산의 위기로 이어지기도 하였다.

한국의 민주주의도 점차 이들을 닮아가고 있다. 지난 십수 년간 우리 사회는 사실 왜곡이나, 허위사실 유포, 정치적 선동으로 엄청난 진통과 정체를 겪고 있다. 여중생 사망사고, 병풍(兵風)사건, 광우병 괴담, 천안함 폭침 음모설, 총리후보자의 역사인식 조작, 세월호 파동 등과 같은 비이성적 사태가 헤아리기도 힘들게 많았고, 촛불시위, 공공노조 파업, 항의와 규탄 시위로 조용할 틈이 없었다. 정치인들은 냉철한 국정토론 대신 이런 국민정서를 득표전략에 이용하기에 바빴다.

정치는 정치공학이 지배하는 무대가 되었고, 선심성 정책들을 남발하고 있다. 정치가 '국민의 눈높이에 맞춰야 한다'거나 '좌클릭' 하자고 말하는 여당의원, 헌재의 판결을 두고 국민투표로 정할 문제라고 주장하는 몰상식이 나타나기도 하였다. 그 결과가 불법 정치세력과 과격한 정치선동의 득세, 무책임한 대중인기영합 정책들의 양산이다. 국회선진화법이나 청년의무고용할당제, 유통산업선진화법[117], 보편적 무상 복지제도, 반값등록금, 특목고 폐지와 같은 시장간섭 정책들은 그런 사례의 일부에 불과하다. 하나같이 우리사회에 큰 해악을 끼칠 것이다.

우리사회에서 민주주의의 일탈(逸脫)을 극적으로 보여준 사건이 최근에 일어난 '문창극 총리후보 사태'이었다. 여론이 그를 낙마시킨 것은 120년 전 조선의 정치사회상에 대한 언급이 식민사관을 반영한 한국인 비하(卑下)라는 '역사 인식'을 문제 삼았기 때문이었다. 그의 발언이나 그가 인용한 외국인 선교사의 언급들은 역사관과는 무관한 사실이었고, 한국인의 비참한 현실은 당시 대한제국 지도층의 무능과 부패를 지적한 것이었음이 명백히 드러났음에도 그랬다. 그가 인용한 이사벨라 비숍의 여행기[118]를 보더라도 한국인이 더럽고, 게으르다는 비난이라기보다는, 번영을 이룰 수 있는 능력과 기회를 살리고 있지 못하는 정치사회적 상황을 안타까워하는 심경을 일관되게 드러내고 있다. 그녀는 연해주로 이민간 한국인들이 부지런하고, 깨끗하며, 열악한 환경에서도 열심히 일해서 주변의 러시아인, 중국인들보다 훨씬 잘 살고 있음을 들어 한국인의 잠재력을 높이 평가하기까지 했다.

이런 그의 교회강연 내용을 역사관의 문제로 매도한 언론과 여론, 이를 두둔한 정치권이야 말로 그릇된 역사관에 갇혀서 진실을 외면한다는 비판을 받아야 마땅하다. 그럼에도 이를 두고 민주적 언론의 소임을 다했다는 격려가 나오기도 하였다. 비록 그의 후보 지명과 사퇴라는 일과성 사건으로 마무리 되었지만, 대중정서와 정치의 타락을 여지없이 드러낸 사건이었다. 이처럼 사실을 왜곡하고 불편한 진실을 부정하는 선동가들, 여기에 부화뇌동하는 여론과 정치는 타락한 민주주의를 만들 뿐이다.

117) 2012년 4월에 도입된 이 법의 골자는 대형마트와 기업형 수퍼마케트를 월 2회 강제휴점시켜 골목상권을 보호하겠다는 입법이다.

118) Isabella Bird Bishop, 'Korea and Her Neighbors', Slusser Press, 2013, dated originally 1898.

사람들은 민주주의가 절대선이라거나 민주주의가 자유를 의미한다고 믿거나 믿고 싶어 한다. 아마도 민주주의가 대다수 사람, 즉 대중의 뜻을 반영한다는 사실 때문일 터이다. 그러나 다수가 도덕적이거나 정의, 진실, 자유를 의미하지도 않을 뿐더러 효율적이지도 않다. 그래야 할 당위성도 없고, 역사적으로 비도덕적 결과, 불의, 허위와 자유침해로 드러난 경우는 비일비재하였다. 그러므로 민주주의가 대다수 사람의 뜻이기에 좋을 거라는 생각은 환상이다. 역으로 도덕, 정의, 진실은 개인의 자유를 보장하지 않고서는 얻기 어려운 가치들이다.

사실 대중이란 인격체는 없다. 그것은 다수 사람들이라는 의미일 뿐이고, 사회라는 말처럼 뚜렷한 실체가 없고 허황된 개념이다. 대중의 뜻(will of people)이란 말도 마찬가지로 공허할 뿐 아니라, 실은 특정 개인이나 소집단의 뜻이기 쉽다. 극단적 좌파이념을 가졌거나 큰 이해관계를 가진 소집단은 이런 사실을 잘 알고 있다. 그들은 선전, 선동과 사실 왜곡을 통해 대중정서를 자극하고, 정치적인 방법으로 자신들의 의지를 관철시키려 한다. 그들에게 대중의 뜻이나 민주주의는 자신들의 극단적 이념이나 집단이득을 실현시키는 수단에 불과하다.

그러므로 자유와 민주주의는 동격인 의미를 가지고 있지 않고, 가져서도 안된다. 원래 민주주의는 자유를 지켜주기 위해 도입된 장치였지, 자유를 지배하거나 억압하는 수단으로 도입되지 않았다. 자유주의는 자유라는 가치를 소중히 여기는 이념이지만, 민주주의는 다수 대중의 정치적 결정을 받아들인다는 정치제도의 한 형태일 뿐, 이념도 아니다. 자유는 민주주의에 우선하는 가치 개념이다. 그러므로 자유민주주의(liberal democracy)는 있지만, 민주적 자유주의(democratic liberalism)는 없다. 후자에 가까운 개념을 굳이 찾는다면 비자유적 또는 반자유적 민주주의(illiberal democracy)가 될 터이다. 그것은 전 세계의 자유-민주주의 관계를 분석한 자카라이어[119]가 보여준 대로, 민주주의의 과

119) Fareed Zakaria, 'The Future of Freedom: Illiberal Democracy at Home and Abroad', Norton and Company, 2007.

잉 또는 오남용으로 자유가 훼손되는 상황을 의미한다.

그럼에도 오늘날 자유민주 체제에서 자유에 대한 가장 큰 위협은 왜곡된 민주주의가 자유를 억압하는 일이다. 하이에크는 민주주의의 문제점은 대중의 뜻은 늘 옳다는 잘못된 인식에 있음을 지적한 바 있다. 민주주의에 대한 맹신이 위험하다는 점을 일깨워 준다. 사실 자유주의자들은 민주주의 정치제도가 자유에 커다란 해악을 끼칠 수 있다는 데 크게 주목하지 않는 경향을 보여 왔다. 미제스는 유럽에서 사회주의의 실패와 자유주의의 우월성을 논증함으로써 커다란 명성을 얻었던 학자였다. 그는 나치즘의 핍박을 피해 미국에 온 직후, 이를 새삼스럽게 알게 되었음을 고백한 적이 있다.

그러므로 자유가 우선적 가치이고, 이를 한껏 늘려 주어야만 개인이나 사회의 번영이 이루어진다는 인식이 무엇보다도 중요하다. 또한 민주주의는 자유를 지켜주는 원래의 임무에 보다 충실히 할 것을 요구해야 한다. 미국 헌법 조항의 대부분이 정치적 결정으로 시민의 자유를 침해하는 경우를 금지한 것도 그런 이유다. 우리가 보다 자유로워지려면, 민주주의가 스스로를 절제하도록 감시하는 일을 게을리 해서는 안된다. 필요하다면 헌법을 고쳐서라도 민주주의가 자유를 억압할 여지를 없애야 한다. 경제민주화와 같은 독소조항을 개정하고, 정부간섭과 규제, 정부부문의 확대, 국가채무의 크기를 제한해야 한다. 무엇보다도 가능한 한 작은 정부, 민치(民治)가 아닌 법치(法治)가 이루어지도록 제도적 안전장치를 도입하는 일이 시급하다.

Journey with Liberty, on the Crossroad of Prosperity and Atrophy

자유와 함께하는 여정

초판 1쇄 인쇄 2015년 6월 12일
초판 1쇄 발행 2015년 6월 17일

글쓴이 장대홍
발행인 노건일
발행처 한림대학교 출판부
(200-702) 강원도 춘천시 한림대학길 1 (옥천동 1)
출판등록 제48호(1983. 3. 10)
전화번호 033) 248-2875~6 팩스 033) 248-2879
전자우편 press@hallym.ac.kr
홈페이지 press.hallym.ac.kr
인쇄처 프린아트

ISBN. 978-89-6402-055-5 93320

정가 15,000원